Lo que d
Sopa de poll

"Los niños son afortunados de tener un libro de *Sopa de pollo* sólo para ellos. Como hijo de un predicador se esperaba que pudiera elegir correctamente. Ojalá hubiera tenido ejemplos de cómo otros niños estaban enfrentándose a las presiones del crecimiento".

Sinbad
Actor comediante

"*Sopa de pollo para el alma de los niños* está lleno de cuentos que te devuelven tu fe en la humanidad y abren tus ojos a los momentos importantes de la vida".

Larisa Oleynik
Estrella de *El mundo secreto de Alex Mack*

"¡Un gran libro para niños! *Sopa de pollo para el alma de los niños,* abarca tan bien muchos temas difíciles que cada niño que lo lea se verá reflejado en alguno de los relatos y, con optimismo, aprenderá del resto para que su alma — no sólo su cuerpo— crezca grande y fuerte".

Lori Beth Denberg
Actriz estrella en *Todo eso* de Nickelodeon

"La serie *Sopa de pollo para el alma* ha proporcionado historias que ilustran, alientan e inspiran. Creo sinceramente que *Sopa de pollo para el alma de los niños* continuará proveyendo a nuestra juventud de una importante herramienta de motivación que sin duda le inspirará pensamientos positivos".

Malcolm-Jamal Warner
Actor, *Malcolm y Eddie*

"Tan pronto como leí el libro, quise correr a casa y dárselo a mis niños. Los mensajes son tan estimulantes e ilustrativos que estoy esperando con ansia una repetición de *Sopa de pollo para el alma de los niños".*

Adrienne López
Vicepresidente de desarrollo de talentos y reparto,
de Nickelodeon

"Leer con un niño *Sopa de pollo para el alma de los niños* ayudará a crear y fortalecer el amor que se les comparte. Y, ya que el amor de los niños es lo más sublime, ¡usted querrá leer *Sopa de pollo para el alma* una y otra vez!"

Ann Pleshette Murphy
Editora en jefe de la revista *Parents*

"*Sopa de pollo para el alma de los niños* les muestra a nuestros niños que la vida es un viaje asombroso, lleno de realizaciones, fracasos, felicidad y lágrimas, pero que dentro de nosotros radica la habilidad de vencer los retos de la vida y de procurar lograr nuestros sueños".

Roxanne Spillet
Presidenta de Clubes de Estados Unidos para Niños y Niñas

"Cuando era niño fui miembro de un club de libros. Mis cuentos favoritos eran aquellos que me inspiraban a soñar. *Sopa de pollo para el alma de los niños* es precisamente uno de esos libros. Estos relatos inspirarán a los jóvenes lectores no solamente a soñar, sino también les dara a sus corazones, mentes y almas, la posibilidad de nuevas creaciones.

Larry Jones
Presidente de la fundación Alimenta a los Niños

"La cosa más deliciosa sobre *Sopa de pollo para el alma de los niños* es que los chicos hablan con gente de su misma edad, compartiendo y relatando sus alegrías y tristezas. Sus cuentos ayudarán a otros niños a saber que no están solos en sus sentimientos y experiencias".

Sara O'Meara e Yvonne Fedderson
Fundadoras de Ayuda a Niños EE.UU.

"Cuando los niños se enfrentan a decisiones difíciles es reconfortante para ellos saber que otros las han tenido y han sobrevivido. Esto es lo que *Sopa de pollo para el alma de los niños* hace: sus historias relatan que ellos también pueden superar las dificultades que existan en sus propias vidas."

David S. Liederman
Director ejecutivo de la Liga de Estados Unidos
para el Bienestar del Niño

SOPA DE POLLO PARA EL ALMA DE LOS NIÑOS

Relatos de valor, esperanza y alegría

Jack Canfield

Mark Victor Hansen

Patty Hansen

Irene Dunlap

HCI
Español

Un sello de
Health Communications, Inc.
Deerfield Beach, Florida

www.hcibooks.com
www.chickensoup.com

Libro

Oh, mira, ¡es un libro!
Estoy segura que debe ser
una ruta de aventuras que me espera,
un camino de ladrillos amarillos hacia el
Mago de Oz,
un poema frívolo sin motivo alguno.
¿Lo abriré y echaré una mirada para ver
qué hay dentro?
¿Y me da miedo?, entonces
tendría que esconderme.
Nunca lo sabré a menos que me atreva.
Necesito una buena risa, un grito o un susto.
Sí, puedo esperar, mas entonces nunca lo sabré.
Tal vez sea un lugar al que nunca iré.
Pero hoy es el día que me ha estado esperando;
abriré este libro y lo veré.

Jessica McCain, 14 años

Dedicamos este libro a los niños del mundo
que necesitan estos relatos.
Queremos darles esperanza, risas, inspiración
y valor; hacerles saber que no están solos.
Especialmente a nuestros propios niños:
Christopher; Elisabeth y Melanie;
Marleigh y Weston.
Son nuestros héroes.

Contenido

3. SOBRE LA FAMILIA

4. SOBRE LA ACTITUD Y LA PERSPECTIVA

8. SOBRE LAS ELECCIONES

9. ASUNTOS DIFÍCILES

10. SABIDURÍA ECLÉCTICA

Prólogo

Tienes en tus manos un libro muy valioso. En él encontrarás historias inspiradoras de celebridades y adultos... ¡Pero lo más importante, también de personas de tu misma edad! Los relatos te animarán, te ilustrarán y tal vez también te harán llorar... pero manténlos cerca. Pon el libro en la mesa al lado de tu cama y léelo con frecuencia, cuando necesites una mano que te guíe o un pensamiento de esperanza.

Nunca dejes de creer en ti mismo. Con Dios, tú conservas el poder y el talento para lograr todos tus sueños. Amigos míos, ustedes son nuestro futuro.

Muhammad Ali
Tres veces campeón mundial de boxeo de los pesos
completos, humanitario

Descubrimiento

Lugares lejanos
sucesos pasados
rostros interesantes
te hacen reír, te hacen llorar.

Ciudades nunca visitadas
fáciles de ver
misterios sin resolver
descifrados para mí.

En la silla al lado de mi cama
altas montañas he escalado
en las páginas que he leído
siete océanos he navegado.

Los cuentos en las páginas
lo dicen bien
fábulas místicas
que sólo los libros pueden contar.

Jesse Damazo, 14 años

Agradecimientos

Durante los 18 meses que trabajamos en este libro (en realidad el libro trabajó a través de nosotros), fue una bendición contar con el apoyo de tanta gente encantadora relacionada con esta producción.

Gracias especiales a la "mujer policía inglesa", Killeen Anderson, por las horas que invirtió en la corrección y la edición; a Gina y DeeDee Romanello, y especialmente a Michelle René Martin, por su continuo esfuerzo en el trabajo; a Nancy Richard-Guilford por la investigación y redacción de "Sólo pregunta"; a Nancy Mikaelian Madey por la investigación y redacción de "El Club de las piedras"; y a Sally Redd por su apoyo en fotografía.

De 7 800 relatos que nos enviaron, seleccionamos 376 de ellos. Con la ayuda de las siguientes personas que leyeron durante algunas semanas, pudimos reducir ese número a uno manejable de 205, para así enviarlos a nuestros lectores para su calificación.

Gracias al personal de la oficina de Mark Victor Hansen: Lisa Williams, DeeDee Romanello, Michelle René Martin, Trisha Holland, Gill Torres, Michelle Adams, Laurie Hartman, Paula Childers y Ami Garcia; y a Pam, Kyle y Jack Brown, Pattie y Makenna Buford, DeDe Moore, Megan Niedermeyer, Laurie Walker, Jody Sherman, Dawn Siemonsma y Kathi Fischer. Gracias a Sandi Asper y a su clase de séptimo grado en Ensign Intermediate School, a Dee Mattern y a su clase de cuarto grado, a Cindy Branson-Waller y a su clase de sexto grado, y a Shirley Kwan y a sus clases de tercero y cuarto grado en Kaiser Elementary School en Costa Mesa, California. Le enviamos nuestro agradecimiento a Donna Thompson (te amamos, Donna) y a sus clases de séptimo y octavo grado en Riverchase Middle School en Birmingham, Alabama. También: Virginia Becker,

Jennifer y Angela Sarb, Jordan Curry, Jacob Hackler-Roy, Carol Kline, Meladee McCarty, Kim Kirberger, Nancy Siebert y a su nieta, Brittney, Sara Krehbiel, y Elyse y Dana Wilhm: gracias a todos ustedes. Participaron más de 375 niños en el proceso de lectura y clasificación para ayudar a crear el libro que ahora tienes. Damos gracias a nuestros propios niños Elisabeth y Melanie Hansen, Christopher Canfield, y Marleigh y Weston Dunlap, por acompañarnos mientras trabajábamos largas horas o cuando estábamos lejos de ustedes. A Kasey Mullins, por salvar en la computadora nuestro libro cuando la nuestra dejó de funcionar en las últimas horas de su producción. A Eva Espinosa, por mantener el fuego en la casa. A Kent Dunlap, gracias por permitirnos invadir su hogar durante la producción del libro. También a: Marieth Mitchell; Anne Thompson; Jennifer Fishel; Donny Wilson y Michael Parris en la oficina de Shaq; Skye en la compañía Sterling Winters, a la oficina administrativa de Kathy Ireland; Adrienne Lopez en Nickelodeon; Dana y Pilar de la Agencia Savage; Jordan Dabby en Shade Global; y a la Sociedad de Autores y Dibujantes para Niños. Gracias a Lisa Williams por el apoyo técnico; a John Sokalski por su gentil ayuda al mantener nuestras computadoras enlazadas; a Christine Jurenka de Kaiser Elementary por su apoyo e ideas; a Christine Russell por la mecanografía; y Melissa Pool por revisar cientos de cuentos.

Gracias a Georgia Noble por su amable hospitalidad mientras terminábamos de editar el libro en la casa y oficinas de Jack y Georgia. Y, hablando de hospitalidad, muchas gracias a Clark Albright y al Hotel Westin del aeropuerto de Los Ángeles, por hospedar a los niños que vinieron de fuera de la ciudad. ¡Son fantásticos! También deseamos agradecer a las siguientes personas por su continuo amor y apoyo:

Peter Vegso y Gary Seidler de Health Communications, Inc., por reconocer el valor de nuestro libro desde el principio, y ponerlo en las manos de millones de lectores. ¡Gracias, Peter y Gary!

Patty Aubery que estuvo siempre disponible cuando necesitamos guía y consejo, y que mantiene en alto y en marcha las oficinas centrales de *Sopa de pollo para el alma* en medio de lo que siempre se sintió como un tornado en actividad.

Nancy Mitchell, por su invaluable retroalimentación, así como la notable tarea que siempre desempeña al conseguir permisos para los relatos, poemas y caricaturas —especialmente los difíciles de localizar—. ¡Gracias, Nancy por estar ahí!

Heather McNamara, editora ejecutiva de la serie *Sopa de pollo para el alma* por ayudar con la evaluación de los lectores y por estar ahí cuando la necesitábamos.

Veronica Romero, Robin Yerian y Leslie Forbes, por ayudar a asegurar que la oficina de Jack funcionara tranquilamente durante la producción de este libro.

Rosalie Miller, que propició que toda la comunicación fluyera de forma eficiente durante este proyecto. Su rostro sonriente y su ánimo infinito han iluminado nuestros corazones.

Teresa Esparza, quien brillantemente coordinó los viajes, las charlas, presentaciones de radio y televisión de Jack durante este tiempo.

A Christine Belleris, Matthew Diener, Allison Janse y Lisa Drucker, nuestros editores en Health Communications, por su esfuerzo generoso en llevar este libro a un alto grado de excelencia.

Randee Goldsmith, gerente de producto de *Sopa de pollo para el alma* en Health Communications, por su magistral coordinación y apoyo en todos los proyectos de *Sopa de pollo.*

Terry Burke, Kim Weiss, Ronni O'Brien, Larry Getlen, Kelly Johnson Maragni, Karen Baliff Ornstein e Yvonne zum Tobel por sus increíbles ventas, publicidad y esfuerzos de comercialización. A Laine Latimer, del Grupo Latimer, por su inagotable esfuerzo y resultados maravillosos con la publicidad.

A Larissa Hise Henoch, por trabajar con tanta paciencia y cooperación con nosotros en el diseño de la portada de este libro. Lawna Oldfield, por la hábil composición del texto. Jerry Teplitz, por su creativo enfoque para examinar el manuscrito y diseño de portada.

John Reiner, que nutrió nuestros cuerpos y nuestras almas con sus exquisitos alimentos durante la última semana del proyecto.

Lo más importante es que queremos hacer un reconocimiento a los miles de niños, maestros, escritores y otros que enviaron relatos, poemas y citas para su posible inclusión en *Sopa de pollo para el alma de los niños*. Aunque no pudimos utilizar todo lo que enviaron, estamos profundamente conmovidos por su sincera intención de compartir sus cuentos con nuestros lectores y con nosotros. ¡Gracias!

Debido al tamaño de este proyecto, es probable que hayamos dejado fuera los nombres de algunas personas que nos ayudaron a lo largo del camino; si es así, lo sentimos. Queremos que sepan que en realidad los apreciamos mucho a todos.

Estamos profundamente agradecidos por las muchas manos y corazones que han hecho posible este libro. ¡Los amamos a todos!

Comparte con nosotros

Nos gustaría saber de qué manera te conmovieron estos relatos y cuáles fueron tus favoritos. Por favor escríbenos y déjanoslo saber.

También, por favor, envíanos cualquier historia que te gustaría que tomáramos en cuenta para la siguiente porción de *Sopa de pollo para el alma de los niños.* Puedes enviar cuentos y poemas que hayas escrito en inglés o que hayas leído y gozado.

Enviar proposiciones a:

Chicken Soup for the Kid's Soul
Atención: Patty Hansen e Irene Dunlap
P.O. Box 10879
Costa Mesa, CA 92627
Para enviar un e-mail o visitar nuestro sitio en la Red
www.chickensoup.com

Introducción

Un gran hombre es aquel que no ha perdido su corazón de niño.

Mencio

Pienso que es curioso escribir acerca de sopa de pollo para el alma de alguien cuando ni siquiera puede uno ver el alma. Debe ser una cosa especial dentro de todos nosotros ya que los libros siempre hablan de ese tema.

Cuando cocino sopa de pollo necesito muchos ingredientes para que quede buena. Tal vez por eso un libro sobre sopa de pollo para el alma de los niños sea divertido, porque llevará muchas ideas distintas de personas muy diferentes para que resulte interesante.

Algunos niños podrían escribir sobre cosas alegres y otros encontrarán que solamente hay cosas tristes de su vida sobre las cuales escribir, como cuando pienso en mi prima Kimmy, que me hace sentir triste porque fue la primera persona que supe que había muerto.

Pero entonces, cuando juego con la hija de Kimmy, Emilie, me siento feliz de que haga algo que me cause risa.

Algo dentro de mí me hace sentir contenta y triste al mismo tiempo. ¿Es entonces cuando sabes que tienes alma?

Candice Hanes, 10 años

Desde que se publicó el primer *Sopa de pollo para el alma,* en junio de 1993, niños de todo el mundo nos han pedido un libro de *Sopa de pollo* sólo para ellos. Por eso, aquí está el primer tomo completo de *Sopa de pollo para el alma de los niños,* escrito por niños y por adultos que no han olvidado lo que es ser un niño.

Cuando empezamos este libro hace año y medio, creíamos saber mucho sobre los problemas y retos que enfrentan nuestros niños. Cuando nuestros propios hijos —Christopher, Elisabeth, Melanie, Marleigh y Weston— salían a la escuela cada día, suponíamos que experimentaban muchas de las mismas cosas que nosotros a su edad. Por ejemplo: recibir burlas por su apariencia o por alguna incapacidad física era un gran problema. También hacer y conservar amigos era importante. Que un amigo nos traicionara era garantía de que se nos rompería el corazón. Tener buenas calificaciones, ser aceptado por nuestros compañeros, querido y apoyado por nuestros maestros, eran cosas que importaban.

En abril de 1997 enviamos un fax solicitando relatos a más de 5,800 escuelas primarias y secundarias en todo Estados Unidos. Tuvimos una sorprendente respuesta. Leímos cada relato que nos enviaron, ¡más de 4,000! Adicionalmente nos enviaron 3,800 historias más de otras fuentes, que hicieron un total de 7,800 propuestas que leímos para su posible inclusión en este libro. Lo que aprendimos fue muy ilustrativo.

Ustedes, los niños de ahora, enfrentan problemas mucho más graves y decisiones más duras que las que tuvimos nosotros. Para ustedes no es raro encontrarse diariamente expuestos a las guerras de pandillas, y esto no se limita necesariamente a vecindarios pobres o a niños que viven en riesgo. Drogas, alcohol, tabaquismo, desarrollo físico prematuro, embarazo, depresión y suicidio, son cosa común en nuestras escuelas primarias y secundarias. Ustedes se enteran de secuestros, abuso de menores y violencia a través de los medios de comunicación o por experiencia propia.

Parientes, abuelos y amigos mueren a causa de accidentes o por enfermedades como el SIDA o el cáncer. Ustedes temen perder a su familiar por causas como el divorcio, la separación; y aunque ustedes sepan que es lo mejor, no lo desean o no les gusta. Uno de los temas que ustedes enviaron en gran parte de los relatos, es el temor o disgusto a cambiar de casa y a perder el hogar que siempre han tenido.

Aunque celebramos la aceptación final de la igualdad de los sexos y la más amplia selección de profesiones que se encuentran disponibles para la generación de ustedes, nos percatamos de la tensión que esto les provoca. Desde muy temprana edad se espera que sepan lo que les quieren ser y lo que desean de la vida, y las opciones pueden ser sorprendentes. Recibimos historias que nos mostraron que niños como ustedes sienten como si debieran entender y aceptar todas las dificultades del mundo. Por los relatos que comparten con nosotros, entendemos mucho mejor las cosas que ustedes, los niños, sufren todos los días.

Nos damos cuenta que han pedido un libro de *Sopa de pollo* únicamente para ustedes, no sólo porque lo deseen, sino porque lo necesitan. Nunca en la historia les ha faltado a los niños *Sopa de pollo* para sus almas tanto como ahora.

Un libro puede abrir la puerta a un reino mágico, en donde el conocimiento y la inspiración están disponibles a todo el que lo lea, deseamos que este libro llegue a ser vuestro mejor amigo y consejero imparcial, porque no distingue si la persona que lo tiene es negra o blanca, roja o bronceada, joven o vieja, un niño o una niña.

Las páginas de este libro están destinadas a ser leídas, absorbidas, releídas una y otra vez, y compartidas con los amigos y la familia. En estas páginas hay cuentos de héroes —niños como ustedes— que han superado algunos de los tremendos retos que tú enfrentas hoy. Hay cuentos que son divertidos o sencillamente tontos, pero sin esta parte de la experiencia de la niñez, ninguno de nosotros jamás podría esperar alcanzar el equilibrio y el verdadero gozo en la vida.

Este libro está diseñado para darles la motivación de amarse, aceptarse y creer en sus sueños; para hacerles saber que hay respuestas a sus preguntas y para darles la esperanza de un gran futuro.

Es nuestro deseo que cualquier adulto o adolescente que tome este libro y lo lea, descubra que conmueve su "corazón de niño", y con suerte vuelva a despertarlo.

Verdaderamente creemos que dentro de todos y cada uno de nosotros hay una parte de nuestro corazón y alma que hemos guardado, una parte de nosotros que quizá aún cree que existe Santa Claus, que las mariposas deberían dejarse libres y que la buena voluntad siempre debe prevalecer sobre el mal. En un nivel muy profundo —nuestro nivel de alma de niño— todos deseamos ser amados, aceptados, animados y apoyados, sin importar nuestra edad. De nuestros corazones a los suyos, les presentamos *Sopa de pollo para el alma de los niños*. ¡Que los niños reinen por siempre!

1

SOBRE EL AMOR

Algunas personas dicen que el amor es ciego, pero creo que el amor es hermoso. Todo y todos pueden sentir amor.

Pájaros, humanos y animales: todos los seres vivientes.

Amor significa cuidar y mostrar comprensión.

Amor significa estar ahí cuando alguien lo necesita.

Amor es ser amigo.

Puedes amar a tu mascota, a tu muñeca, a tu silla favorita.

A tus amigos y a tu familia.

El amor puede ser cualquier cosa que tú desees.

El amor es una elección.

Stephanie Lee, 11 años

Kelly, el ángel volador

Kelly y la poni se conocieron cuando la niña tenía siete años. Había ido con su padre al rancho de un amigo a comprar semilla. La poni peluda de color café y blanco estaba sola en un corral. Kelly pasó sus manos por entre los alambres para tocar su nariz satinada y caliente. Kelly le habló suavemente cuando el animalito le lamió los dedos.

—¿Cómo te llamas, poni? Pareces estar muy triste y sola.

—No le hemos puesto ningún nombre —gruñó el granjero—, ya no está muy bien, está vieja y ciega de un ojo. Ya no me sirve desde que los niños se fueron —volteó a ver al padre de Kelly que había cargado en el camión los bultos de semilla y ahora sacaba unos billetes arrugados de su bolsillo—: Puede llevársela si me paga la silla.

—¿Cuánto? —preguntó su padre apenas mirando a la poni.

—Veinte —el anciano alargó una mano callosa para tomar el dinero. El padre de Kelly sacó otro billete. El viejo le arrebató los billetes y los metió en el bolsillo de su pantalón de mezclilla.

Kelly acomodó las riendas en sus brazos y mientras manejaban a casa, su entusiasmo crecía. Se mantuvo observando la parte trasera del camión para asegurarse que la poni estaba allí todavía.

—Ahora esta poni será tu trabajo. Tienes que alimentarla y cuidarla. Te enseñaré lo que tienes que hacer, yo no tengo tiempo de hacerlo, ¿entiendes? —su voz era severa.

—Lo haré, papi. Gracias por permitirme tenerla. Prometo que la cuidaré bien.

Cuando estaban en casa con la poni segura en el establo, le puso heno dentro del pesebre y corrió a la casa.
—¡Mami, deberías ver nuestra poni! Estaba triste, pero será feliz aquí! —la alegría brillaba en los ojos de Kelly—. Le he puesto Trixie, porque voy a enseñarle a hacer trucos —antes que su madre pudiera responder, regresó para ver que Trixie estuviera cómoda. Entonces Kelly presentó a Trixie con su ángel.

Cuando Kelly era muy pequeña, la había despertado una espantosa tormenta. Llamó a su madre que la tranquilizó diciéndole:
—No temas, Jesús envía a sus ángeles para proteger a los niños pequeños.

A raíz de ésto, Kelly nunca ha visto de verdad a un ángel, pero siente una presencia cuando a veces ha tenido miedo o tristeza.

Kelly cepillaba el pelo de la poni y arreglaba su crin y pezuñas. Trixie respondía a la atención de Kelly acercando el hocico a su cuello, buscando regalos en los bolsillos de Kelly y siguiendo sus órdenes. Cuando Kelly iba de su casa al pastizal trasero, enseñaba a Trixie a levantar los picaportes de la puerta con la nariz. Las puertas se abrían y Kelly las cerraba sin desmontar.

Kelly le enseñó a Trixie una rutina, tratando de imitar los trucos que había visto en un circo. Cabalgaba de pie llegando a dominar la máxima hazaña de saltar a través de un aro de tosca construcción en cada circuito de la pista.

Kelly y Trixie llegaron a ser las mejores amigas.

Cuando Kelly tenía diez años sus padres se divorciaron. Kelly y su perro, Laddie, se mudaron con su mamá a una pequeña granja a algunas millas de allí. Los problemas entre sus padres no le permitieron a Kelly volver a ver a su papá. Como Trixie vivía en la granja de su padre, ella se sentía doblemente triste.

El día que dejaron la granja de su padre, Kelly caminó lentamente al pastizal para despedirse de Trixie. Nunca había necesitado tanto la ayuda de su ángel.

—Ángel —sollozó—, quédate con Trixie para que no esté triste. Yo tengo a mamá y a Laddie, pero Trixie siempre estará sola. Ella te necesita —con sus pequeños brazos rodeándole el cuello, tranquilizó a la poni—. Todo estará bien, Trixie. Mi ángel te cuidará.

El divorcio de sus padres, una nueva escuela, una casa diferente y la pérdida de Trixie, de repente trastornaron su vida. Su madre la animaba a hacer amigos.

—Ven, Kelly, y pasea con nosotros —le insistieron en el camino dos de sus compañeras de clase, montadas en sus bicicletas.

Siguiendo a las dos muchachas en el camino, Kelly sintió el viento en el cabello y el calor del sol en la cara. Necesitaba amigas, se había quedado sola, y pedaleó más aprisa para alcanzarlas.

Durante el verano, Kelly y sus amigas paseaban en bicicleta en el parque y cerca del camino a la escuela. Con sus fuertes piernas, ella podía alcanzarlas cuando competían.

Un día soleado, después de competir en el camino, Kelly pedaleó a casa con sus nuevas amigas. Mientras saltaba a lo largo del desigual y polvoriento camino, la orilla del asiento de la bicicleta se le encajó en la pierna; en esos momentos deseó estar sentada en su suave silla de piel sobre Trixie, desli-zándose sobre el verde y fresco pastizal.

De repente, la rueda delantera se desvió hacia un surco. Ella trató de virar a la izquierda para poder salir, pero era demasiado tarde. Lanzada sobre el manubrio, rebotó en la orilla del camino y cayó en un hoyo. Las muchachas se apresuraron a ayudarla.

—Las lesiones son menores —le informó el doctor a su mamá, después de que Kelly había llegado cojeando a su casa—, pero es mejor que la tenga quieta un par de días.

Dolorida y rasguñada, Kelly regresó a su bicicleta en unos cuantos días. Una mañana despertó con las piernas entumecidas. Lentamente deslizó su cuerpo a la orilla de la cama, pero cuando intentó ponerse de pie, cayó al piso.

Desconcertado por esta evolución, el doctor la examinó cuidadosamente.

—Sus heridas han sanado, pero hay un trauma psicológico —dijo—. Recomiendo terapia y ejercicios de estiramiento que deberán ayudar —Kelly regresó a casa en una silla de ruedas.

Sentada en el pórtico se abrazó a Laddie y miró pensativa a través del campo: "Por favor, Dios, regrésame a Trixie y a mi ángel, los necesito tanto".

Un día llegó una carta de su padre:

Querida Kelly:

Tu tía me contó lo de tu accidente. Lo lamentó mucho. He hecho arreglos para enviarte a tu poni la próxima semana. Abre todas las puertas y saca mis reservas de pasto. Creo que te busca. Tal vez al encontrarte te ayude también a sentirte mejor.

Con amor,

Papá

En pocos días llegó un camión, a Trixie se le bajó por la rampa. Acurrucándose en el cuello de Kelly y bufándole a Laddie, la poni revisó su nueva casa. Kelly acarició la cabeza y el cuello de Trixie hasta donde pudo alcanzar desde su silla de ruedas, y la besó en la nariz.

—Trixie, Trixie, sabía que vendrías. Gracias, gracias.

Kelly despertó la mañana siguiente con renovada determinación. Se encaminó ella sola al corral sujetando la crin de Trixie, se impulsó desde su silla de ruedas y se mantuvo a su lado; estirándose para alcanzar el lomo de Trixie la cepilló hasta que su pelo brillaba.

Las piernas de Kelly se hicieron más fuertes cada día. Entonces, ansiosa de montar, saltó la cerca de madera y luchó para colocarse en la espalda de la poni. El pelo de

Trixie estaba caliente y sedoso, a diferencia de las piernas desnudas de Kelly.

—¡Miren, estoy montando... estoy montando! —gritaba Kelly al tiempo que el lento trote de Trixie la botaba arriba y abajo, como a una muñeca de trapo.

—Vamos, Trixie —Kelly encajaba sus talones en los costados de la poni y corrieron atravesando la puerta hacia campo abierto. Kelly cantaba con deleite y Laddie corría tras ellas ladrando salvajemente.

Cuando regresó a la escuela, subió al camión una entusiasta Kelly con un alegre saludo:

—¡No más silla de ruedas!

En casa, el cartel de un circo colgaba en el cuarto de Kelly. En un letrero escrito con lápices de colores por Kelly, se leía: "Kelly, el ángel volador, espectáculos cada noche y los fines de semana".

Louise R. Hamm

La torre

Después del verbo "amar", "ayudar" es el verbo más hermoso en el mundo.

Bertha Von Suttner

¿Soy el guardián de mi hermano? ¡Completamente!

James McNeil, 17 años

John McNeil, de 10 años, corrió descalzo fuera de la casa, en un día frío y con viento de febrero, y se dirigió derecho hacia la torre eléctrica de 45 metros que estaba atrás de su casa. John no se dio cuenta de los peligros de la estructura, que lleva energía eléctrica de la presa Hoover hacia las comunidades del sur de Arizona. No sabía que conducía 230,000 candentes voltios en sus plateados alambres. Ni siquiera se dio cuenta de que había olvidado sus zapatos. John padece de autismo, una condición que lo separa de la realidad, obligándolo a vivir dentro de sus propios pensamientos. Ese día sus pensamientos eran subir a lo más alto de la torre, tocar el cielo y sentir lo que es volar.

Él había escalado antes esa gigantesca estructura, pero nunca había sobrepasado las barandillas de seis metros de alto. Su hermano James, de diecisiete años, estaba siempre cuidándolo de cerca, asegurándose de que no le ocurriera nada a su pequeño hermano. Pero esta vez fue diferente. Corrió hacia afuera antes que James se diera cuenta. Cuando James lo vio, John ya había saltado la barandilla y se encaminaba hacia lo alto. John, como la mayoría de los niños autistas, no sentía absolutamente ningún temor o concepto del peligro. James, por otro lado, se daba cuenta de que tenía que enfrentar el más grande de sus temores: el miedo a las alturas.

James comprendió el peligro de la torre eléctrica, pero decidió seguir a su pequeño hermano por cada riel gris, tratando de no mirar hacia abajo, todo el camino hasta lo alto. Finalmente lo alcanzó y lo sujetó fuertemente con la mano derecha. Con la mano izquierda se asió a una barra de metal para poder estabilizarse.

James estaba temblando. Tenía frío y estaba asustado, pero nunca soltó a John, que luchaba queriendo volar, pero James lo tenía sujeto. Sus manos se entumecieron, pero temía que si se soltaba, ambos irían hacia la muerte.

Los minutos parecían horas cuando se equilibraban sobre un riel de 7.5 cm de ancho. James cantó himnos para calmar su corazón acelerado y para distraer a su hermano de la acción de rescate que se estaba realizando abajo.

Cientos de personas se juntaron en la base de la torre, a James le parecían como hormigas desde lo alto de su posición. Empezaron a circular helicópteros de noticias que enviaban a millones de televidentes de toda la nación imágenes de los dos niños aferrados a la torre con un brillante cielo azul como fondo. Carros de bomberos y vehículos de emergencias se apresuraron a la escena. Un valiente bombero del escuadrón de rescate técnico escaló la estructura hasta donde los dos hermanos luchaban por salvar su vida. Rápidamente los ató, asegurándolos a una viga metálica.

Parte del equipo que se utilizó para rescatar a James y John, fue un camión altamente especializado llamado Cóndor. Afortunadamente, fue localizado en una construcción cercana. Los rescatadores esperaron su llegada con paciencia, y al fin fue visto avanzando por el camino que conducía a la torre. Una vez en posición, desde el camión se elevó una plataforma hacia el sitio en donde se encontraban los dos muchachos en el riel de la torre.

Asegurados con una cuerda, los hermanos y sus rescatadores fueron bajados cuidadosamente, mientras abajo la
gente vitoreaba y aplaudía.

La gente empezó a decirle a James que era un héroe.
Pero él no tenía tiempo para elogios. Quería estar al lado
de su hermano mientras era transportado al hospital para
ser tratado por haber estado expuesto al frío.

No todos los ángeles guardianes tienen alas emplumadas
y aureolas doradas. La mayoría no serían reconocidos. Sin
embargo, un día con viento y frío, cientos de personas
tuvieron su primera —y quizá única— visión de uno: un
ángel guardián de 17 años, llamado James.

Robert J. Fern

[NOTA DEL EDITOR: En honor al valor que James demostró durante el
rescate de su hermano John, los Boy Scouts de Estados Unidos le dieron el premio al heroísmo llamado Palmas Cruzadas. James, que es
un *scout* águila, se convirtió en la persona número 113, de 100 millones de *scouts*, que recibe este premio especial desde 1910.]

El tío Charlie

Cuando hay mucho amor, siempre hay milagros.

Willa Cather

Recuerdo haberme asustado la primera vez que vi al tío Charlie. Yo acababa de bajar del autobús de la escuela y al entrar en la casa, por lo brillante del día, no podía ver. Cuando mis ojos se adaptaron, me sorprendí al ver una cama en el comedor. Un hombre extraño, sin afeitar, sostenido por cojines, estaba sentado en el cuarto oscuro. Por un segundo me pregunté si me encontraba en la casa equivocada.

—¿Patty, eres tú? —gritó mi abuela desde el otro cuarto. Yo estaba encerrada en la cocina.

—Nana, ¿quién es ese hombre?

—¿Recuerdas que te hablé sobre Charlie, lo enfermo que regresó de la guerra, y de cómo había sido internado en el hospital de veteranos? Bueno, pues ese hombre que está ahí, es tu tío Charlie.

El hombre silencioso del comedor no se parecía en nada al que se veía sonriente en la fotografía que estaba sobre la repisa de la chimenea.

—Patty, anoche tuve un sueño —dijo mi abuela—. En el sueño Dios habló y me dijo: "Ve, busca a tu hijo. Tráelo a casa y sanará". Eso fue lo que hice. Esta mañana después de que te fuiste a la escuela, tomé el autobús al hospital. En ese lugar, fui derecho al cuarto de Charlie, lo tomé de la mano y le dije: "Te voy a llevar a casa" —Nana rió entre dientes—. Dios mío, ¿cómo nos habremos visto, caminando por el césped del viejo hospital, él con esa bata abierta que ondeaba por detrás. Nadie nos detuvo ni dijo una palabra, ni cuando íbamos en el autobús —hizo una pausa—, como si fuéramos invisibles.

—Nana, parece como si Charlie no me viera. Tal vez, también soy invisible.

—Charlie te vio. Lo que pasa es que está en un estado que los médicos llaman catatónico. Imagínate, es como decir que el gato le comió la lengua —dejó de mecerse—. Ahora no te preocupes. Charlie hablará. Sólo necesita saber que lo amamos y que está en casa.

Asustada por la oscuridad que se veía más allá de la puerta abierta de la cocina, corrí hacia la puerta trasera, bajé de un salto al pórtico y corrí a través del campo, dando palmadas a mis caderas simulando que era yo caballo y jinete.

Durante meses evité entrar al comedor. Finalmente me acostumbré al silencio de Charlie. Después de eso, jugaba en el cuarto de Charlie. Sus rodillas cubiertas con una manta eran las "torres" de mis castillos.

—¿Charlie, estás despierto? —susurré—. Hoy vi en la escuela en el libro de mi maestro una figura de un príncipe encantado. Tiene el pelo largo, así como tú.

El polvo brillaba en el rayo de luz que penetraba entre la penumbra. Agarré los destellos, haciendo revolotear el polvo.

—Mira, Charlie, he atrapado un puñado de sol. Tiene millones y billones de diminutas estrellas —alargué mi mano—. He atrapado algunas para ti.

—Patty, tengo algo para ti —gritó Nana desde afuera.
Antes de dejar a Charlie, puse junto a él mi muñeca favorita que tenía los labios muy rojos y una cabeza medio calva. Los abrigué a los dos.

—Es una princesa. Te la dejo para que te acompañe.

—Encontré este pajarito bajo el viejo roble —dijo Nana—. Sus ojos todavía están cerrados. Debe haber salido de su cascarón a picotazos. Hay un gotero en el botiquín de medicinas del baño. Úsalo para que lo alimentes con semillas de girasol molidas con agua.

Me dio el pajarito y me dijo:

—Vacía una caja de zapatos y asegúrate de ponerle algo suave como nido. ¿Qué nombre le pondrás?

—Pajarito. Voy a llamarlo Pajarito, como la canción.

Entré y vacié en la alfombra la caja de zapatos que tenía mi colección de piedras.

—Hola, Charlie, ¡mira lo que tengo! —coloqué al pajarito en la caja vacía—. Cuídalo por un minuto. Tengo que traer el gotero —puse la caja en las rodillas de Charlie.

Cuando regresé con el gotero, la caja estaba vacía en el piso. ¡Charlie la había tirado!

—¡Charlie! —le dije, tratando de no gritar—. ¿Dónde está Pajarito?

Abriendo sus manos ahuecadas, Charlie sonrió al bajar los ojos para mirar fijamente el diminuto pico que se estiraba de hambre entre sus dedos índice y pulgar.

Esa noche cuando estaba haciendo puré de papas, dije:

—¿Sabes qué, Nana? Charlie está cuidando a Pajarito.

—Sí, lo sé y lo vi. ¿Y sabes algo más? Tararea como si estuviera cantando.

Nana tenía lista la bandeja de Charlie cuando él entró en la cocina caminando y se sentó a la mesa. Estaba vestido con un pantalón de mezclilla y una camisa a cuadros. Era la primera vez que lo veía con otra ropa que no fuera la pijama. Nana abrió los ojos con exagerada sorpresa; se veía tan asombrada que empecé a reír.

Entonces Charlie emitió el primer sonido que jamás le había escuchado hacer: no era ni roncar, ni toser. ¡Se rió!

Golpeando sus rodillas, se rió hasta que las lágrimas rodaron por sus mejillas. Entonces metió la mano en el bolsillo grande de su pantalón de mezclilla y sacó a Pajarito.

—Miren —dijo—. ¿No es esto la cosita más dulce e indefensa que hayan visto?

Nana casi se cae de la silla. Luego comenzó a llorar. Yo no estaba sorprendida porque sabía que aun cuando él había estado bajo un hechizo, éste no podía durar. Nunca lo hacen.

Patty Hathaway-Breed

El juego del amor

El amor es algo eterno.

Vincent van Gogh

Papá lo trajo a casa de un viaje de pesca en las montañas, lleno de erizos y tan delgado que se podía contar cada una de sus costillas.

—Bonita gracia —dijo mamá—. ¡Es asqueroso!

—¡No, no lo es!, él es Rusty —dijo John, mi hermanito de ocho años—. ¿Podemos quedarnos con él? Por favor... por favor... por favor.

—Va a ser un perro grande —nos advirtió papá, levantándole una pata llena de lodo—. Es quizá la razón por la cual fue abandonado.

—¿Qué clase de perro es? —pregunté, era imposible estar cerca de ese animal que olía tan mal.

—En gran parte es un Pastor Alemán —dijo papá—. Está en muy malas condiciones. Tal vez no sobreviva.

John estaba quitándole los erizos suavemente.

—Yo lo cuidaré. Te lo juro.

Mamá cedió como de costumbre a los deseos de John. Mi hermanito tenía una forma benigna de hemofilia. Cuatro años antes casi había muerto al desangrarse en una operación de anginas.

Todos éramos muy cuidadosos con él desde entonces.

—Está bien, John —dijo papá—. Nos quedamos con Rusty. Pero será tu responsabilidad.

—¡Trato hecho!

Y así es como Rusty se quedó a vivir con nosotros. Desde ese preciso momento fue el perro de John y al resto nos toleraba.

John mantuvo su palabra. Lo alimentó, le dio agua, medicinas y acicalaba diariamente al desaliñado animal. Creo que él prefería cuidar de alguien, a que lo cuidaran. En el verano, Rusty ya se había convertido en un perro grande y bonito. Él y John eran asiduos compañeros. A donde iba John, Rusty estaba a su lado. Cuando comenzó la escuela, Rusty caminaba las seis calles hacia la escuela primaria y luego regresaba a casa. Todos los días de escuela, a las tres de la tarde, lloviera o brillara el sol, Rusty esperaba a John en el patio de recreo.

—Ahí va Rusty —decían los vecinos—. Han de ser cerca de las tres. Cuando veas a ese perro, puedes ajustar la hora de tu reloj.

Adivinar la hora no era lo único sorprendente acerca de Rusty. De alguna manera, él sentía que John no debía pelearse como los otros niños. Era un perro muy protector. Cuando algún vecino se burlaba de mi hermano pequeño, el pelo de Rusty se erizaba en su garganta y salía un profundo y amenazador gruñido. La bronca terminaba antes del primer encuentro. Y cuando John y su mejor amigo Bobby luchaban, Rusty seguía el juego con ojo vigilante. Si John estaba arriba, bien. Si Bobby mantenía a John boca abajo, saltaba y cogía a Bobby por el cuello de la camisa y lo jalaba. Bobby y John encontraban este juego muy divertido. Con frecuencia jugaban luchas, a pesar de la preocupación de su mamá.

—Te vas a lastimar, John —gritaba ella—. Y estás siendo injusto con Rusty.

A John no le gustaba que lo limitaran. Odiaba ser cuidadoso, ser diferente.

—Es sólo un juego, mamá. Mira, hasta Rusty lo sabe, ¿verdad, muchacho? —y Rusty levantaba la cabeza y le daba a John su mejor sonrisa.

En la primavera John consiguió un empleo de

repartidor de periódicos por la tarde. Llegaba de la escuela a casa, envolvía sus periódicos y salía en su bicicleta a entregarlos. Siempre tomaba las mismas calles, en el mismo orden. Por supuesto también Rusty entregaba periódicos.

Un día, sin ninguna razón en particular, John cambió su ruta. En lugar de dar vuelta a la izquierda en una calle, como lo hacía por costumbre, viró a la derecha. ¡Tromp!... ¡crash!... un chirriar de frenos... Rusty voló por los aires. Alguien nos avisó del accidente. Tuve que quitar a John del cuerpo sin vida para que papá pudiera traer a Rusty a casa.

—Es mi culpa —decía John una y otra vez—. Rusty pensó que el coche iba a golpearme. Creyó que era otro juego.

—El único juego que Rusty jugaba, era el juego del amor —dijo papá—. Ambos lo jugaron bien.

John se enjugó las lágrimas.

—¿Qué?

—Tú estabas ahí con Rusty cuando él te necesitó. Él estuvo contigo cuando lo necesitaste. Ese es el juego del amor.

—Lo quiero conmigo —John sollozó—. ¡Mi Rusty se ha ido!

—No, no se ha ido —dijo papá abrazándonos a John y a mí—. Rusty permanecerá en sus recuerdos para siempre.

Y ahí está.

Lou Kassem

Entonces, ¿dónde está mi beso?

Hubo una vez una pequeña niña llamada Cindy. El papá de Cindy trabajaba seis días a la semana y con frecuencia llegaba a su casa cansado de la oficina. Su mamá también trabajaba duro, limpiando, cocinando y haciendo todo el trabajo necesario en el hogar. Era una bonita familia que vivía bien. Sólo faltaba algo, pero Cindy aún no sabía qué era.

Un día, cuando tenía nueve años, la invitaron a pasar la noche en la casa de su amiga Debbie. A la hora de ir a la cama, la mamá de Debbie metió a la cama a las dos niñas y les dio el beso de las buenas noches.

—Te quiero —dijo la mamá de Debbie.

—Yo también te quiero —murmuró Debbie.

Cindy estaba tan sorprendida que no podía dormir. Nadie la había besado nunca al acostarse. Nadie la había besado nunca. Nadie le había dicho que la quería. Durante toda la noche estuvo pensando una y otra vez: así *debería ser.*

Cuando regresó a su casa, sus padres parecían encantados de verla.

—¿Te divertiste en la casa de Debbie? —le preguntó su mamá.

—La casa se sentía terriblemente sola sin ti —le dijo su papá.

Cindy no contestó. Corrió a su recámara. Los odiaba a ambos. ¿Por qué nunca la habían besado? ¿Por qué nunca la habían abrazado o le habían dicho que la querían? ¿No la querían?

Hubiera querido escapar. Deseaba vivir con la mamá de Debbie. Tal vez había un error y ellos no eran sus padres verdaderos. Quizá la mamá de Debbie era su madre verdadera.

Esa noche, antes de acostarse, fue con sus padres.

—Bueno, buenas noches entonces —su padre la miró por encima de su periódico.

—Buenas noches —dijo.

Su madre bajó su costura y sonriendo le dijo:

—Buenas noches, Cindy.

Ninguno hizo algún movimiento. Cindy no pudo soportar más.

—¿Por qué ustedes nunca me besan? —preguntó.

Su mamá se puso nerviosa.

—Bueno —tartamudeó—, porque, yo creo... porque nadie me besó cuando era pequeña. Sí, así fue.

Cindy lloró hasta dormirse. Estuvo enojada muchos días. Finalmente decidió escapar. Iría a la casa de Debbie a vivir con ellos. Ella nunca regresaría con los papás que no la querían.

Empacó su mochila y salió sin decir una palabra. Pero una vez que llegó a casa de Debbie, no quiso entrar. Decidió que nadie le iba a creer. Nadie la dejaría vivir con los padres de Debbie. Cambió de idea y se marchó.

Todo era desolador, sin esperanza y horrible. Nunca tendría una familia como la de Debbie. Ella estaría siempre con los peores y menos cariñosos padres del mundo.

En lugar de ir a su casa, fue a un parque y se sentó en una banca, estuvo allí durante largo tiempo, pensando, hasta que oscureció. De repente, tuvo una idea. Este plan funcionaría. Ella lo haría funcionar.

Cuando entró en su casa, su papá estaba en el teléfono. Inmediatamente lo colgó. Su mamá estaba sentada con una expresión ansiosa en su cara. En el momento en que Cindy entró, su mamá le gritó:

—¿Dónde has estado? ¡Hemos estado muy preocupados! Cindy no contestó. En lugar de eso caminó hacia su madre, le dio un beso en la mejilla y dijo:

—Te quiero, mamá —su mamá estaba tan asustada que no pudo hablar. Después fue con su papá y dándole un abrazo le dijo—: Buenas noches papá, te quiero —y luego se fue a dormir, dejando mudos a sus papás en la cocina. A la mañana siguiente, cuando bajó a desayunar, le dio a su mamá un beso y también besó a su papá. En la parada del autobús, se paró de puntas y besó a su madre.

—Adiós, mami —le dijo—. Te quiero.

Y eso es lo que Cindy hizo cada día, de cada semana, de cada mes. Algunas veces sus padres se retiraban de ella, desconcertados. Algunas veces se reían. Pero nunca le regresaban el beso. Sin embargo, Cindy no dejó de hacerlo. Ella tenía su plan. Y se mantuvo así. Después, una noche, olvidó besar a su mamá antes de acostarse. Un tiempo después, la puerta de su cuarto se abrió. Entró su mamá.

—Entonces, ¿dónde está mi beso? —preguntó, simulando estar enfadada.

Cindy se levantó.

—Oh, lo olvidé —y besó a su mamá.

Te quiero, mamá —se acostó nuevamente—, buenas noches —dijo, y cerró los ojos. Pero su mamá no se fue. Finalmente habló:

—También yo te quiero —dijo. Luego se inclinó y besó a Cindy en la mejilla—. Y nunca olvides mi beso otra vez —dijo, simulando ser severa.

Cindy se rió.

—No lo haré —dijo. Y no lo olvidó.

Muchos años después, Cindy tuvo su propio bebé, y lo besaba hasta que como ella dijo, "sus pequeñas mejillas estaban rojas".

Y cada vez que iba a casa de su madre, lo primero que su madre le decía era:

—Entonces, ¿dónde está mi beso? —y cuando llegaba la hora de irse, le decía—: Te quiero. Tú lo sabes ¿verdad?
—Sí, mami —le decía Cindy—. Siempre lo he sabido.

M. A. Urquhart
Adaptado de la columna de Ann Landers

La visita

No hay mucho que yo pueda hacer,
pero puedo compartir una hora contigo,
y puedo compartir una broma contigo...
ya que vamos en el mismo camino.

Maude V. Preston

Todos los sábados mi abuelo y yo vamos al asilo que está a unas cuantas calles de nuestra casa. Vamos a visitar a muchos de los ancianos y enfermos que viven allí, porque ya no pueden cuidarse solos.

"Quién visita a los enfermos, les da vida", dice siempre mi abuelo.

Primero visitamos a la señora Sokol. Yo le llamo "la Cocinera", porque le encanta hablarnos de cuando fue una cocinera muy conocida en Rusia. La gente iba de todas partes sólo para saborear su famosa sopa de pollo.

Luego visitamos al señor Meyer. Yo lo llamo "el Bromista" porque al sentarnos a su mesa, siempre nos cuenta chistes. Algunos son muy chistosos, otros no, y algunos no los entiendo. Se ríe de sus propios chistes, agitándose y poniéndose rojo. Mi abuelo y yo lo único que podemos hacer es reírnos con él, aun cuando los chistes no sean muy graciosos.

En la siguiente puerta está el señor Lipman. Lo llamo "el Cantante", porque le encanta cantarnos. Cuando lo hace, su hermosa voz llena el aire, tan clara y fuerte y tan llena de energía que nosotros siempre cantamos con él.

Visitamos a la señora Kagan, "la Abuela", que nos enseña fotografías de sus nietos. Están por todo el cuarto, en marcos, en álbumes y también pegadas en las paredes. El cuarto de la señora Schrieber está lleno de recuerdos, recuerdos que se hacen realidad cuando nos cuenta sus propias experiencias de los viejos tiempos. Yo la llamo "la Dama del Recuerdo".

Luego está allí el señor Krull, "el Hombre Callado". Él no tiene mucho qué decir; sólo escucha cuando el abuelo y yo le hablamos. Asiente con la cabeza y sonríe, y nos dice que regresemos otra vez la siguiente semana. Esto es lo que todos nos dicen siempre a mi abuelo y a mí, hasta la mujer encargada, detrás del escritorio.

Cada semana regresamos, aun cuando llueve. Caminamos juntos a visitar a nuestros amigos. La Cocinera, el Bromista, el Cantante, la Abuela, la Dama del Recuerdo y el Hombre Callado.

Un día mi abuelo se puso muy enfermo y tuvo que ir al hospital. Los doctores dijeron que no creían que algún día se mejorara.

Llegó el sábado y era hora de visitar el asilo. ¿Cómo podría visitarlo sin el abuelo? Entonces recordé que una vez me dijo: "Nada deberá ser un obstáculo para hacer una buena acción". Así que fui sola.

Todos estaban felices de verme. Se sorprendieron de no ver a mi abuelo. Cuando les dije que estaba enfermo en el hospital, se dieron cuenta de que yo estaba triste.

"Todo está en manos de Dios", me dijeron. "Confórmate, que Dios hará el resto".

La Cocinera reveló algunos de sus ingredientes secretos. El Bromista me dijo sus últimas bromas. El Cantante cantó especialmente para mí. La Abuela me mostró más fotografías. La Dama del Recuerdo compartió más de sus recuerdos. Cuando visité al Hombre Callado le hice muchas preguntas. Cuando se me acabaron las preguntas, le hablé de lo que había aprendido en la escuela.

Después de un rato les dije adiós a todos, incluyendo a la mujer encargada del asilo que está atrás del escritorio. "Gracias por venir", me dijo. "Que tu abuelo se recupere totalmente".

Unos días después, mi abuelo estaba todavía en el hospital. No comía, no podía sentarse y apenas podía hablar. Fui a un rincón del cuarto para que no me viera llorar. Mi mamá se sentó en mi lugar cerca de la cama y tomó la mano del abuelo. El cuarto estaba oscuro y muy silencioso.

De repente, la enfermera entró al cuarto y dijo:

—Tienen visitas.

—¿Es aquí el lugar de la fiesta? —escuché preguntar a una voz familiar.

Levanté la vista y vi al Bromista, tras él estaban la Cocinera, el Cantante, la Abuela, la Dama de los Recuerdos, el Hombre Callado y también la encargada que siempre estaba detrás del escritorio.

La Cocinera le dijo a mi abuelo toda la comida que prepararía para él una vez que sanara. Le había traído un tazón de sopa de pollo caliente hecha en casa.

—¿Sopa de pollo?, lo que este hombre necesita es un emparedado de pastrami —dijo el Bromista, con una de sus risas ricas y profundas.

Todos rieron con él. Luego nos contó algunos de sus nuevos chistes. Cuando terminó, todos tuvieron que usar pañuelos de papel para secar las lagrimas por reírse tanto.

Después, la Abuela le enseñó a mi abuelo una tarjeta muy bien hecha por dos de sus nietas. En el frente estaba el dibujo de un payaso sosteniendo globos. "¡Alíviese pronto!", decían unos letreros escritos con crayón adentro de los globos.

El Cantante entonó una canción que todos cantamos con él. La Dama de los Recuerdos nos dijo cómo en una tormenta de nieve, mi abuelo fue a visitarla sólo para llevarle algunas rosas por su cumpleaños.

Antes de que me diera cuenta, la hora de visita había terminado. Todos rezaron una pequeña oración para mi abuelo. Luego se despidieron diciéndole que pronto se verían de nuevo.

Esa noche mi abuelo llamó a la enfermera y le dijo que tenía hambre. Pronto empezó a sentarse. Finalmente pudo dejar la cama. Cada día se sentía mejor y cada vez estaba más fuerte. Pronto pudo ir a casa.

Los médicos se sorprendieron. Dijeron que su restablecimiento era un milagro médico. Pero yo sabía la verdad: la visita de sus amigos lo había curado.

Mi abuelo está mejor ahora. Todos los sábados sin falta vamos juntos a visitar a nuestros amigos: la Cocinera, el Bromista, el Cantante, la Abuela, la Dama del Recuerdo, el Hombre Callado y la encargada detrás del escritorio.

Debbie Herman

El camión de bomberos

*Algunas personas dan su tiempo, algunas
su dinero, otras proporcionan sus habilidades y relaciones; algunas literalmente dan su sangre...
Pero todas tienen algo que dar.*

Barbara Bush

Después de que sus padres se separaron, las cosas cambiaron en la casa de Tami. Su mamá empezó a trabajar y
Tami tuvo que hacerse cargo de la casa y de los alimentos
para ella y su hermano pequeño. Aunque el dinero era
escaso, nunca les faltaba. Tenían una casa agradable en
un vecindario modesto. No se preocupaban por alimento,
ropa y casa. Lo que a Tami le faltaba, más que todo, era el
calor de la familia.

Tami, durante su noveno grado, pasó el verano trabajando en un parque para ganar dinero extra para sus gas-
tos. Su trabajo consistía en recoger pelotas y organizar
actividades para los niños que pasaban sus días de vacaciones en el parque.

Los niños adoraban a Tami. Y es que ella constantemente y fuera de su rutina hacía todo por ellos: les organizaba
días de campo, viajes, y también les compraba helados a
todos, gastando su propio dinero.

Hacía más de lo que su trabajo requería, aun si esto significaba utilizar su propio dinero.

Un día conoció a un niño pequeño que vivía en un
departamento en una calle frente al parque. Sus papás

trabajaban en restaurantes de comida rápida, y sabía que no tenían mucho dinero.

El niño le contó que iba a ser su cumpleaños y que deseaba mucho tener un carro de bomberos. Le dijo que iba a ser bombero algún día y que necesitaba el camión para practicar. Le dio más detalles del camión de lo que ella sabía que pudiera tener un camión de juguete.

Llegó el día del cumpleaños del niño y pasó. Al día siguiente, cuando Tami vio al niño esperaba ver un camión rojo brillante en sus brazos. Cuando llegó con las manos vacías, ella le preguntó por su cumpleaños. ¿Le habían regalado su camión?

El niño dijo que no, que sus padres iban a tener que esperar para comprarlo después, cuando las cosas estuvieran mejor. Se veía triste pero mantuvo levantado su mentón lo mejor que pudo.

Esa semana Tami cobró su cheque y se dirigió a la juguetería. Encontró el camión fácilmente; después de todo, por la descripción lo conocía al derecho y al revés. Utilizó el dinero de su cheque para comprar el camión y lo envolvió en papel de regalo.

A la mañana siguiente, muy temprano, Tami fue en su bicicleta a donde vivía el niño y dejó el camión envuelto en la puerta sin nota alguna. Cuando el niño apareció en el parque ese día, estaba muy emocionado, como nunca lo había visto. Le presumió su nuevo camión y jugó con él durante todo el día.

Esa tarde la mamá del niño fue al parque y se dirigió a Tami.

—Gracias —le dijo. Tami simuló estar confundida, como si no tuviera idea de por qué esa mujer le daba las gracias—. Me levanto temprano en la mañana, así como tú lo haces —dijo la mamá.

Sabiendo que había sido descubierta, Tami empezó a explicar, pero la señora la detuvo.

—Queremos recompensarte —dijo la señora.

Aunque Tami empezó a decir no, la mujer le explicó:

—Nosotros no tenemos el dinero para pagarte, pero queremos que vengas a cenar en la noche —Tami pensó que debía rehusar, pero la mamá del niño no se llevaría un no por respuesta.

Después del trabajo, Tami caminó hacia la casa del niño. Había olido la comida al pasar junto a la ventana, aunque no pudo reconocer lo que era. Cuando entró en la casa, vio que la familia de cuatro personas compartía un pequeño y apretado departamento de una recámara. Había solamente dos sillas en la mesa improvisada que servía como área de comedor. En lugar de comer en la mesa, Tami y la familia se sentaron juntos en el sofá desgastado. Sirvieron coles y macarrón con queso, riéndose al ver a Tami que trataba de probar las coles verdes por primera vez.

Tami se divirtió mucho esa noche. Al salir, era ella quien daba las gracias. Aunque de escasos recursos, sus anfitriones le habían dado algo que le faltaba: el calor de una familia.

Aprendió no solamente que el dar tiene su recompensa, sino que todos tienen algo que ofrecer. Y que al aceptar lo que se nos da, se completa el círculo de amor.

Lori Moore

Feliz Navidad, amigo mío

*El amor es lo único que podemos llevarnos
cuando morimos, y hace más fácil el final.*

Louisa May Alcott

—Nunca te olvidaré —dijo el viejo. Una lágrima rodó
por su mejilla curtida—. Me estoy haciendo viejo. Ya no te
puedo cuidar.

Con su cabeza inclinada a un lado, Monsieur DuPree
miró a su amo.

—¡Guau¡ ¡Guau! ¡Guau! ¡Guau! —meneó su cola de un
lado a otro, preguntándose: *¿De qué está hablando?*

—Ya no puedo cuidarme yo, cuídate tú solo —el viejo
aclaró su garganta. Jaló un pañuelo de su bolsillo y sonó
su nariz estruendosamente.

—Pronto me cambiaré a un asilo y siento decir que no
puedes acompañarme. No permiten perros allí, lo sabes
—inclinado por la edad, el viejo cojeó hacia Monsieur
DuPree y acarició la cabeza del perro.

—No te preocupes, mi amigo. Encontraremos una casa.
Una agradable casa para ti —como idea tardía, agregó—:
porque con tu buena presencia no tendremos ningún problema. Cualquiera estaría orgulloso de tener tan magnífico
perro.

Monsieur DuPree agitó su cola con fuerza y se pavoneó
de arriba a abajo en el piso de la cocina. Por un momento,
el olor familiar a almizcle del viejo, mezclado con el olor
de comida grasienta, dio al perro un sentimiento de

bienestar, pero luego volvió a sentir un gran temor. Su cola colgaba entre sus patas y se quedó muy quieto.

—Ven acá —el viejo se arrodilló en el piso con gran dificultad, y cariñosamente jaló a Monsieur DuPree cerca de él, amarró un listón al cuello del perro con un enorme moño rojo y le puso una nota. *¿Qué dice?*, se preguntaba Monsieur DuPree.

—Dice —el viejo leyó en voz alta—, ¡feliz Navidad! Mi nombre es Monsieur DuPree. Para desayunar me gusta el tocino y los huevos. También las hojuelas de maíz. Para comer, prefiero puré de papas y algo de carne. Es todo. Sólo tomo dos alimentos al día. En recompensa seré tu amigo más leal.

— ¡Guau! ¡Guau! ¡Guau! ¡Guau! —Monsieur DuPree estaba confuso y sus ojos suplicaban: *¿Qué pasa?*

El viejo una vez más se sonó la nariz con el pañuelo y sujetándose a una silla se impulsó para ponerse de pie; se abotonó el abrigo, alcanzó la correa del perro y suavemente dijo:

—Ven acá, mi amigo —abrió la puerta contra una ráfaga de aire frío y dio un paso hacia afuera jalando al perro. La oscuridad empezaba a caer. Monsieur DuPree se echaba hacia atrás, no quería ir—. No hagas que esto sea algo más difícil para mí. Te prometo que serás mucho más feliz con alguien más.

La calle estaba desierta. Inclinándose en el aire invernal, el viejo y su perro avanzaron. Empezó a nevar.

Después de largo tiempo, llegaron a una vieja casa victoriana, rodeada por árboles altos que se movían y zumbaban con el viento. Tiritando de frío, observaron la casa. Tenues luces adornaban cada ventana y llegaban con el viento sonidos amortiguados de una canción navideña.

— Esta será una casa agradable para ti — dijo el viejo, ahogando sus palabras. Se inclinó y soltó al perro, luego, abriendo la puerta lentamente para que no crujiera, le ordenó: entra ya, sube los escalones y araña la puerta.

Monsieur DuPree miraba desde la casa a su amo y se regresaba de nuevo. No entendía.

—¡Guau! ¡Guau! ¡Guau! ¡Guau!

—Entra —el viejo le dio un empujón al perro—. Ya no te necesito más —dijo con voz ronca—. ¡Vete ahora!

Monsieur DuPree estaba dolido. Pensó que su amo ya no lo quería. No entendía que en verdad el viejo lo quería mucho, pero que ya no podía cuidarlo durante más tiempo. Lentamente el perro fue hacia la casa y subió los escalones. Arañó con una pata la puerta del frente.

—¡Guau! ¡Guau! ¡Gua! ¡Guau!

Mirando hacia atrás, vio a su amo parado atrás de un árbol, en el momento en que alguien abría la perilla de la puerta. Un niño pequeño apareció, enmarcado en el corredor por la luz tenue que venía de adentro. Cuando vio a Monsieur DuPree, levantó sus brazos en el aire y gritó con entusiasmo:

—¡Caray! Mamá y papá, vengan a ver lo que Santa me trajo.

Con ojos llorosos, el viejo observó desde atrás del árbol cuando la mamá del niño leía la nota. Luego cariñosamente jaló a Monsieur DuPree hacia adentro. Sonriendo, el viejo secó sus ojos con la manga de su frío y mojado abrigo. Después desapareció en la noche, susurrando:

—Feliz Navidad, amigo mío.

Christa Holder Ocker

2

SOBRE LA AMISTAD

Los amigos están ahí para curar las heridas,
para quitarte los aires de tristeza,
para esclarecer tus cielos nublados,
para aclarar mentiras imaginarias.

Los amigos están ahí con los brazos abiertos,
para confortarte y evitar los daños,
para conservar tus secretos escondidos,
para entretenerte cuando quieras jugar.

Los amigos están ahí, haya sonrisas o lágrimas,
los amigos están ahí, haya felicidad o temor,
los amigos son divertidos, son ingeniosos.
Y los lazos que unen a los amigos durarán
por siempre.

Harmony Davis, 14 años

Hay un extraterrestre en el Internet

Sé amable, porque toda persona a quien encuentras libra una peor batalla.

Platón

Andy nunca ha conocido a Joey en persona, aun cuando Joey es su mejor amigo. Lo conoció en el Internet. En el recreo de la escuela jugaba a la guerra de las estrellas con Kevin y Rob; pero todas las cosas ingeniosas del sistema solar las aprendió de Joey, que con su guerra de estrellas hacía juegos divertidos. Joey no iba a la escuela. Tomaba clases en su casa. *Quisiera que Joey estuviera en nuestra escuela aquí en Portland: nunca me aburriría porque él es muy ingenioso,* pensaba Andy.

La semana pasada, la señora Becker, maestra de Andy, dibujó un gran círculo en el pizarrón y dijo que era una pizza:

—Andy —dijo—, ¿si dividiera la pizza, te gustaría 1/3 de pizza o 1/10?

Diez es el número más grande y fue lo que él escogió. Kevin empezó a agitar su mano en el aire, gritando que él escogía un tercio. La señora Becker dibujó líneas en el círculo mostrando que su pedazo de la pizza era más grande que el de Andy.

—Andy se va a quedar con hambre —bromeó Kevin.

Sandra, la niña que se sienta atrás de Andy empezó a reír burlonamente. Luego toda la clase se estaba riendo. *Quisiera que la campana del recreo sonara,* pensó Andy, planeando cómo jugaría solo en el recreo en lugar de con Kevin y Rob.

La voz severa de la señora Becker hizo que la clase quedara en silencio.

—¿Andy, te das cuenta de que mientras más divides la pizza entera, más pequeños son los pedazos?

—Sí, maestra —mintió Andy.

La campana de recreo no sonó durante la siguiente media hora, y para entonces la señora Becker les había asignado 20 problemas del libro de matemáticas. Cada problema tenía dos quebrados con un círculo vacío entre ellos. Los estudiantes tenían que poner un signo mayor que (>) o menor que (<), en cada círculo. Andy se mareó al observar todos esos quebrados y círculos. Decidió que tenía cincuenta por ciento de posibilidades de adivinar a dónde tenía que apuntar la flecha, y adivinó erróneamente.

Después de clases, cuando Andy se comunicó con Joey, le dijo:

—Hoy fallé en mi examen de matemáticas. No entiendo los quebrados, ¿cómo saber cuál es mayor?

—Hay un buen truco —le contestó Joey. Multiplica cruzado de abajo hacia arriba —luego fue a su pizarrón de dibujo y le enseñó a Andy cómo hacerlo—. Cinco por dos es igual a diez. Tres por cuatro igual a doce. Diez es menor que doce.

Este truco fue un acierto para Andy. La siguiente semana, cuando la señora Becker hizo otro examen de quebrados, Andy fue el único que acertó cien por ciento. El grupo pensó que Andy ya no era tan tonto, gracias a Joey.

Puesto que Joey y Andy llegaron a ser tan buenos amigos, Andy le pidió a Joey que le enviara una fotografía y que él le enviaría la suya. Era el tiempo en que el equipo de la liga pequeña de beisbol de Andy se tomaría la fotografía con uniformes y Andy había posado para la suya con el bate sobre el hombro, como si estuviera en el plato para pegar un jonrón.

Andy pensó, cuando vio su fotografía antes de enviarla a Joey: *Me veo bastante bien, realmente atlético.* Andy se la envió a Joey a Tallahassee, esperando que la suya le llegara por correo.

Cada día que Andy conversaba por Internet, le preguntaba a Joey si ya había recibido su foto. Al tercer día, Joey le dijo:

—¡Tu foto llegó y es impresionante, gracias!

—¡Estupendo! —contestó Andy—. Entonces pronto me llegará la tuya —pero la de Joey nunca llegó, y cada vez que hablaban, Andy le decía—: Todavía no llega. Tal vez es mejor que me envíes otra.

Era extraño. Ninguna foto y ningún comentario de Joey. Siempre cambiaba el tema. Un día que estaban hablando acerca de la guerra de las estrellas y de extraterrestres, Andy le preguntó:

—¿Que tal si realmente hay en la tierra extraterrestres disfrazados? Tú sabes, ¿como en el programa de TV *La tercera roca del sol* o el libro *Mi maestro es un extraterrestre?*

Parecía que había pasado mucho tiempo, cuando la pantalla se illuminó y apareció su contestación.

—¿Puedes guardar un secreto?

—Creo que sí —contestó Andy.

—¿Lo prometes? ¡Es verdaderamente importante!

—Seguro. Lo prometo.

—Soy un extraterrestre de otra galaxia. Es por eso que no puedo enviarte una fotografía. Mi campo de energía no puede ser captado en película.

Andy se quedó sentado ahí, con la mirada fija en la pantalla. Su madre lo llamaba a comer, pero fue Joey quien se despidió mientras él, sentado y aturdido mirando la computadora, pensó: *¿Sería una de las bromas de Joey? ¿Por qué entonces no enviaba la fotografía? ¿Sería por esto que sabía mucho más que otros muchachos sobre naves espaciales y del espacio exterior? ¿Por qué era tan reservado?*

En la comida, papá anunció:

—¡Buenas noticias!, mi solicitud de transferencia fue

aprobada. Nos estaremos cambiando a la oficina de Denver a fin de mes. La compañía ha encontrado para nosotros una casa en renta que está cerca de una buena escuela para Andy y con bastante lugar para que la abuela viva con nosotros. La mamá de Andy estaba feliz porque su madre se encontraba en un asilo de Denver desde que se cayó fracturándose la cadera, y quería que la abuela viviera con ellos. Andy sólo se sentía confundido.

Esa noche en la cama, Andy pensó que iba a ser un niño nuevo en una escuela nueva. *Recuerdo lo que sentí cuando me cambié aquí. Era difícil hacer nuevos amigos. Parecía como si todos me miraran fijamente el primer día y otros niños me trataban diferente hasta que me conocieron.* Fue lo último que pensó antes de quedarse dormido.

Al día siguiente, cuando Andy estaba sentado comiendo cereal en la mesa de la cocina, y su mamá estaba viendo un programa en la televisión, un locutor estaba entrevistando a una dama en Tallahassee, Florida:

—Dígame acerca del papel que el Internet juega en la vida de Joey —dijo el locutor.

—Bueno, le ha permitido una libertad que nunca había conocido. No solamente ha podido obtener información desde su silla de ruedas, sino lo más importante, ha hecho nuevos amigos.

El locutor continuó:

Cuentanos de tus amigos de Internet, Joey —la cámara giró hacia este niño en una silla de ruedas, sentado frente a su computadora. Era delgado, de piernas cortas encogidas. Su cabeza colgaba hacia un lado y cuando contestaba era difícil entender sus palabras, tenía que hacer un gran esfuerzo para decirlas, y un poco de saliva corría por una orilla de su boca.

—Cuando otros niños me ven, sólo ven que soy diferente, es difícil para mí hablar y que me entiendan. Pero cuando estoy en el Internet, piensan que sólo soy otro niño porque no pueden verme. He estado haciendo amistad con mucha gente diferente —explicó Joey.

Todo el día en la escuela, la mente de Andy estuvo llena de pensamientos revueltos: *Joey, su amigo de Internet, Joey el extraterrestre, Joey el niño en la TV, sus nuevos amigos en Denver; la abuela y su caminador.* Tan pronto como llegó a casa, corrió a su cuarto, arrojó su mochila sobre la cama y fue a su computadora. Cuando Andy entró en el Internet, decidió: *No importa de dónde venga Joey, Marte, Saturno o Tallahassee. No importa cómo se vea. Sé lo que Joey es. Joey es mi amigo.*

Andy tecleó en la computadora.

—Joey, ¿qué crees? Nos estamos mudando a Denver, caray, es agradable tener un amigo que va conmigo a dondequiera que voy.

Joanne Peterson

Mirando, mirando de verdad

Su nariz era toda chata, como si su mamá lo hubiera dejado caer cuando era niño. Sus orejas eran dos —aunque quizá dos y media— veces el tamaño normal para su cabeza. ¡Y sus ojos! Sus ojos eran tan abultados como si estuvieran a punto de salirse de sus cuencas. Su ropa era agradable, Tim tuvo que admitir. Sin embargo, también era el niño más feo que hubiera visto alguna vez.

¿Así que por qué estaba el niño nuevo inclinado sobre el casillero de Jennifer Lawrence, como si fueran los mejores amigos o algo así? Ella era *cheerleader* y una de las niñas más populares de la escuela. ¿Y por qué ella estaba sonriéndole en lugar de hacerle una mueca rara, como hizo cuando miró a Tim? *Extraño,* pensó él. *Verdaderamente extraño.*

A la hora del almuerzo, Tim había olvidado al niño nuevo. Se sentó en su mesa de siempre, en la esquina, completamente solo. Tim era solitario. Él no era tan feo como el chico nuevo, sólo era un poco serio y algo excéntrico. Nadie hablaba mucho con Tim, pero así estaba acostumbrado. Se había adaptado.

A la mitad de su emparedado de mantequilla de maní con salsa catsup (él le ponía catsup a todo), Tim levantó la vista y vio a ese chico de nuevo. Se encontraba con su bandeja del almuerzo, pendiente de Jennifer, y le sonreía como si se tratara de un diez en un exámen de matemáticas. Y ella también sonreía.

Después, ella se hizo a un lado para hacerle lugar en su banco, cerca de ella. *Extraño, verdaderamente extraño.* Pero aún más extraño fue lo que hizo el niño nuevo. Tim se hubiera dejado caer tan rápido en ese asiento, que su bolsa de almuerzo hubiera quedado flotando en el aire. Pero el niño nuevo no hizo eso. Volteó, miró alrededor y caminó derecho a la mesa de Tim.

—¿Te importaría si te acompaño? —preguntó. Así como así: *"¿Te importaría si te acompaño?" Como si todos los de octavo grado quisieran sentarse a mi mesa o algo así,* pensó Tim.

—Seguro —dijo Tim—, quiero decir, no. No me importa.

Así que el muchacho se sentó y lo hizo día tras día, hasta que se hicieron amigos. Verdaderos amigos.

Tim nunca antes había tenido un verdadero amigo, pero Jeff —ese era su nombre— invitó a Tim a su casa, a viajar con su familia y hasta a ir de excursión. Sí, ¡Tim de excursión!

Lo chistoso fue que... un día, Tim se dio cuenta de que él ya no era tan serio. *Todo gracias a las excursiones, pensó.* Y los muchachos le hablaban, saludándolo en los pasillos, y aun preguntándole sobre las tareas y otras cosas. Y Tim les contestaba a todos. Ya no era un solitario.

Un día que Jeff se sentó a la mesa, Tim le preguntó:

—¿Por qué te sentaste conmigo ese primer día? ¿No quería Jen que te sentaras con ella?

—Seguro, ella me lo pidió. Pero ella no me necesitaba.

—¿Necesitarte?

—Tú sí.

—¿Yo sí?

Tim deseaba que nadie estuviera escuchando, *verdaderamente ésa era una conversación tonta,* pensó.

—Estabas sentado completamente solo —explicó Jeff—. Te veías triste y asustado.

—¿Asustado?

—Sí, asustado. Reconocí esa mirada. Alguna vez tuve una mirada así, también.

Tim no podía creerlo.

—Tal vez no lo notaste, pero no soy exactamente el tipo más guapo de la escuela —continuó Jeff—. En mi escuela anterior me sentaba solo. Temía mirar hacia arriba y ver si alguien estaba riéndose de mí.

—¿Tú? —Tim sabía que sonaba estúpido, pero él mismo no podía describir a Jeff. Él era tan extrovertido.

—Tuve un amigo que me ayudó a ver que yo no estaba solo por mi nariz o mis orejas. Me encontraba solo porque nunca sonreía o le ponía interés a otras personas. Estaba tan preocupado por mí que nunca ponía atención en nadie más. Fue por eso que me senté contigo. Para hacerte saber que a alguien le importabas. Jennifer ya lo sabía.

—Oh, ella lo sabe, sin dudas —dijo Tim cuando observó a dos tipos luchando por sentarse junto a ella. Tim y Jeff se rieron. *Se sentía bien reír y hacerlo como lo hacía últimamente,* se dio cuenta Tim.

Luego Tim miró a Jeff. Lo miró verdaderamente. *No es tan mal parecido,* pensó Tim. *Oh, no es guapo ni nada parecido. Pero tampoco es feo. Jeff es mi amigo.* Fue cuando Tim se dio cuenta de que estaba viendo a Jeff por primera vez. Meses antes todo lo que había visto era una nariz chistosa y unas orejas de Dumbo. Ahora estaba mirando a Jeff, mirándolo verdaderamente.

Marie P. McDougal

La maravillosa Kim Li

Nadie puede hacerte sentir inferior sin tu consentimiento.

Eleanor Roosevelt

A Dara le gustaba la escuela hasta el día que llegó Kim Li. No le gustaba que la señora Royson dijera: "Es estupendo lo bien que estás aprendiendo inglés, Kim Li". El inglés de Kim Li no era tan bueno. Dara siempre se sentaba al frente de la clase. Pero el día que llegó Kim Li, la señora Royson le preguntó: "¿Kim Li, te gustaría sentarte aquí al frente? A Dara no le importará". Kim Li sonrió y dijo que sí. Dara volteó la espalda.

Antes que Dara se cambiara a un nuevo asiento, dijo en voz baja:

—Kim Li, eres demasiado alta para sentarte al frente. No puedo ver a la señora Royson, ¡cámbiate! ¡Quiero mi lugar!

Kim Li continuó sonriendo.

—Mi padre demasiado alto. Él norteamericano alto.

—Kim Li, hablas comico. ¡Bah!

—Ahora, Dara —dijo la señora Royson, de pie al lado del escritorio de Kim Li—. Todos queremos que los nuevos estudiantes se sientan bienvenidos, ¿o no? —esa misma tarde la señora Royson le preguntó a Kim Li—: ¿Podrías sacudirme los borradores?

Cuando Kim Li hizo el trabajo de Dara, le preguntó a Dara:

—¿Lo hago bien?

—No —dijo Dara, pero la señora Royson dijo—: Lo estás haciendo maravillosamente.

—No jueguen con la maravillosa Kim Li —dijo Dara a todos en el recreo. Otros niños empezaron a cantar—: ¡La maravillosa Kim Li! ¡La maravillosa Kim Li!

Kim Li dijo:

—Gracias —y sonriendo colgó las chaquetas en los ganchos de arriba que resultaban difíciles de alcanzar. Después de clases, Dara agregó más palabras al canto:

—¡Abajo con la maravillosa Kim!

Al día siguiente, Timmy empujó a Kim Li verdaderamente fuerte contra la caja de juegos y dijo:

—¡Abajo con Kim Li!

La señora Royson se acercó.

—¡Aquí, aquí! Kim Li necesita escoger.

Dara dijo:

—¡No escojas la pelota azul grande, Kim Li!

Kim Li escogió una cuerda común para saltar.

—Gracias. Me gusta saltar.

—Kim Li habla comico —dijo Dara en voz alta. Todos rieron. Luego alguien notó que Kim Li estaba haciendo "suertes" con su cuerda de saltar. Todos se olvidaron de patear la pelota. Observaban a Kim Li que hacía entrecruzadas y ¡dobles entrecruzadas!

Kim Li dijo:

—Esto divertido.

Dara gritó:

—¡Kim Li la maravillosa!, ¡eres una presumida! —todos se rieron tan fuerte, que la señora Royson llegó corriendo.

—¿Qué pasó?

—Yo hablo más mal. Trato. Todos ríen.

La cara de la señora Royson se endureció.

—Se acabó el recreo. Regresen adentro —Dara sonrió y puso los brazos alrededor de dos amigas. Kim Li no estaba incluida.

Kim Li no sabía que cada viernes había simulacro de incendio, taller de arte y convivencia. Qué bien, pensó Dara. Ella podría llegar con algo estupendo.

En el siguiente recreo, Dara hizo sus más grandiosos saltos mortales, hacia adelante y hacia atrás. Kim Li los hizo corriendo:

—¿Nosotras estamos amigas? —preguntó.

Dara pensó que podría abandonar la escuela, hasta que la señora Royson dijo:

—Dara, si no te importa saltarte los cuadernos de trabajo, necesitamos terminar nuestro mural —a Dara no le importó en absoluto. Cuando Kim Li vino a ayudar a colorear el gran mural, Dara estaba demasiado ocupada para levantarse y salir, o para alegar. ¡Rrrrrriiing...! ¡Rrrriiiing...!, era la alarma de incendio. Rápidamente y con calma, Dara se agregó a la línea para salir en forma ordenada. ¿Dónde estaba Kim Li?

—¡Por Dios, Kim Li, esa es la alarma de incendio! —Dara la jaló de la mano y no la dejó ir hasta que salieron. Kim Li abrazó a Dara y gritó:

—¡Dara me salva la vida! Dara la maravillosa!

Todos empezaron a reír y a bailar alrededor del patio de juegos, cantando:

—¡Dara, la maravillosa!

—Sólo fue un simulacro de incendio —dijo Dara.

—¿Me enseñarás a hacer entrecruzadas? —le preguntó a Kim Li.

—Lo ayudo —dijo Kim Li.

—Di, yo te ayudaré —susurró Dara a su nueva amiga.

Kim Li dijo:

—Tú me ayudarás, yo te ayudaré.

Durante varios días se ayudaron una a la otra y cuando la señora Royson dijo: "Kim Li, estás aprendiendo inglés rápidamente", Dara estaba satisfecha, pensó que hasta podría hacer entrecruzadas durante la convivencia. Pero Kim Li se levantó primero sonriendo. Finalmente habló:

—Tengo buena amiga. ¡Dara!

Dara no corrigió a Kim Li. Se quedó callada. Sólo esta vez.

Berniece Rabe

Edna Mae: primera lección sobre prejuicio

La principal causa de los errores humanos se encuentra en los prejuicios adquiridos en la niñez.

Descartes

Edna Mae fue una de mis mejores amigas cuando estuve en el primer año. Cuando llegó la fecha de su fiesta de cumpleaños, invitó a todas las niñas de la clase. Todos los días en la escuela había gran entusiasmo.

—¿Cómo va a ser tu pastel? —preguntábamos.

—¿Vas a tener juegos con premios? ¿Adornos? ¿Sombreros de cumpleaños?

Edna Mae sólo sonreía y movía la cabeza.

—Esperen y veran —dijo. Juntas contábamos los días que faltaban para el sábado; la fecha en la invitación.

Finalmente llegó el día. Envolví mi regalo, me puse mi mejor vestido de fiesta y esperé lo que me parecieron horas hasta que mi madre dijo:

—¡Es hora de irnos!

Me agradó ser la primera en llegar, porque tuve que ayudar a colocar las copas de dulce, una para cada uno de los doce invitados. La mesa estaba cubierta con un mantel especial que decía "feliz cumpleaños" y platos y vasos que hacían juego. Los globos estaban por todos lados. Había serpentinas entrecruzadas en el techo del pasillo, en la sala y especialmente en el comedor, donde la mesa estaba puesta. Parecía como el país de las hadas.

—¡Oh, Edna Mae! ¡Oh, Edna Mae! Fue todo lo que pude decir.

La mamá de Edna Mae nos envió al pórtico del frente para esperar a las otras niñas. Edna Mae vivía en las afueras de la ciudad, y la mayoría de las otras niñas nunca había estado antes en su casa.

—Algunas pueden tener problemas para llegar —dijo su mamá.

Nos sentamos en los escalones y esperamos y esperamos y esperamos. Edna Mae comenzó a llorar. Sentí muy feo y no supe qué decir. Finalmente su madre salió y anunció:

—¡Que comience la fiesta! —nos acomodó en la casa, ató una venda en nuestros ojos, puso una cola con un alfiler en nuestras manos y nos condujo al burro pegado en la pared.

—Quienquiera que ponga la cola más cerca del lugar correcto, gana el primer superpremio — dijo. Mi cola fue a parar cerca de la nariz del burro. Edna Mae la pegó en la pata delantera derecha. Nosotras reímos y reímos.

Edna Mae y yo jugamos juntas todos los juegos y compartimos todos los premios. Y todavía logramos comer dos pedazos de pastel cada una.

En el auto, camino a casa, le pregunté a mi madre:

—¿Por qué las otras niñas no llegaron? Edna Mae se sintió tan mal.

Mi madre dudó y luego dijo tristemente:

—Mi vida, las otras no vinieron porque Edna Mae es negra.

—Ella no es negra —protesté—. Sólo parece como si estuviera bronceada todo el año.

—Lo sé, cariño. Pero Edna Mae no es como ninguna de las otras niñas de la clase, y algunas personas le temen a las personas que son diferentes. La gente tiene prejuicios, cariño. Así le llaman los adultos: prejuicio.

—Bueno, esas niñas son malas. Hicieron llorar a Edna Mae. ¡Yo nunca voy a tener prejuicios! —dije.

Mi madre puso su brazo a mi alrededor y dijo:
—Me encanta, cariño. Y me gusta que Edna Mae tenga una buena amiga como tú.

Sandra Warren

Las relaciones

Fue en el verano después de cuarto grado cuando vine a darme cuenta de que las relaciones que tenemos con otras personas son necesarias para nuestra supervivencia.

Joel Walker, 11 años

—¡Voy a morir! ¡Voy a morir! —gritaba yo, una y otra vez, aferrándome a la querida vida. De repente, mis pies se deslizaron fuera de la grieta que me había estado sosteniendo—. ¡Me voy a morir! —grité de nuevo. *Si no encuentro un lugar para asegurar mi pie,* pensé, *¡voy a caer!* Busqué alrededor con mis dedos y encontré un lugar para mantenerme firme. Mirando hacia arriba a través del vapor, pude ver a mi amigo Warren arrodillado arriba del hoyo.

—¡Agarra mi mano! —gritó él. Alargué mi mano hacia arriba, tanto como pude, sin perder el equilibrio. No podía sujetar la mano de Warren por el azufre que cubría mis manos.

—No te preocupes. No te dejaré —me aseguró—. Vamos a sacarte, Joel.

Warren estaba cerca de la salida del vapor y me hablaba mientras algunos de los otros muchachos corrían para conseguir ayuda. Sabía que harían todo dentro de sus posibilidades para salvarme.

Nuestra amistad provenía de la relación que habíamos hecho, y de la confianza que nos teníamos en el equipo del club de futbol llamado Ameba. Habíamos aprendido verdaderamente a comunicarnos al jugar, con expresiones como "tras de ti" y "abre por acá".

Mantuvimos el equipo unido durante todo el año. Ese verano tuvimos la oportunidad de ir a Hawai para el torneo de copa de la Gran Isla. Era la primera vez en diez años que el equipo de nuestra área tendría la oportunidad de ir. ¡Todo lo que necesitábamos era el dinero para llegar allá! Nuestro equipo fue de puerta en puerta en nuestra comunidad, y los generosos donativos que recibimos pagaron los costos de nuestro torneo. Nos encontrábamos camino a Kona para vivir una aventura de nueve días. Llegamos al hotel y el primer día tuvimos algunas horas de práctica. Al día siguiente, no se nos programó juego, así que decidimos salir a pasear.

Fuimos a ver las ruinas de una villa incendiada que había estado en el camino de un río de lava líquida procedente de un volcán en erupción. No hubo tiempo suficiente para subir al cráter del volcán, así que fuimos a ver las grietas de vapor del volcán del Parque Nacional. Una grieta de vapor es una abertura en la superficie terrestre causada por la presión y calor de un volcán. El mismo vapor que sale del volcán, sale también de la grieta. Algunas son grandes y fáciles de reconocer por el vapor que se eleva en el aire, otras son pequeñas y difíciles de ver, así que teníamos que ser cuidadosos al caminar porque estaban de cierto modo escondidas en la hierba por todo el parque.

Yo quería tomar algunas fotografías, por lo que fui a explorar con Warren para buscar una grieta de vapor y fotografiarla. Precisamente cuando oí gritar a Warren "Joel, estás pasando por una", voltee muy bruscamente y tropecé sobre la maleza. Lo que supe después, es que estaba atorado en una grieta de vapor lo suficientemente grande como para caer dentro.

Fue cuando comencé a gritar pidiendo auxilio. Warren trataba de rescatarme, pero el resbaladizo azufre café, que es un derivado de los volcanes, quemó mis manos y hacía imposible que pudiéramos sujetarnos.

Mi mente envió señales de pánico a través de todo mi cuerpo. Me empujé contra los lados de la grieta de vapor con mis manos, que se quemaron gravemente por el azufre ardiente; las ampollas se levantaron cinco centímetros en mis dedos y en las palmas de las manos. Sentí que si caía más abajo, seguramente moriría por el mortal calor del vapor. O peor, caería dentro del misterioso pasaje oscuro que me conduciría al centro de la lava hirviente del volcán.

Por algún motivo mis zapatos se salieron de mis pies. No sé qué pasó porque yo tenía los calcetines puestos y los calcetines tendrían que haber evitado que se me cayeran los zapatos. La pérdida de mis zapatos evitó que las suelas de los mismos se derritieran y me causaran quemaduras en las plantas de los pies. El azufre caliente, que olía a huevo podrido, logró quemarme las plantas a través de los calcetines. Traté de mirar hacia arriba entre el vapor hirviente que se elevaba. Esta vez, vi a un hombre —un extraño— gritando para decirme que la ayuda estaba en camino. Warren, tranquilizándome, agregó: "Están llegando, Joel. ¡Resiste!" El equipo de acompañantes llegó y rápidamente hizo una cadena humana para que la persona que me jaló no cayera conmigo. Uno de los acompañantes del equipo llegó hasta abajo y finalmente hizo la conexión que salvó mi vida.

En el instante en que nos sujetamos, me jaló tan fuerte como pudo. Aterricé en la tierra, justo afuera de la grieta de vapor. Sin perder tiempo, los adultos me quitaron la ropa que me quemaba antes que las heridas empeoraran. ¡No me importó estar desnudo frente a todos! Temblaba y me agitaba todo, con el dolor más terrible que alguna vez hubiera experimentado. ¡Pero estaba agradecido de estar vivo!

El extraño que había llegado a ayudar, me llevó rápidamente al auto de mi entrenador. Nos dirigimos hacia el centro de visitantes, desde donde pudieron llamar a los paramédicos. Un guardabosque nos pasó en su camión.

Lo detuvimos haciendo señas y nos hizo seguirlo a la oficina del parque. Lo primero que hizo fue ponerme debajo de una pila de agua fría para evitar que las quemaduras empeoraran. No mucho tiempo después de eso llegaron los paramédicos. A medio camino del hospital, después que los paramédicos me tomaron la presión arterial y la temperatura, tuve que ser transferido a una segunda ambulancia a causa de una absurda frontera estatal o algo así. Me mantuve suplicando al chofer. "¡Siga! Por favor no pare". Me dolía tanto, que todo lo que quería era llegar al hospital. En la segunda ambulancia los paramédicos ¡tuvieron que hacer los mismos exámenes otra vez! Parecía que nunca terminaría.

No fue hasta que finalmente llegué al hospital y atendieron mis quemadas, que el *shock* inicial empezó a desaparecer. Me di cuenta de lo importantes que son los amigos; qué inapreciables son las personas para todos nosotros. ¡Ellos salvaron mi vida! Si yo hubiera estado solo, habría muerto.

La noticia de mi accidente alcanzó a verse en estaciones de televisión desde Hawai hasta California. Mi madre voló a Hawai en el primer vuelo que pudo tomar para traerme a casa. En el avión y aun en el aeropuerto en Los Ángeles, la gente me reconoció como "el muchacho que había caído en una grieta de vapor". No dejaban de preguntarme y sentí que sinceramente se preocuparon. Mucha gente me dijo que había orado por mí.

Mi familia y amigos estuvieron conmigo durante toda la dolorosa recuperación. Mis padres me llevaron a tratamiento a un hospital cercano a mi casa, y tuve que ir allí diariamente durante cuatro semanas para recibir terapia en el agua. Cada vez me acompañaban mi padre o mi madre. Meterse en esa agua fue otra de las cosas más dolorosas por las cuales atravesé. Besaba la mano de mi madre o de mi padre, una y otra vez, para alejar de mi mente el dolor. Esto parecía hacer el dolor menos insoportable.

He aprendido mucho desde ese día de verano que pudo

ser el último. Esta experiencia ha cambiado mis relaciones con mis amigos. Hablamos mucho más acerca de cualquier cosa. Me intereso más en velar por mi familia también; así como ellos velaron por mí. Cuando a mi mamá le cosieron el pulgar, estuve con ella en la sala de emergencias, tomando su mano durante todo el tiempo. Entiendo la importancia del apoyo moral y de estar ahí con las personas. Les doy la mano a otros más de lo que acostumbraba.

Una vez que ese verano terminó y toda la terapia quedó atrás, volví a jugar futbol de nuevo. En realidad extrañaba el deporte. Pero principalmente extrañaba a mis amigos, las personas, las relaciones.

Joel Walker, 11 años

El jarrón favorito

Mi hermano menor y yo estábamos en casa viendo las caricaturas mientras mi padre dormía y mi madre había salido de compras. Dejé a mi hermano en la sala y fui a traer algo de tomar. Cuando me estaba sirviendo un poco de jugo de naranja, oí que algo se quebró. Primero me fijé si mi padre había despertado, pero no. Después corrí rápidamente para ver lo que había pasado. Cuando entré en la sala, me asusté. Mi hermano había quebrado el jarrón favorito de mi madre.

—¿Qué hiciste? —grité asombrada.

—¡Lo rompí! —contestó mi hermano—. ¡Fue un accidente! —Al verlo asustado y para evitar que tuviera dificultades, hice lo que cualquier amigo haría, traté de ayudarlo. Rápidamente corrí y conseguí algo de pegamento. No sabía a qué hora iba a regresar mi madre, o cuándo fuera a despertar mi padre, por lo que traté de apresurarme. Con desesperación recogí todos los pedazos y comencé a pegarlos. Me tardé una hora, pero finalmente compuse el jarrón. Luego vino el verdadero desastre.

—Oh ¡Dios mío! ¡Oh Dios mío! —grité.

Ya había arreglado el jarrón, pero por accidente ¡pegué mi cabello en el jarrón!

Mientras mi hermano me miraba como si fuera un tonto, llevé el jarrón —con mi cabello pegado en él— y entré en el baño. Me miré en el espejo.

—Mi hermoso cabello —grité. Al darme cuenta de que no había forma de despegar mi cabello del jarrón, agarré unas tijeras. Con cada mechón de cabello que cortaba, gritaba otra vez. ¡Mi cabello estaba arruinado y el jarrón parecía tener una peluca pegada a él! Cuando salí del baño con mi ridículo peinado nuevo, escuché la vuelta de la llave en la puerta del frente.

—¡Hey muchachos, ya regresé!

¡Mi madre había regresado! Mi hermano corrió a su cuarto y rápidamente simuló estar dormido, dejándome a mí sola con el problema. Antes de que yo pudiera explicar algo, mi madre me gritó y me castigó porque creía que yo había roto el jarrón. Fui a mi cuarto a pensar lo que había sucedido. ¡Estaba castigada e iba a tener que ir a la escuela viéndome como una tonta!

Mientras estaba acostada en mi cama mirando el techo, me di cuenta de que lo que había hecho por mi hermano era un acto de amistad. Supe que aun cuando mi hermano y yo peleamos mucho, había hecho un sacrificio por él; *éste fue un enorme sacrifici*o, pensé: ¡mi pelo y mi libertad!

—Toc, Toc —alguien tocó a mi puerta.

—¿Quién es? —pregunté.

Entró mi hermano y me dio un abrazo.

—Gracias —dijo.

—De nada —contesté—. Creo que para eso son las hermanas, mayores, para ser una amiga cuando lo necesitas.

Belladonna Richuitti, 12 años

Una amiga...

Las amistades multiplican las alegrías y dividen las penas.

Thomas Fuller

Recientemente, una de mis mejores amigas, con quien he compartido casi todo desde el primer día del jardín de la infancia, pasó el fin de semana conmigo. Desde que me cambié a una nueva ciudad hace algunos años, siempre esperamos con ansia las pocas veces al año que podemos vernos.

Durante un fin de semana pasamos horas y horas conversando hasta muy noche sobre las personas que frecuenta. Empezó a contarme de su nuevo novio, que él usaba drogas y tenía un comportamiento autodestructivo. ¡Yo estaba sin aliento! Me confesó que ella había estado mintiéndoles a sus padres sobre a dónde iba y, aún más, que sa-lía sin permiso a ver a este tipo porque no querían que ella lo viera. Traté de decirle de mil maneras que ella merecía algo mejor, pero no sirvió de nada. Su amor propio parecía haber desaparecido.

Traté de convencerla de que estaba arruinando su futuro; que estaba metida en un gran problema. Sentí que no llegaba a ninguna parte. No podía creer que en realidad ella pensara que era adecuado frecuentar a un grupo de perdedores, especialmente a su novio.

Cuando se fue, en verdad me encontraba muy preocupada por ella y agotada por la experiencia. Había sido tan frustrante, que durante el fin de semana casi estuve a punto de decirle varias veces que como nuestra manera de pensar había cambiado tanto, quizá ya no podríamos seguir siendo amigas; pero no lo hice. Probé el poder de la amistad como último recurso. Habíamos sido amigas demasiado tiempo y yo quería que me apreciara lo suficiente para que supiera que estaba tratando de evitar que saliera lastimada. Quería creer que nuestra amistad podía vencerlo todo.

Unos días después, llamó para decirme que había pensado mucho y profundamente sobre nuestra conversación, y entonces me dijo que había roto con su novio. Yo sólo escuchaba del otro lado del teléfono, con lágrimas de alegría que rodaban por mi rostro. Éste ha sido uno de los grandes momentos de mi vida que han valido la pena. Nunca me había sentido tan orgullosa de una amiga.

Danielle Fishel

Una amiga...

No permitirá que te autodestruyas.

Tomará todo el tiempo que sea necesario, sin importar la hora del día, para escuchar tus problemas y darte su mejor consejo.

Es alguien que puede abrirse y ser ella misma cerca de ti.

Se tragará su orgullo para seguir tu consejo.

Nunca te hará a un lado.

Danielle Fishel

Es alguien que mantiene sus promesas, dice la verdad, tiene tiempo para ti y es alguien con quién reír.

Leah Hatcher, 14 años

Es una persona que entiende lo que dices aunque no estés hablando.

Entiende lo que sientes, aun si tú no entiendes tus propios sentimientos.

Siempre te perdonará, por lo general, antes de que te perdones a ti mismo.

Sarah Bennet, 13 años

Hará algo por ti sin pedirte nada a cambio.
Viene y te anima en tus juegos.

Roman Zaccuri, 12 años

Dirá siempre que te ves espléndida: aunque no sea cierto.
Te dirá si tienes algo en tus dientes.

Katie Adnoff, 13 años

No hablará mal de ti.

Martina Miller, 12 años

Tiene un lugar especial en tu corazón y siempre está allí cuando lo necesitas.

Meghan Gilstrap, 14 años

Es alguien que no se reirá cuando hagas una tontería.

Se quedará después de clases cuando estés en dificultades para ayudarte a escribir 250 oraciones.

Danielle Uselton, 12 años

Es alguien a quien respetas, que te respeta y comparte tus sentimientos.

Jorge Prieto, 11 años

Te hace sentir bien.
Te anima a alcanzar tus metas.
Nunca siente celos de ti.

Megan Preizer, 12 años

Comparte los buenos tiempos y ayuda escuchando durante los malos.

Molly Oliver, 9 años

Nunca dirá un secreto que prometió no revelar.
No habla de ti con otros amigos.
Es para siempre y para toda la vida.

Angie Porter, 12 años

Está contigo aun cuando sientas que el mundo está contra ti.

MeShelle Locke, 13 años

Te abrirá la puerta sin importar lo tarde que sea.
Nunca te traicionaría.
Te ayuda a hacer nuevos amigos.

Eun Joo Shin, 13 años

Podría estar peleada contigo pero siempre te perdonará.

Gina Pozielli, 12 años

Es alguien que compartirá el almuerzo contigo si olvidas el tuyo.

Hayley Valvano, 12 años

No se ríe cuando alguien hace una broma desagradable a costa tuya.

Brittany Miller, 12 años

Le gustas por lo que eres, no por lo que pareces, porque eso es lo que en realidad importa.

Marleigh Dunlap, 11 años

Nunca se burla de algo que tienes o haces.

Jessica Ann Farley, 10 años

Te ayuda a levantarte cuando caes en la pista de patinar.

Elisabeth Hansen, 12 años

No se trata de belleza o popularidad, pero es alguien a quien le gusta tu personalidad. Está contigo hasta el final.

Renny Usbay, 12 años

No siempre piensa como tú.
Es una persona que te aconsejará cuando tomes drogas o fumes.
Es alguien que te dice cuando estás equivocado, pero no de mala forma.

Stephanie Lane, 12 años

Es alguien en quien tu propia mamá también confía.

Mike Curtis, 13 años

No teme que la vean contigo.
Se reirá de tus chistes, aun si son malos.

Geoff Rill, 12 años

Nunca te culpa de todo.

Tania Garcia, 13 años

Te dará la última mordida de su caramelo.
Es un regalo que puedes abrir una y otra vez.

Natalie Citro, 12 años

Es alguien que cree en ti cuando nadie más lo hace.

Ashley Parole, 12 años

Las mejores amigas

Nos hundimos solamente cuando deseamos que suceda.

Nathalie Sarraute

—Por favor quédate —rogué.

Ann era mi mejor amiga, la única otra muchacha en la vecindad, y yo no quería que se fuera.

Se sentó en mi cama, tenía sus ojos azules sin expresión.

—Estoy aburrida —dijo, dándole vueltas con el dedo a su gruesa trenza roja. Había venido a jugar hacía media hora.

—Por favor no te vayas —le rogué—. Tu madre dijo que podías quedarte una hora.

Ann empezó a levantarse, y entonces vio los pequeños mocasines indios que había en mi mesa de noche. Con sus cuentas de colores brillantes sobre el cuero, los mocasines eran mi posesión más querida.

—Me quedaré si me los das —dijo Ann.

Yo fruncí el ceño. No podía imaginar separarme de los mocasines.

—Pero me los dio tía Reba —protesté.

Mi tía había sido una hermosa y amable mujer que yo verdaderamente había adorado. Nunca estaba ocupada cuando se trataba de pasar el tiempo conmigo; inventábamos cuentos tontos y reíamos y reíamos. El día que murió lloré bajo mis sábanas durante horas, incapaz de creer que no la volvería a ver. Ahora, mientras acariciaba los suaves mocasines en mis manos, me llené de recuerdos cariñosos de mi tía Reba.

—Vamos —me tocaba Ann con la punta del dedo—. Soy tu mejor amiga —¡como si necesitara recordármelo!

No sé qué me pasó, pero más que nada, yo quería que alguien jugara conmigo. ¡Yo quería tanto que alguien jugara conmigo que le di los mocasines!

Después de que los metió en su bolsa, montamos nuestras bicicletas y recorrimos el callejón de arriba a abajo unas cuantas veces. Pronto llegó la hora de que se fuera. Molesta conmigo misma por lo que había hecho, de todas maneras ya ni ganas tenía de jugar.

Esa noche puse como pretexto que "no tenía hambre", y me fui a la cama sin cenar. Una vez en mi cuarto, comencé a extrañar de verdad esos mocasines.

Cuando mi mamá me arropó y apagó la luz, me preguntó qué había salido mal. Con lágrimas, le dije que había traicionado el recuerdo de la tía Reba y que me sentía apenada.

Mamá me abrazó cariñosamente, pero todo lo que pudo decir fue:

—Bueno, creo que tú tendrás que decidir qué hacer.

Sus palabras no parecían ayudar. Sola, en la oscuridad, empecé a pensar con claridad. *El código de los niños dice que lo que se da no se quita. ¿Pero fue un trato justo? ¿Por qué permití que Ann jugara con mis sentimientos? Pero más que todo, ¿Ann es en realidad mi mejor amiga?*

Decidí lo que haría. Di vueltas en la cama toda la noche temiendo que amaneciera.

Al día siguiente en la escuela, acorralé a Ann. Respiré profundo y le pedí los mocasines. Ella entrecerró los ojos y me miró durante largo tiempo.

Por favor, pensaba. *Por favor.*

—Está bien —dijo finalmente, sacando los mocasines de su bolsa—. De todas formas, no me gustaban —el alivio me inundó como una ola.

Poco después, Ann y yo dejamos de jugar juntas. Descubrí que los muchachos vecinos no eran nada malos, especialmente cuando me pidieron jugar *softbol.* Es más, hice amigas en otros barrios.

A través de los años he tenido otros mejores amigos. Pero nunca más les he rogado por su compañía. He llegado a entender que los mejores amigos son personas que quieren pasar el tiempo contigo, sin pedir nada a cambio.

Mary Beth Olson

Todo lo que alguna vez necesitaría

Mucha gente quiere pasear contigo en la limosina, pero lo que quieres es que alguien tome el autobús contigo cuando la limosina se descompone.

Oprah Winfrey

Siempre me he sentido como si fuera una inadaptada en la escuela. Mis amigos, aunque buenos y verdaderos, no estaban dentro del grupo de los populares de la escuela. Además, estaba segura de que tenía una apariencia rara. Simplemente no encajaba en el molde.

Constantemente desfilaba frente a mí "el grupo divertido" —los muchachos populares— que siempre reían y cuchicheaban, nunca estaban tristes o deprimidos, saltaban en el camino a la escuela, eran los mejores amigos. Los maestros los amaban, los muchachos los amaban, la escuela completa los amaba. Yo los veneraba y quería ser solamente como ellos. Soñaba con el día que me aceptaran.

Mi sueño se hizo realidad cuando cumplí catorce años e hice una prueba en el equipo de porristas; para mi sorpresa fui escogida. Casi al instante, me abrí paso en "el grupo". Me sentía como una mariposa saliendo de su capullo. Cambié mi peinado y modo de vestir. Todos pensaron que mi cambio era fantástico: nuevas ropa, un grupo nuevo de amigos y una nueva perspectiva de la vida.

Casi de la noche a la mañana toda la escuela supo quién era yo, o al menos supieron mi nombre. Había fiestas y pijamadas, y por supuesto, animación en los juegos. Finalmente fui una de las populares. Al que quería conocer, lo conocí. Todo lo yo que deseaba ser, lo fui.

Sin embargo, algo extraño me estaba pasando, mientras más me encontraba incluida dentro del "grupo", más confundida me sentía. En realidad, esas personas estaban lejos de ser perfectas. Hablaban a espaldas de cada uno de los otros, mientras simulaban ser los mejores amigos. Con poca frecuencia la pasaban bien, pero sonreían y lo fingían. Se preocupaban de cómo me vestía y con quién me habían visto. Pero no les interesaba quién era yo, en qué creía, cuáles eran mis sueños o qué me hizo ser lo que yo era. Fue un golpe verlos como realmente eran, en lugar de lo que yo *creía* que eran.

Empecé a tener un gran sentimiento de pérdida y desilusión. Pero lo peor de todo, me di cuenta de que me estaba convirtiendo en alguien precisamente como ellos, y no me gustó nada lo que estaba pasando. Tenía que regresar al orden de mi vida anterior.

Primero me concentré en investigar quiénes eran mis verdaderos amigos: los que escuchaban y en realidad se preocupaban por mí. Eran los únicos que en verdad importaban. Continué como porrista porque de verdad lo disfrutaba. Pero dejé de frecuentar a los muchachos populares y amplié mi círculo de amistades. Descubrí que mis verdaderos amigos nunca me dejaron. Simplemente esperaron a que recuperara mi sensatez. Finalmente me di cuenta que mis amigos de antes eran todo lo que yo necesitaba.

Kerri Warren

Mi amigo Anthony

Cuando me acuerdo de mi tercer grado, pienso en mi amigo Anthony. Tenía el pelo rubio y unos ojos color café grandes y expresivos. Estaba sorprendida de ver que estaba en mi clase porque él era mayor que yo.

Aunque Antonio tenía SIDA y sabía que sus días estaban contados, estaba siempre ansioso de llegar a la escuela y tratar de llevar una vida normal. Algunos días se cansaba y tenía que salir temprano. Su madre normalmente venía todos los días a tomar el almuerzo con él o tal vez sólo para acompañarlo. Parecía que siempre tenía una perspectiva positiva de las cosas aun cuando él sabía que no todo estaba bien. Llegaba a la escuela con lo que parecía ser una bolsa con medicina atada a su cintura. Muchas veces lo compadecí, porque sabía que estaría sintiendo dolor.

En junio de ese año Anthony murió. Recuerdo claramente que en su ataúd él llevaba puesto una chaqueta del equipo de baloncesto de los Avispones de Charlotte, y a un lado estaba su muñeco Cabbage Patch, junto con una pequeña bolsa de juguetes. Después de eso, algunas veces me quedaba despierta en la noche, negándome a dormir porque tenía miedo de morir.

Sabía que Anthony había dejado su cuerpo para ir a un lugar mejor, un lugar sin dolor, pero me sentía mal por su familia porque ellos siempre sentirían un vacío sin Anthony.

Durante el año que fui a la escuela con Anthony, llegué a respetarlo a él y también a su madre. A través de su amor y compasión ella enseñó a Anthony, igual que a otros como yo, a ser valientes y a amar, cuidar y respetar a todos.

Anthony me enseñó a vivir la vida plenamente, y precisamente eso intento hacer.

Katie Short, 12 años

3

SOBRE LA FAMILIA

Gracias
Por enseñarme la diferencia entre el bien y
el mal y animarme a no perder de vista mis
ilusiones.
Por enseñarme a no permitir que los
obstáculos me depriman
y por crear una sonrisa de mi ceño fruncido.
Por decirme que ustedes se preocupan por mí
y por mostrarme qué tan especial debería
ser el amor.
Por enjugar mis lágrimas cuando estoy triste
y por calmarme cuando tiendo a enojarme.
Por ayudar a otros con el bien que hacen
y por enseñarme que debería también
ayudar a otros.
Por abrazarme cuando me siento triste
y susurrar en mi oído "te quiero".
Gracias, familia, por todo lo que hacen
no sé dónde estaría si no fuera por ustedes.

James Malinchak

¿Sin papi?

Era temprano una tempestuosa mañana de invierno en el norte de California. Nos abríamos paso por carreteras nevadas hacia el aeropuerto, desde donde partiríamos a nuestras vacaciones de una semana al cálido sol hawaiano. Mi papá había trabajado el horario nocturno en el hospital local y estaba cansado por las largas horas de trabajo. Dormía en el asiento trasero de nuestra camioneta. Esto sucedía comúnmente al tratar de aprovechar al máximo nuestras vacaciones dejando que mamá condujera para que papá durmiera durante la ruta a nuestro destino.

Mi hermano menor y yo estábamos medio dormidos. Mi hermano mayor, Jesse, iba absorto en su último libro. Él se pasa leyendo la mayor parte del tiempo que está despierto. Cuando Jesse lee, pierde contacto con todo, excepto con su lectura. Probablemente podría leer justo en medio de un terremoto.

Después de algunas horas en la carretera, mamá detuvo el coche en una parada de descanso. Podíamos oír que papá roncaba cuando salimos a estirarnos y a bostezar; bueno, todos excepto Jesse y papá. Él aún dormía atrás bajo las mantas, y Jesse se encontraba justo en medio de un "capítulo muy interesante".

Cuando todos hicimos lo que se acostumbra hacer en una parada de descanso, decidimos regresar al coche y seguir nuestro camino. El tiempo pasaba lentamente, eché una ojeada a mi reloj y luego al cielo. ¿Llegaríamos alguna vez al aeropuerto?

Después de cerca de 30 minutos estiré mis brazos y eché una mirada al asiento atrás de mí. Miré de nuevo. Jalé las mantas y todavía miré bajo el asiento trasero. *Qué extraño*, pensé. *¿Dónde está papá?* Eché de nuevo un vistazo a la parte de atrás, esperando encontrarlo donde lo habíamos dejado. Todavía nada de papá. Cierto que habría una explicación para todo esto, pregunté a mi madre.

—¿Sabes dónde está papá?

—Sí, está atrás.

Me desconcerté y miré hacia atrás otra vez, pero simplemente no estaba ahí.

—¿Atrás con las maletas?

—No, sólo a...

¡Scriiiich!

Se escuchó un frenazo repentino, seguido por un giro de 180 grados que nos envió hacia atrás, al camino de donde veníamos. Mamá había mirado atrás y confirmado mis sospechas. ¡Faltaba papá!

Mamá preguntó frenética a cada uno de nosotros si sabíamos el lugar donde se había quedado nuestro padre: primero a mi hermano menor, después a mí y por último a Jesse. Jesse había estado leyendo durante toda esta excitación, pero repentinamente despertó con el pánico.

Calmadamente exclamó:

—No se preocupen. Me pidió que les dijera que iba al baño, que estaría de regreso pronto —mi madre le hizo notar que habíamos dejado el área de descanso hacía media hora. Jesse sólo parpadeó.

Una hora después de que dejamos la parada de descanso recogimos a nuestro padre congelado. Había estado tratando de conservarse caliente presionando el secador en el baño una y otra vez.

Papá pasó el resto del viaje completamente despierto.

¿Y llegamos al aeropuerto a tiempo para nuestro vuelo? Por supuesto. El avión se había retrasado a causa de una amenaza de bomba. ¿Estábamos conmocionados o sorprendidos? No. Era parte de nuestras tradicionales vacaciones familiares.

Jason Damazo, 12 años

Terror en la ruta 83

—*¡Rodney!* ¿Dónde está la tía Emily? —preguntó Jenny por tercera vez al entrar en la sala secándose el pelo.

Rodney continuó con los ojos pegados a la pantalla de video.

—¿Cómo quieres que lo sepa? *¡Jennifer!* —en realidad odiaba que su hermana lo llamara "Rodney", por eso la ignoró las dos primeras veces que ella le preguntó por la tía Emily.

—¡Vamos, Rod! —Jenny estaba lo suficientemente preocupada como para suplicar un poco—. Te pedí que cuidaras a la tía Emily mientras me daba un baño.

—¿Lo hiciste? —preguntó, ofreciendo su mejor cara de: "¿quién, yo?".

—¡Rod, por favor! Cuando entré al baño, ella estaba en la cocina, limpiando el fregadero, como lo suele hacer por lo menos diez veces al día. ¡Ahora se ha ido! —Jenny daba vueltas alrededor de la habitación mirando a través de las ventanas.

—Te juro que no, Jen —contestó Rod, levantándose sobre los codos—. No recuerdo que me hayas pedido cuidarla.

—No puedo encontrarla por ningún lado y mamá estará de regreso del dentista en menos de una hora —dijo Jenny lamentándose.

—¿Dónde crees que pueda haber ido? —preguntó él.

—¡No sé! —Dijo Jenny—. Pero tenemos que encontrarla. Podría lastimarse o algo —ahora Jenny estaba al borde de la locura.

Rod corrió a la puerta trasera; el saco azul de otoño de la tía Emily estaba colgado en un gancho junto a su desteñida chaqueta vaquera.

—¡Jenny, mira! —dijo él—. Mejor nos llevamos su saco.

Cuando abrió la puerta trasera se precipitó dentro de la casa una ráfaga de aire frío de noviembre.

—Tía Em podría enfermarse de verdad si está afuera demasiado tiempo —dijo Jenny.

—Revisa el patio y el garaje. Yo bajaré a la calle. Pudo haber intentado ir a la playa de nuevo —dijo Rod cuando se fue corriendo.

Rod y Jenny vivían a ocho kilómetros de la playa más cercana, pero la tía Emily creció viviendo sólo a una cuadra de la playa Rainbow en Chicago. Hacía algunos meses había salido por la puerta trasera con la bata puesta. Dijo que era su chaqueta de playa y que iba a darse un pequeño chapuzón.

Tía Emily era la hermana mayor de la abuela Berniece. Rod se divertía con la tía Emily porque ella había sido maestra de una escuela primaria durante 40 años. Definitivamente, ella entendía a los muchachos. Jugaban Monopolio cuando ella venía a visitarlos. La tía Emily era la mejor jugadora de Monopolio que Rod hubiera conocido. Aunque últimamente ya no podía jugar en absoluto, porque no recordaba las reglas y luego se disgustaba.

La tía Emily olvidaba cosas frecuentemente, como dónde estaba o qué día era. El doctor dijo que tenía mal de Alzheimer. No parecía enferma o algo parecido, pero decía cosas extrañas y algunas veces no sabía quiénes eran Rod y Jenny. Un día que Rod llegó a casa de la escuela, ella había cerrado la puerta. Se la pasó gritando y preguntando que quién era él.

—Rodney —contestaba.

—¿Rodney qué? —preguntaba ella.

—Rodney Schuler; soy el nieto de tu hermana.

—¡Nieto! —dijo la tía Emily con una carcajada—. ¡No seas ridículo! ¡Berniece tiene sólo doce años de edad!

—Sí, eso podía ser bastante chistoso, ¿verdad? —Ron también se reía, porque era la única forma de manejar a la tía Emily cuando decía cosas como esas.

La navidad pasada, la tía Emily se fue a vivir con la abuela y el abuelo. Cada martes venía a quedarse todo el día en la casa de Rod y Jenny para darle un descanso a su abuela. La mayor parte de las veces su mamá estaba allí para cuidar a la tía Em, pero ese día mamá había tenido que ir al dentista.

La casa de Rod y Jenny estaba en un callejón, así que revisar la cuadra para buscar a la tía Emily no les tomaría mucho tiempo. Jenny se encontraba en el patio de enfrente con el saco de la tía Emily, sus ojos estaban rojos y llorosos, como si se hubiera tragado un pimiento rojo entero.

—Rod, Joey Nicholas dijo que vio a la tía Em hace cinco minutos, que se dirigía hacia la carretera Devon.

Un enorme nudo se formó en la garganta de Rod y se quedó ahí cuando trató de tragar. Apenas pudo decir con voz aguda: "¡Vamos!".

Se apresuraron diez pasos cuando Jenny agarró el brazo de Rod.

—Rod, necesitamos rezar.

—Tienes razón, pero ahora creo que rezaremos mientras corremos —contestó.

Eran sólo tres cuadras a la carretera Devon, pero Rod tuvo mucho tiempo para rezar. Le pidió a Dios que por favor protegiera a la tía Emily y los ayudara a encontrarla.

Al dar vuelta a la esquina hacia la carretera Devon, Rod pudo ver a la tía Emily a sólo una cuadra de distancia. Estaba parada sobre un camellón en medio de la carretera de cuatro carriles. Los autos pasaban a ambos lados de ella zumbando a 80 km por hora. Tenía la mano levantada como creyendo que iba a detener los autos.

Rod estaba por gritar cuando Jenny le agarró el brazo.

—¡Rod, no grites!, y reza para que no nos vea. Podría bajarse del camellón justo al pasar un auto.

—¿Qué vamos a hacer? —preguntó él.

—No sé —dijo Jenny. Se cubrió la cara con las manos, se desplomó y empezó a sollozar. Rod permaneció ahí mirándola por un segundo, mudo y desesperado.

—Tía Em te pertenece, Señor —le recordaba a Dios de nuevo—. ¡Por favor ayúdanos!

Cogió el saco azul de la tía Emily y corrió a un lado de la carretera. Cuando se encontró directamente frente a ella, se puso en cuclillas. Estaba rezando para que ella no lo viera.

Luego Rod esperó. Parecía que para siempre. Autos, camionetas, camiones de carga y enormes semitráilers pasaban zumbando entre la tía Emily y él. Ella sólo se mantenía ahí con la mano levantada. A pesar del viento frío, un aire caliente del pesado tránsito se arremolinaba en las piernas de Rod. Se lamía los labios. Le sabían a tubo de escape.

Finalmente, Rod vio un espacio en el tráfico. Se lanzó a atravesar la carretera y agarró con firmeza a la tía Emily por el brazo.

Rod, tan calmadamente como pudo, dijo:

—Vaya, tía Em, debes tener frío. Aquí está tu saco.

La tía Emily lo miró con una muda expresión. Dentro de su cabeza él gritaba: *¡Por favor Dios, que me reconozca!*

Lentamente, una sonrisa familiar se extendió en su cara.

—Vaya, gracias, Rodney. Hace frío aquí afuera.

A través de todo su cuerpo corrió un sentimiento de alivio y gratitud. Rod tomó del brazo a la tía Emily, confiando en que Dios lo ayudaría en el siguiente paso.

—Esta es de verdad una carretera muy transitada, tía Em. ¿Puedes ayudarme a cruzar y llegar a casa?

—Sujeta mi mano, Rodney —dijo ella con una sonrisa segura—. Yo te cuidaré.

La tía Emily le agarró la mano fuertemente mientras esperaba una oportunidad en el tráfico pesado.

—Ten cuidado, Rodney, esta es una calle con mucho tráfico, querido.

Cuando lograron alcanzar el otro lado de la calle con seguridad, Jenny los esperaba con ansia.

—¿Jennifer, qué estás haciendo aquí? —preguntó la tía Emily—. Mejor vayan a su casa antes que su madre sepa que han estado cerca de esta carretera con tanto tráfico.

Al dirigirse a casa, la tía Emily charlaba felizmente. Jenny se inclinó detrás de ella y susurró:

—Gracias, Rod.

—No me agradezcas a mí, Jenny —dijo, apuntando el dedo hacia el cielo—. Agradécele a él.

Mary Ellyn Sandford

En espera de un milagro

Todas las cosas son posibles hasta que se demuestran imposibles.

Pearl S. Buck

El hermano de Cindy Plumpton tenía ya nueve meses de desaparecido.

La familia Plumpton, que incluía a Cindy, entonces de doce años, a Kirk de catorce años y a sus padres, pasaban las tradicionales vacaciones de verano en su cabaña de las montañas de Colorado. Las cabañas estaban completamente aisladas unas de otras por árboles. Como ellos conocían a todas las familias que tenían una cabaña cercana, Cindy y Kirk tenían muchos amigos ahí. El mejor amigo de Kirk vivía en la cabaña contigua. Como Kirk solía hacer con frecuencia, una tarde comió en la cabaña de su amigo. Justo antes de oscurecer emprendió el camino de casi un kilómetro de regreso a la cabaña de su familia. Nunca llegó.

La policía del estado, voluntarios y su familia, peinaron esas montañas buscando cualquier indicio de lo que podía haberle pasado a Kirk. Pero cuando llegó el invierno, y la nieve fresca blanqueó la tierra, tuvieron que suspender la búsqueda.

Fue poco después de eso cuando en nuestro templo conocí a Cindy. Aunque era callada al principio, había algo especial en ella que me atrajo. Llegamos a ser amigas de la escuela dominical. Cuando ella, algunas semanas más tarde, me invitó a ir a su casa, me contó por primera vez sobre su hermano. Ella y yo no asistíamos a la misma escuela, pero nos veíamos cada fin de semana. Algunas veces yo dormía en su casa, aunque sus padres no le permitían hacerlo en la mía.

Un sábado cálido y soleado de abril, la llamé para decirle que mi mamá estaba de acuerdo en llevarnos al parque. Podíamos empacar un almuerzo y llevar nuestras bicicletas para pasar el día. Cindy parecía tan entusiasmada por ese día como yo lo estaba, así que cuando llegué a su casa una hora más tarde, me desconcertó cuando dijo que no podía ir. Dijo que lo sentía y que deseaba que yo lo entendiera. Pero había un arco iris ese día y tenía que estar en casa y esperar las noticias.

—¿Qué noticias? —pregunté.

—Es acerca de mi hermano —dijo, demasiado excitada para hablar—. Él va a venir a casa hoy.

—¿Qué? ¿Lo encontraron? —pregunté excitada.

—Todavía no, pero lo encontrarán —luego ella explicó—. En lugar de pedirle a las estrellas un deseo, mi hermano acostumbraba pedírselo al arco iris. Solía decir que las estrellas no eran algo especial; puedes verlas cualquier noche. Pero cuando ves un arco iris, eso era un milagro. Ver este arco iris significa que hoy un milagro sucederá. La llegada de Kirk a casa. Así que mira, tengo que estar en casa y esperarlo. Tú entiendes, ¿verdad?

Sólo vi esperanza en sus grandes ojos café y asentí: sí, entendía. Nos abrazamos y juntas miramos a través de la ventana el arco iris con esperanza en nuestros corazones.

Cindy y su familia no fueron a la iglesia al día siguiente. El reverendo anunció que los Plumpton habían recibido una llamada de la policía en otra ciudad diciéndoles que habían encontrado a un muchacho que se adecuaba a la descripción de Kirk. Él había estado vagando en la calle, severamente lastimado y semiconsciente. ¡Cindy tenía razón!

El arco iris había traído a Kirk a casa. La familia de Cindy viajó en auto durante tres horas hasta el hospital donde estaba el muchacho.

Esa noche en el noticiero de la televisión averiguamos que el muchacho que había encontrado la policía no era Kirk. Aunque su cara estaba morada e hinchada, al minuto que los Plumpton entraron en su cuarto de hospital supieron que no era su hijo. Las noticias reportaron que el muchacho estaba todavía sin identificar y en coma.

Aun cuando el muchacho en coma no era Kirk, los Plumpton estuvieron a su lado todos los días. No querían que estuviera solo cuando despertara de su coma, lo cual sucedió cinco días más tarde. Resultó que el muchacho era alguien que había escapado de su casa. Los Plumpton avisaron a los padres que vivían en otro estado y no tenían idea de que su muchacho desaparecido había sido encontrado. Los padres estaban llenos de alegría y los Plumpton se fueron después de una conmovedora reunión entre el muchacho y sus padres.

Cuando finalmente Cindy regresó a su casa, temí visitarla porque no quería ver la decepción que sabía reflejaría su cara. Cuando al fin fui a su casa y entré en su cuarto, ella estaba viendo fijamente hacia afuera de la ventana.

—Siento que no haya sido Kirk —las palabras apenas pasaron el nudo en mi garganta.

—También yo —dijo ella—. Pero habrá otro arco iris, lo sé.

—¿Cómo puedes creer todavía en el arco iris? No trajo a tu hermano a casa.

—El muchacho que encontraron, es de la edad de mi hermano. Su nombre es Paul. Y tiene también una hermana. Sabía que el arco iris traería un milagro. Esta vez no fue nuestro milagro. Pero veré otro arco iris. Lo sé.

Juntas, miramos fijamente por la ventana, con esperanza en nuestros corazones.

Korina L. Moss

La niña de papi... finalmente

¿Alguna vez has sentido que eres nadie?
Sólo una partícula de aire.
Cuando todos están a tu alrededor
y solamente tú no estás ahí.

Karen Crawford, 9 años

Papi quería un niño; estaba muy desilusionado cuando yo nací. Y cuando mamá averiguó que ya no podía tener más niños, papi se sintió devastado.

Él nunca trató de esconder de mí su desilusión. Era brutalmente sincero. Creo que yo entendía sus sentimientos, al vivir en una pequeña granja en Iowa. Él había esperado que un niño lo ayudara con la granja y finalmente heredara sus responsabilidades. Pero una niña...

Yo trataba de hacer todo sólo para agradar a papi. Podía trepar a un árbol en un parpadeo, arrojar una pelota más lejos que cualquier muchacho de mi edad y ver el pueblo con mirada retadora.

Pero papá todavía no parecía notarlo. Yo traía a casa sólo dieces de la escuela y ganaba premios. Él también era indiferente a eso.

Estaba decidida a ganar su amor y admiración sin importar cómo.

Trabajaba el doble haciendo mis tareas, levantándome más temprano en la mañana, ordeñaba las vacas y recogía los huevos de las gallinas, para luego irme a la escuela.

Pero papi no parecía apreciarlo. Mamá siempre trataba de aligerar algo de la frustración y el daño. "Un día se convencerá", decía ella. El día que cumplí trece años se celebró el aniversario número 100 de la fundación de nuestro pueblo, el consejo municipal decidió hacer un desfile y querían que una dama joven sentada en una carroza lo encabezara. Se les pidió a las familias del área que enviaran fotografías de sus niñas. Cada padre deseaba que su hija fuera seleccionada. Cada padre excepto papi.

Mamá envió mi fotografía. Yo estaba siempre tan ocupada tratando de ser el muchacho que papi siempre quiso, que nunca creí conseguir el honor de encabezar el desfile. No tenía idea de que mamá había enviado mi fotografía, así que fue una gran sorpresa cuando el comité de selección pasó a decirnos una noche que yo había sido seleccionada. Mamá estaba emocionada. Como se esperaba, papi no mostró ningún interés en el asunto.

Finalmente llegó el día del gran desfile. Yo estaba vestida con un hermoso vestido blanco. Al principio me sentí torpe; rara vez había usado vestidos. Pero pronto me sentí como una princesa en un cuento de hadas.

Cuando el desfile pasó frente a la calle principal de nuestro pueblo, vi a papá y mamá que estaban a un lado. Mamá estaba agitando una bandera estadounidense. Pero papi... ¡él era otra cosa! ¡Sonreía como nunca lo había visto sonreír antes! Cuando lo pasé, creí ver lágrimas en sus ojos. En ese momento supe que finalmente había ganado su admiración, no como un reemplazo del muchacho que él siempre quiso, sino como la dama joven que yo en realidad era.

Candace Goldapper

Del corazón

Jimmy tenía cinco años cuando él y sus padres adoptaron a Neil. Todavía recuerda ese día en el juzgado cuando el juez lo hizo subir al estrado, solo, y dijo:

—Hoy no son solamente tu mamá y tu papá quienes aceptan la responsabilidad de mantener a otro niño. Estoy contando contigo también para que compartas esa obligación. Ser un gran hermano significa que este bebé va a apreciarte y a depender de ti. ¿Estás listo para aceptar esa tarea? —aun cuando estaba apenas en el jardín de la infancia en ese entonces, Jimmy tomó las palabras del juez muy en serio.

Neil creció pensando que ser "adoptado" era la cosa más agradable. Sus padres debieron haber leído toda una biblioteca sobre cómo explicar un asunto tan complicado a un niño, e hicieron un gran trabajo. No solamente no se sintió mal respecto a esto, sino que, por ese hecho, se sentía todavía más especial. En cada oportunidad, fueran o no sucesos comunes o espectáculos de talento o aun la celebración de una fiesta, se ponía de pie orgullosamente y le decía a todo el mundo que él tenía una "mami que le dio la vida" y "otra que le dio el corazón". Algunas veces Jimmy se sentía un poco abandonado.

Cuando Neil estaba en segundo grado, se encontró con alguien que tenía una idea diferente de lo que significa ser adoptado. Andy, un muchacho de quinto grado que viajaba en el autobús con Neil, no tenía muchos amigos en la escuela. Actuaba como un pez gordo con los niños más chicos en el autobús de la escuela y un día sin ninguna razón en particular, vociferó desde atrás del autobús:

—Hey, Neil, ¿sabes lo que en realidad significa ser adoptado?

Neil estaba nervioso porque Andy nunca le había hablado directamente. Andy parecía furioso, como si Neil hubiera hecho algo para provocar su enojo. Neil prefirió no entrar en su juego y no contestó.

Entonces Andy gruñó:

—Significa que tu madre verdadera te arrojó a la basura —todos en el autobús se quedaron muy callados—. Eso es, a la basura, tuviste suerte de que alguien llegara y te recogiera antes de que los camiones llegaran y te trituraran.

Neil sintió como si el corazón se le hubiera subido a la garganta. Trató de bajarse del autobús en la siguiente parada, aunque se encontraba a varias cuadras de su casa, pero el chofer no se lo permitió. Todos estaban hablando pero él no escuchó una palabra. En el segundo en que las puertas del autobús se abrieron frente a su casa, salió corriendo para entrar en ella.

Jimmy ya había llegado de la escuela. Él y su mamá estaban sentados en la cocina. La leche y las galletas de Neil estaban servidas en la mesa.

—¿Qué te pasa? —le preguntó su mamá intuitivamente, del modo en que las mamás saben antes de que se les diga que algo malo le ha pasado a su hijo.

Neil contó lo que Andy le había dicho. Su madre se desplomó en la silla, sin ninguna frase reconfortante acerca de "las mamás naturales y las mamás adoptivas" que ofrecerle. Sabía que todos los consejos en todos los libros no podrían borrar la devastación en la cara de Neil. Cuando se acercó para abrazarlo, él se apartó. Instintivamente, ella buscó consuelo y tomó el teléfono para llamar a su esposo.

De repente Jimmy se levantó. Caminó alrededor de la mesa donde Neil estaba sollozando con la cabeza entre las manos.

—Neil —dijo tranquilamente—, sólo piensa en lo que es verdadero. Los bebés no son adoptados porque a nadie les importen. Sólo son adoptados cuando van a ser amados, y mucho.

Su mamá dejó de marcar el teléfono. Neil levantó su cabeza. Algunas personas dicen que la verdad lastima; pero algunas veces cura, cuando viene del corazón.

Marcia Byalick

Amor de hermano

Ella jaló las cuerdas hacia atrás haciendo que el columpio de fabricación casera volara más alto y más cerca de las ramas frondosas del alto sicómoro. La brisa fría azotaba sus mejillas. Tenía cinco años de edad, y en ese momento estaba enojada con David, su hermano mayor de once años.

¿Cómo podía ser tan malo?, se preguntaba, recordando cómo él le había hecho una mueca y la había llamado "bebé grande" en la mesa del desayuno. *Me odia*, pensó, *sólo porque tomé el último pan de dulce bajo sus narices. ¡Él me odia!*

El columpio la subió tan alto que podía ver a varias millas. Era divertido ver el corral abajo. Su suéter rojo brillaba con el resplandor del sol de la mañana. Dejó de pensar que estaba enojada con su hermano y empezó a cantar una melodiosa canción.

En una colina distante, atrás del columpio, un enorme toro de largos cuernos afilados observaba el suéter rojo que brillaba con la luz del sol. El toro se había escapado de su dehesa. Estaba irritable y listo para embestir cualquier cosa que se moviera. Bufaba y raspaba la tierra con su pata, luego bajó su imponente cabeza y empezó a avanzar a través del campo hacia el suéter rojo que vio meciéndose de un lado a otro bajo el sicómoro.

Mientras tanto, David estaba en el corral alimentando a los pollos. Miró afuera y vio a su hermana pequeña en el columpio. *Las hermanas son una lata*, pensó. De repente vio al toro corriendo por el campo, dirigiéndose hacia su hermana. Sin pensarlo, David gritó tan fuerte como pudo:

—¡Cuidado atrás de ti! ¡Sal de ahí! *¡Corre!*
Su hermana no lo oyó, sólo siguió cantando y columpiándose. El toro estaba a la mitad del campo y se acercaba rápido. El corazón de David latía violentamente. Era ahora o nunca. Corrió por el corral de pollos, saltó la cerca y se precipitó hacia su hermana. Corrió más rápido de lo que nunca había corrido antes.

Sujetando una de las cuerdas, David sacudió el columpio y lo detuvo derribando a su hermana a un lado del campo, sólo un segundo antes que el enojado toro embistiera el lugar en donde ella había estado. Ella gritó con terror. El toro giró alrededor raspando la tierra de nuevo con su pata, bajó la cabeza y embistió de nuevo.

David dio un tirón a una manga del suéter rojo y luego a la otra; quitándoselo a su hermana, lo arrojó tan lejos como pudo. El toro lo siguió, lo desgarró en cien jirones de hilo rojo con sus cuernos y patas, mientras David, medio arrastrándose, llevó a su hermana asustada a un sitio seguro.

Yo era esa niña, y desde ese día sólo río cuando mi hermano me dice "bebé grande". Él no puede engañarme: sé que me ama. No tiene que enfrentar a un toro que embiste para probarlo. Pero nunca olvidaré el día que lo hizo.

Diana L. James

Secretos que hicieron especial a Paul

El optimista ve la dónut, el pesimista el hoyo.

McLandburgh Wilson

Paul era mi hermano menor, y era especial. Era diferente a mí porque era ciego y se sentaba en una silla de ruedas. Muchas personas sabían que era diferente porque tenía su propio autobús escolar y asistía a una escuela especial.

Paul era especial simplemente por las cosas que sólo nuestra familia sabía, por ejemplo, el cómo presentarnos a nuevos amigos. En muchas ocasiones cuando caminábamos con Paul, otros niños venían a preguntarnos por qué estaba en la silla. Querían saber por qué no podía ver, y yo les decía que le dieran la mano a Paul para saludarlo. Después hablábamos de otras cosas.

Paul era una persona que sabía escuchar. Podía contarle todo tipo de cosas y nunca se cansaba de escucharme. Se reía cuando le contaba algo chistoso, y era el único de la familia que podía guardar un secreto.

Paul me ayudaba a ejercitarme. Algunas veces cuando íbamos a caminar subíamos la colina. A Paul le gustaba sentir en su cara el sol y el viento, y le gustaba escuchar a los pájaros. Cuando yo empujaba su silla hacia el bosque en lo alto de la colina, ¡en verdad que hacía mucho ejercicio!

Paul me ayudaba a cargar cosas. Nunca le importó si colgaba mi mochila en la parte de atrás de su silla o si mamá ponía su bolsa ahí. Algunas veces cargaba los paquetes cuando íbamos de compras. ¡Creo que se sentía como chofer! Paul me ayudaba a escuchar los ruidos pequeños. Cuando estaba con él, tenía que quedarme quieta como una piedra para escuchar los mordiscos de las ardillas y la plática de los árboles que él escuchaba.

Paul me permitía practicar mi lectura. Cuando le leía, lo hacía a mi propia velocidad. Algunas veces tenía que detenerme para comprender alguna palabra difícil, pero a Paul no le importaba. Sus cuentos favoritos eran sobre los animales, especialmente los gusanos.

Cuando había una actividad especial en el pueblo, como el circo en verano o la vez que vino el presidente en su helicóptero, Paul me dejaba compartir su lugar en la primera fila.

En invierno Paul me ayudaba a mantener secos mis pies, cuando iba a algún lado y tenía que usar rampas en lugar de escaleras. Por lo general se quitaba la nieve de las rampas, así que ambos ¡manteníamos nuestros pies secos! Dentro de los edificios también me subía gratis al elevador. La silla de Paul no podía subir por las escaleras, y vaya que me encantaba. ¡No me gustan las escaleras!

Paul rara vez se quejaba. Estaba de acuerdo con lo que el resto de nosotros quisiera hacer. En una ocasión que le dio fiebre, estaba malhumorado, pero nunca gritó, peleó o me pidió que cambiara el canal del televisor.

Paul me dejaba poner cosas en sus rodillas. Jugábamos un tipo de juego sobre sentir y decir. Algunas veces le puse diferentes juguetes para que los tocara, o lo sorprendía con nuestro perro, Muffin. Una vez le puse un gusano espeluznante en sus rodillas. Siempre se sorprendía cuando lo dejaba tener algo nuevo. Hacía caras y sonidos para hacerme saber su parecer.

Paul me dejaba ir con él a los juegos de la feria. Tenían un día especial para los discapacitados, y todos los niños en silla de ruedas podían subirse gratis a los juegos. Ya que

Paul no se podía sentar por sí mismo, me sentaba a su lado para que no se cayera.

Paul era mi amigo. No me podía hablar como muchos de mis amigos y no podía correr o jugar a las escondidillas; pero estaba allí para las horas de calma, y tenía la mejor sonrisa del mundo.

Paul murió cuando dormía, hace cinco años. Crecer a su lado como su hermana fue una bendición. Me ayudó a ver que existe el lado positivo en cualquier situación, si simplemente elegimos encontrarlo.

Judy M. Garty

El regalo de mi abuelo

*La vida de un niño es como un pedazo de papel,
en el que cada persona deja una marca.*

Proverbio chino

Cuando era niño los cuentos fueron parte activa de mi educación. Mis padres fomentaban cualquier actividad que pudiera ejercitar mi imaginación. El resultado de este estímulo es que me convertí en la versión moderna de un narrador: un actor.

Con sorpresa, ningún familiar de ambos lados de mi familia se ha dedicado antes a esta profesión. La única persona a la que le puede descubrir un "gen de narrador", es a mi abuelo materno. Este abuelo, como la gran tradición de abuelos de todas partes, siempre ha sido la fuente de sabiduría en mi vida.

Cuando yo era más joven, toda mi familia iba a acampar, y cuando oscurecía, nos sentabamos bombones alrededor de la fogata y escuchábamos a mi abuelo recitar un poema. Siempre era el mismo poema que mi abuelo recitaba de memoria.

Cuando mi abuelo tenía 14 años descubrió el poema en un libro de poesía. En esa época trabajaba con caballos y lo había leído sólo dos o tres veces el día que uno de sus caballos se escapó. Fue forzado a perseguir al caballo por varios kilómetros, en algún lugar durante el transcurso de la caza perdió el libro y sólo se había aprendido de memoria la primera mitad del poema.

Durante años trató de encontrar otra copia del poema, pero sin saber el nombre del autor decidió dejar de buscar, contento de haber memorizado sólo el principio. "Mi primer cigarro", es un poema sobre el primer intento de fumar de un niño. Ni mi padre ni yo hemos fumado nunca, pero el poema contiene tan simpática cualidad de encantadora inocencia que siempre me entretenía su contenido.

No fue sólo el poema lo que me llegó: fue la luz en los ojos de mi abuelo, el tono de su oratoria y los movimientos entusiasmados de sus brazos que me involucraban apasionadamente en el verso. Cada una de estas actuaciones se cortaba en seco cuando mi abuelo se encogía de hombros y decía: "Aquí es hasta donde memoricé", y todos asentíamos y nos preguntábamos cómo terminaría el poema. Aceptábamos esta incapacidad de terminar el poema, ya que todos conocíamos el porqué.

El año pasado, casi setenta años después de la época en que mi abuelo encontró el poema, instaló un sistema de computación en la biblioteca local, de forma gratuita. Como pago a su favor, le pidió a los investigadores de la biblioteca que trataran de encontrar "Mi primer cigarro". Unos meses después, uno de ellos le envió el poema por correo. Recuerdo que por primera vez leí el resto de éste con alegría.

Mi abuelo nunca ha recitado el poema desde entonces, y nunca se lo he pedido. Tal vez ahora que mi abuelo conoce el final del poema, su interés y compromiso personal está cumplido. En lo que a mí se refiere, el relato era mejor cuando estaba incompleto... cuando aún tenía un futuro. Desde entonces he estado interesado activamente en la poesía, tanto leída como escrita, y atribuyo mi interés completamente a mi abuelo.

Hubo un momento maravilloso no hace mucho tiempo, cuando memorizaba en voz alta un poema de Wordsworth: "Mi corazón late", y mi abuelo me sorprendió cuando dijo: "Conozco ese poema", y pudo recitarlo conmigo. Él había disfrutado este poema hacía muchos años, yo estaba memorizándolo, y fue en ese momento cuando dos generaciones formaron un puente. Después de diecisiete años de conocer a mi abuelo mejor que la mayoría de las personas que conozco en mi vida, de vez en vez él aún decide abrir el cofre del tesoro que es su mente y sorprenderme con el don de la sabiduría.

Rider Strong

Mi primer cigarro

Estaba atrás de la leñera,
un día glorioso de verano.
Lejos sobre las colinas, el sol bajando
seguía su occidental camino;
y en mi segura reclusión
distante de otro cántaro
y oscuro de confusión terrestre
fumé mi primer cigarro.

¡Fue mi primer cigarro!
¡Fue mi peor cigarro!
Crudo, puro, malsano, estrecho y rancio,
¡fue mi primer cigarro!

Ah, vivan las infantiles fantasías
envueltas en espirales de humo azul;
mis ojos se pusieron borrosos, mi cabeza ligera,
la leñera alrededor creció
oscura noche cerrada a mi alrededor...
negra noche, sin una estrella...
siniestra muerte pareció haberme encontrado
y estropeó mi primer cigarro.

¡Fue mi primer cigarro!
¡Un cigarro de seis por cinco!

Ninguna antorcha más vil el aire pudo quemar...
¡fue mi primer cigarro!

Toda pálida estaba mi frente goteada,
la vacilante noche estaba avanzada,
mi asustada madre gritó de miedo:
"Hijo mío, ¿qué has comido?"
escuché la risa contenida de mi padre,
parecía tan extraña y lejana,
sabía que él sabía, sabía que sabía.
¡Había fumado mi primer cigarro!

¡Fue mi primer cigarro!
¡Un cigarro de regalo!
No podía morir... no sabía por qué...
¡fue mi primer cigarro!

Desde entonces he sido imprudente.
Desafiando lo que los hombres pueden desafiar,
me he burlado del peligro, caminado con la muerte,
he reído en el dolor y en la responsabilidad,
no temo lo que pueda acontecer
bajo mi malvada estrella,
ni el amenazador destino nuevamente puede hacer
¡que fume mi primer cigarro!

Robert J. Burdette

Noche de silencio,
noche de cristal

Mientras caminábamos, mi abuelo dijo, con una voz impregnada de tristeza:

—Este mes es muy significativo para mí. Tres hechos muy importantes ocurrieron en nuestra familia en el mes de noviembre. ¿Sabes cuáles?

—¿Te refieres a nuestros cumpleaños el mismo día y el Día de Gracias?

Movió su cabeza calva y gris.

—La noche de los cristales también sucedió en noviembre.

—¿Es lo que pasó cuando eras niño? Jamás has contado lo que pasó cuando crecías.

Con un poco de acento alemán dijo:

—Bueno, te estás haciendo mayor y es hora de que escuches algo de la historia, por alguien que la vivió.

Esta es la historia que me contó cuando yo tenía trece años.

"Por 1935, cuando yo era muy joven, los nazis habían ganado mucha fuerza en toda Alemania. En mi ciudad de Magdeburg, sus símbolos estaban por todos lados. Las leyes de Nuremberg privaron a los judíos del derecho de ser ciudadanos. Ya no podíamos tener teléfonos, negocios o relaciones personales con personas no judías. Las personas que no eran judías no podían contratarnos, tampoco podíamos tenerlas trabajando con nosotros.

"Pronto, después de que se decretaron esas leyes, las ventanas de las tiendas y edificios estaban cubiertas con letreros que decían en grandes letras, *Juden Verboten* (prohibidos los judíos), pregonando con trompetas su mensaje malicioso. Durante las olimpiadas de 1936 en Berlín, desaparecieron estos letreros, sólo para volverlos a colocar después de los juegos. El último día que se me permitió ir a la escuela, un compañero nazi me lanzó una piedra en la cabeza, golpeándome.

"Encontrar medicinas y comida se había vuelto difícil, a menos que todavía funcionara algún negocio de judíos. Los prominentes doctores judíos eran rechazados de los hospitales, se les prohibía trabajar en sus casas; los profesores eran rechazados de las universidades, enseñaban en secreto.

"Mis padres nos hablaban a mi hermano menor y a mí muy poco sobre la situación. Alguna vez los escuché decir que esperaban que la locura pasara pronto.

"'Después de todo', decía mi padre, 'nuestras familias han vivido en Alemania durante generaciones'.

"Mis padres me advirtieron que debía permanecer lo más invisible posible para evitar tumultos y cualquier disturbio en las calles. ¿Te puedes imaginar cómo me sentía cuando era adolescente?

"Mi madre escribió a sus familiares estadounidenses en Maine solicitando que firmaran sin demora una declaración certificada que garantizara que nosotros cuatro seríamos libres en Estados Unidos. Este documento también nos permitiría dejar Alemania.

"Un año después la situación de mi país empeoró, convirtiéndose en extremadamente peligrosa. A los judíos se les obligó a usar la estrella de David en sus mangas, convirtiéndose en blanco del hostigamiento.

"Alrededor del 1o. de noviembre de 1938, mi madre salió para Munich a aprender a cocinar en un hotel de lujo, con la esperanza de encontrar trabajo en Estados Unidos después de que recibiéramos el permiso para emigrar. Mi padre permaneció en casa para encagarse de lo poco que quedaba de su negocio.

"Durante la noche del 10 de noviembre, mientras dormíamos, matones nazis uniformados organizaron manifestaciones por toda Alemania. Lanzaban piedras y bombas incendiarias a los negocios y propiedades de los judíos. Las personas que trataban de escapar de las llamas eran acribilladas a tiros. Había millones de pedazos de cristales rotos en todas las calles. Las sinagogas fueron profanadas, quemadas y demolidas. Me despertó el ruido y el olor. El sofocante olor de edificios quemados saturaba el aire. Brinqué de mi cama, miré a través de las cortinas y creí que estaba en el infierno. Mi padre llegó a nuestro cuarto, cerró la cortina y me dijo que regresara a la cama y mantuviera las luces apagadas. Finalmente regresé a dormir.

"Durante toda la noche, infinidad de hombres judíos, así como niños de mi edad, ciudadanos nacidos en Alemania, fueron arrestados y enviados a campos de concentración. Anteriormente algunos de estos hombres habían ganado medallas por haber defendido su país con valor durante la Primera Guerra Mundial. Al día siguiente los sobrevivientes fueron cercados y forzados a marchar a la oficina gubernamental más cercana para recibir documentos que demandaban el pago al gobierno alemán por los daños a sus propios negocios y hogares. Esta catástrofe después llegó a conocerse en alemán como *Kristallnacht,* que significa la noche de los cristales rotos.

"Cuando la alarma nos despertó en la mañana, mi padre no estaba en casa. Suponíamos que había salido de negocios muy temprano. Tu tío Fritz y yo ya estábamos listos para ir a la escuela. Cuando estábamos a punto de salir, un amigo de la familia tocó el timbre. Cuando abrimos la puerta, miró alrededor para estar seguro de que nadie más estaba cerca para escuchar lo que tenía que decir.

"'Es probable que tu padre no regrese a casa durante un rato, y quiere que tú y tu hermano se queden en el departamento, no vayan a la escuela', nos dijo el amigo.

"Para nuestra protección, no reveló que nuestro padre

había ido a esconderse para evitar el arresto masivo de los hombres judíos adultos. El amigo se fue. Asustado, me quedé aterrorizado en la casa con mi hermano de ocho años.

"Una hora después alguien golpeó la puerta. Al abrirla, vi a un hombre extraño, vestido con un abrigo de cuero oscuro. Casi llenaba la puerta. Intimidado por su tamaño, miré asustado hacia arriba mientras él miraba hacia abajo con arrogancia; los dos sostuvimos la mirada durante un momento. Después el intruso de 1.80 m se metió empujando y anunció: '¡Gestapo!', todavía puedo escuchar esa voz aguda y fría preguntando '¿Dónde está tu padre?'

"Asustado, contesté: 'No sé dónde está o cuándo va a regresar'. El agente salió con la amenaza de regresar.

"Dos o tres horas después escuché el temido y familiar golpe en la puerta. Temblé. Supuse que el primer tipo había regresado.

"En el momento de abrir la puerta, vi a otros dos agentes de la Gestapo que parecían copias del primer hombre.

"'¡Qué! ¿Ya regresó tu padre?', gruñó uno. Entonces, sin esperar una respuesta, ambos me empujaron hacia adentro, entraron en nuestra casa, comenzaron a abrir los escritorios, vaciando todo en el piso, buscando en armarios y debajo de las camas. Fritz y yo temblábamos de miedo. Tratábamos de esconder nuestro terror metiendo nuestras manos frías en los bolsillos. Al no encontrar lo que buscaban, dieron la vuelta sin decir palabra y salieron. Fritz y yo casi nos desmayamos de alivio.

"Poco tiempo después esos dos mismos terroristas regresaron, pidiéndome que los acompañara de inmediato a la oficina central de la Gestapo. Le dije a Fritz que fuera directamente con los amigos de la familia. Me dieron mi abrigo. Entonces, escoltado por los dos nazis robots que me acompañaron, subimos a un tranvía público y, lo creas o no, fui entregado en las oficinas generales de la Gestapo.

"Me empujaron en una oficina espantosa, lo primero que noté fue a un oficial uniformado, sentado detrás de un gran escritorio de madera perfectamente pulido. En la pared de caoba detrás de él, colgaba un gran retrato de Hitler, cuyos ojos parecían seguir cada movimiento del administrador. Casi sin buscar entre sus papeles, gritó con voz amenazadora y profunda: '¡Espera afuera de la oficina hasta que tu padre regrese!' Uno de sus ayudantes me empujó a una gran antesala de mármol y ordenó que me sentara en una banca al otro lado de la habitación.

"'¿Cuánto tiempo tendré que esperar?', pregunté.

"'¡Tanto como sea necesario!'

"Sólo entonces me di cuenta de que había sido retenido como rehén. Temblando de susto y frío, me envolví en el abrigo y me mantuve así para evitar ser visto. No tuve idea de cuánto tiempo estuve sentado ahí, antes de ver que mi padre cruzaba el corredor al otro extremo de la antesala, desapareciendo en lo que debe haber sido otra oficina. Evidentemente, los amigos que estaban observando el departamento le habían contado de mi arresto. Él se rindió como intercambio de mi libertad. Con frecuencia los nazis tomaban a los niños como rehenes, sabiendo que sus padres fugitivos aparecerían. Era una táctica muy efectiva.

"Estuve sentado ahí durante largo rato, entumecido, sin saber qué hacer. Nadie me ponía atención. Después de lo que parecieron ser horas, tuve algo de valor y me aproximé al delegado que estaba sentado en el pasillo.

"'Perdón'.

"'¿Qué?', dijo con brusquedad.

"'Mi padre ya llegó y yo quisiera irme a mi casa'.

"Al verificar la llegada de mi padre, el oficial uniformado atrás del escritorio me despidió con un golpecito de su pluma, y me advirtió: 'Será tu turno la próxima vez'.

"Mi padre nunca describió sus experiencias en el campo después de su liberación. Si alguien preguntaba, él ignoraba la pregunta con una mirada fija, distante y en silencio.

"Cinco meses antes de que comenzara la Segunda Guerra Mundial llegaron los documentos necesarios para poder embarcarnos hacia Estados Unidos de América".

Cuando regresamos por nuestra cena de pavo, Opa, como llamaba a mi abuelo, terminó la historia.

–Cuando Estados Unidos intervino en la Segunda Guerra Mundial, automáticamente me convertí en ciudadano y me uní a la Armada donde se me ordenó ir a Europa como intérprete de prisioneros de guerra alemanes. No trato de acordarme de mis experiencias de la niñez, pero ahora siento que quería que tú lo supieras. Creo que es bueno recordar esas cosas de vez en cuando.

–Bien, algo bueno salió de toda esa tragedia, Opa –le dije.

–¿Sí? ¿Y qué es?

–Yo –le dije, abrazándolo y dándole un beso en la mejilla.

Mi abuelo nunca volvió a hablar de esto.

Lillian Belinfante Herzberg

Salami verde

Eso es lo mejor, reírse con alguien porque ambos piensan que las mismas cosas son chistosas.

Gloria Vanderbilt

En algún momento durante el séptimo grado, me sucedieron dos cosas. La primera fue que me acostumbré al salami. Emparedados de salami, salami y queso, salami en galletas; no podía tener suficiente del embutido picante y salado. La otra cosa fue que mi madre y yo no nos estábamos llevando muy bien. En realidad no nos peleábamos mucho, sino que sólo parecía que todo lo que ella quería era discutir conmigo y decirme qué hacer. Tampoco nos reíamos mucho juntas. Las cosas estaban cambiando y yo fui la primera en sentirlo.

En lo que al salami se refiere, mamá ya no compraría más porque decía que estaba demasiado caro y no era muy bueno para mí. Para probar mi incipiente independencia, decidí adelantarme y comer lo que quisiera de cualquier forma. Así que un día utilicé mis ahorros para comprar una salchicha completa de salami seco.

Ahora tenía que resolver un problema: ¿en dónde pondría el salami? No quería que mi mamá lo viera. Así que lo escondí en el único lugar que sabía era totalmente seguro: abajo de mi cama. Había un rincón especial bajo la cama que la tiesa aspiradora Hoover no podía alcanzar y mi mamá en raras ocasiones tendría la intención de limpiar. Ahí fue a parar el salami, atrás en el rincón, entre la oscuridad y el polvo.

Un par de semanas después recordé el delicioso festín que me esperaba. Miré abajo de la cama y vi... no el salami que había escondido, sino un objeto verde y peludo, que no se parecía a nada jamás visto antes. Al salami le había crecido un poco más de dos centímetros de pelo, y el pelo estaba parado, como si el salami se hubiera sorprendido por la repentina aparición de mi cara junto al lugar del escondite. Al ser una comelona melindrosa no me interesaba en lo absoluto consumir nada de *este* objeto. Lo mejor que se me ocurrió hacer fue... *absolutamente nada.*

Poco tiempo después, mi mamá se obsesionó con hacer una limpieza general, que en este caso significaba que limpiaría en lugares donde nunca entraba la luz del día. Por supuesto que eso significaba limpiar abajo de mi cama. Sabía con todo mi corazón que ese momento pronto llegaría y que encontraría el objeto en su lugar de escondite. Durante los primeros dos días de su frenesí, miré con cuidado para juzgar la hora en que encontraría el salami. Ella lavó, fregó, sacudió... ¡gritó! Gritó, gritó y gritó. "¡Ahhhhh... ahhhhh... ahhhh!" Los gritos venían de mi cuarto. La alarma sonó en mi cabeza. ¡Había encontrado el salami!

—¿Qué pasa, mamá? —grité mientras corría a mi habitación.

—¡Hay algo abajo de tu cama!

—¿Qué hay abajo de mi cama? —Abrí los ojos muy grandes para demostrar inocencia total.

—Algo... algo... ¡no sé qué es!

Finalmente paró de gritar. Después murmuró:

—Tal vez esté vivo.

Me agaché para ver abajo de mi cama.

—¡Cuidado! —gritó—. ¡No sé qué es! —volvió a decir. Me empujó hacia un lado. Yo estaba orgullosa de la valentía que demostraba para salvarme de "algo" a pesar de su angustia.

Me asombré de lo que vi. La última vez el pelo del salami tenía más de dos centímetros de largo y estaba regado por todas partes. Ahora, el pelo había crecido otros siete centímetros, era de un color verde grisáceo y en realidad había empezado a crecer también en el área circundante. No se podía decir la verdadera forma de lo que el pelo cubría. Miré a mi mamá. Excepto por el color, su cabello casi se parecía al del salami. ¡También lo tenía parado! Con brusquedad se levantó y salió del cuarto, sólo para regresar cinco segundos después con la escoba. Usando el mango de la escoba, empujó el salami. No se movió. Lo empujó más fuerte. Tampoco se movió. En ese punto quise decirle lo que era. Pero no pude abrir la boca. Apretaba mi pecho con esfuerzo para reprimir la carcajada que amenazaba explotar espontáneamente. Al mismo tiempo estaba aterrorizada por su enojo cuando ella descubriera finalmente lo que era. También temía que le diera un ataque al corazón, pues se veía muy asustada.

Finalmente mi mamá contuvo sus nervios y empujó con fuerza el salami. En ese exacto momento la carcajada que había estado tratando de contener explotó. Soltó la escoba y me miró.

—¿Qué es lo que tiene de gracioso? —me preguntó. Estaba muy cerca de mi cara, a cinco centímetros; se veía furiosa. Tal vez era sólo la posición de tener su cabeza más baja que su trasero lo que hacía que su cara estuviera roja, pero estaba segura que se encontraba a punto de golpearme con el mango de la escoba. Estaba segura de que no quería que eso sucediera, porque aún había algunos pedazos de pelo verde grisáceo pegado en él. Me sentí como enferma, pero entonces solté otra de mis grandes carcajadas. Era como si no tuviera control sobre mi cuerpo. Solté una y otra vez las carcajadas, y muy pronto estaba rodando sobre el piso. Mi mamá se sentó, con actitud severa.

—¿Qué es tan gracioso?

—Salami —pude responder a pesar de las carcajadas, sobre las que ya no tenía control—. ¡Salami! ¡Salami! —rodé por el piso—. Es salami.

Mi madre me miró con incredulidad. ¿Qué tenía que ver el salami con todo esto? El objeto que estaba abajo de la cama no se parecía a ningún salami que ella alguna vez hubiera visto. En realidad, no se parecía a nada que ella (o yo) hubiese visto alguna vez.

Hice un esfuerzo por respirar.

—Mamá, es un salami, ya sabes, ¡una de esas grandes salchichas de salami!

Ella preguntó, como cualquier madre sensata lo haría en esa situación:

—¿Y qué es lo que está haciendo un salami abajo de tu cama?

—Lo compré con mis ahorros —mis carcajadas fueron calmándose y el temor comenzó a ganar terreno. La miré. Tenía en la cara la expresión más extraña que jamás hubiera visto: una combinación de disgusto, confusión, agotamiento y *¡temor!* Su cabello seguía parado de puntas, el sudor goteaba de su cara encendida y sus ojos se veían como si quisieran brincar fuera de su cabeza. No me pude contener. Comencé a reír de nuevo.

Y entonces sucedió el milagro de milagros. Mi mamá comenzó a reírse también. Primero, en realidad fue una risa de nervios disimulada, pero después se convirtió en una carcajada que salió del estómago y que sólo los miembros de la familia de mi madre son capaces de hacer. Las dos nos reímos hasta que las lágrimas rodaron por nuestras mejillas y pensé que me orinaría.

Cuando finalmente fuimos capaces de parar de reír, mi mamá puso la escoba en mis manos.

—Está bien, Patty Jean Shaw, *límpialo*, ¡no importa lo que sea!

No tenía idea de cómo limpiar algo sin mirarlo o tocarlo. Así que, por supuesto, le pedí a mi hermana menor que me ayudara. Podía hacer que me ayudara con cualquier cosa, mientras la sobornara o la amenazara. Ya que, para comenzar, se suponía que ella no sabía qué era ese objeto, y tampoco tenía temor de ayudar. Entre las dos conseguimos enrollarlo en el periódico de la tarde (mi padre nunca supo lo que le pasó). Yo, *cuidadosamente,* con mucha precaución, lo saqué y lo puse en la basura. Después le pedí a mi hermana que quitara la pelusa que quedaba en la alfombra. La convencí de que yo era demasiado grande como para meterme a la pequeña esquina de donde había salido. Terminé debiéndole a mi hermana los ahorros de dos semanas.

Mi mamá nunca se burló de mí por comprar el salami. Creo que pensó que ya había pagado el precio. El salami me proporcionó el recuerdo de la carcajada incontenible compartida. Durante los años siguientes todo lo que tuve que hacer para que mi mamá se riera, fue amenazar con comprar salami.

Patty Hansen

Se va, se va, se fue

—¿Nos van a dar veinte dólares por esto? —le pregunté a mi hermana Melva, incrédula—. ¿Estás segura?

—Dijeron que veinte —repitió mi hermana—. Treinta si añadimos la caja del radio viejo.

—¡Vendido! —exclamamos al unísono, dándonos las dos una gran palmada con las manos. No podíamos creer lo que estaba pasando. Todo lo que hicimos fue poner un anuncio que dijera "venta de garaje", y nuestro patio hormigueaba de compradores. Vendimos la cuna de bebé que tenía desde niña, ropa, joyas, platos, discos antiguos; lo que pudimos encontrar alrededor de la casa que fuera viejo y aparentemente inútil.

Mamá y papá habían salido de vacaciones, y habíamos decidido sorprenderlos con más dinero de lo que ellos pudieran ganar en un fin de semana. Cada vez que el inventario que se encontraba en el césped disminuía, una de nosotras regresaba emocionada a la casa para buscar más artículos para vender. En el viaje no éramos lo suficientemente rápidas y algunos de los clientes venían detrás de nosotras.

—¿Cuánto quieres por ese juego de sofás de dos piezas? —preguntó una mujer.

Mi hermana y yo nos miramos. Era cierto que no eran nuevos, y mamá había estado hablando de sustituirlos. Todavía eran muebles de nuestra sala. Si los vendíamos, ¿en dónde se sentaría la familia?

—En realidad no sabemos si podemos vender ese... —ambas dudamos.

—Te daré diez dólares por cada pieza —ofreció.

¿Diez dólares? ¡Eso serían veinte dólares por el juego!

No teníamos idea de cuánto podía costar la reposición, pero sabíamos que otros veinte dólares nos darían ese día un total de ¡trescientos dólares! Mamá y papá iban a sentirse tan orgullosos de nosotras. Iban a estar emocionados. Iban a estar...

—¿Hicieron que? —dijo mamá mientras caminaba por la casa y veía los espacios vacíos donde solían estar los muebles.

—¡Pero ganamos más de trescientos dólares! —le dijimos, dándole el fajo de billetes.

—¿Tienen alguna idea del valor que tenían las cosas que vendieron?

Era difícil decir por su tono de voz si reía o lloraba.

—¿Más de trescientos dólares? —preguntamos dócilmente.

—Según nuestros cálculos, se nos permitiría salir de nuestra habitación en tres años más.

Martha Bolton

Tu nombre en oro

Anne se sentó a la mesa del desayuno, comía sus hojuelas de maíz y leía las letras impresas en la caja de cereal frente a ella. "¡Hojuelas de maíz Deliciosas, nueva gran oferta!", decía la caja. "Para más detalles vea la parte posterior de la caja".

La hermana mayor de Anne, Mary, estaba sentada frente a ella, leyendo la otra parte de la caja de cereal.

—Oye, Anne —dijo—, mira el asombroso premio, *tu nombre en oro*.

Mientras Mary leía, creció el interés de Anne por el premio.

"Envíe un dólar con la prueba del sello de compra de esta caja y escriba su primer nombre en el espacio en blanco. Le enviaremos un prendedor especial con su nombre escrito en oro. (Por favor, sólo uno por familia.)"

Anne agarró la caja y miró la parte posterior, sus ojos brillaban con excitación. El nombre *Jennifer* estaba escrito en oro.

—Qué idea más ingeniosa —dijo—. Un broche con mi propio nombre escrito en oro. Lo voy a pedir.

—Lo siento, Anne, pero lo vi primero —dijo Mary—. Así que lo pido primero. Además tú no tienes un dólar para enviarlo y yo sí.

—Pero yo deseo tanto un broche como ese —dijo Anne—. ¡Por favor, déjamelo a mí!

—No —dijo su hermana.

—Tú siempre te sales con la tuya sólo porque eres mayor que yo —dijo Anne, con su labio inferior tembloroso mientras sus ojos se llenaban de lágrimas—. Anda, adelántate y pídelo. ¡Ve que no me importa! —tiró su cuchara y salió de la cocina.

Pasaron varias semanas. Un día el cartero trajo un paquete pequeño para Mary. Anne se moría por ver el broche, pero no permitiría que Mary viera lo ansiosa que estaba. Mary se llevó el paquete a su cuarto. Anne por casualidad la siguió hasta ahí y se sentó en la cama.

—Bueno, creo que enviaron tu broche. Estoy segura de que te gustará —dijo Anne con voz de sentimiento. Mary poco a poco quitó la envoltura del paquete. Abrió una pequeña caja blanca y cuidadosamente levantó la capa de algodón blanco de arriba.

—¡Ah, es precioso! —dijo Mary—. Exactamente lo que decía la caja de cereal, *tu nombre en oro*. Cuatro letras preciosas. ¿Te gustaría verlo, Anne?

—No, no me importa tu tonto broche.

Mary puso la caja blanca en el tocador y bajó las escaleras.

Anne estaba sola en el cuarto. Muy pronto no pudo esperar más, así que caminó hacia el vestidor. Quedó boquiabierta mientras veía la pequeña caja blanca. La invadieron confusos sentimientos de amor por su hermana y pena por ella misma, y el broche de oro brillante quedó empañado por sus lágrimas.

Allí en el broche había cuatro letras preciosas, su nombre en oro: A-N-N-E.

A. F. Bauman

Día del padre

Cuando tenía seis años, creí que nunca volvería a sentirme feliz por dentro de nuevo. Mi padre acababa de morir. Había estado enfermo durante largo tiempo y nunca pudo jugar conmigo. Día a día mi padre moría. El día del padre, después de que él murió, tuvimos que hacer tarjetas para nuestros papás en la escuela. Hice la mía para un ángel. Nadie parecía comprender la tristeza que me invadía internamente por no tener papá, y por no tener a alguien a quién hacerle una tarjeta.

Entonces sucedió la cosa más maravillosa. Mamá conoció a Michael. La noche de año nuevo nos sentamos todos juntos y dimos gracias por el año que había pasado y pedimos nuestros deseos para el venidero. Le dije a Michael que mi deseo era que fuera un papá para mí. Los ojos de Michael se llenaron de lágrimas cuando dijo que sí, pero sólo si él podía ser realmente un padre para mí en todos los aspectos y no sólo en lo divertido. Le dije que sí. Por supuesto, mamá también pensó que esto era demasiado maravilloso.

Quiero agradecerle a Michael por ser mi papá, por apoyarme y por quitarme mucha de la tristeza. Quiero agradecerle a Michael por lograr el sí de mi mamá para tener una lagartija, por jugar beisbol conmigo y por estar en todos mis juegos de futbol. Pero más que nada quiero agradecerle a Michael por enseñarme que los padres pueden venir a nosotros en formas distintas, y que la persona que no ayudó a procrearte, puede ser mucho o más que un padre para ti, como alguien que conozco. ¡Feliz día del padre, papi!

Taylor Martini, 8 años

El pato de mamá

*Dios no podía estar en todas partes,
y por eso creó a las mamás.*

Proverbio judío

Mi madre siempre sintió debilidad por aquellos menos afortunados que ella. Si encontraba un perro extraviado, lo llevaba a la perrera sólo para regresar con tres más. Huía de las invitaciones a almorzar con otras amas de casa, y en lugar de eso prefería convertirse en amiga del pintor de la casa o de su estilista. Caminaba entre los feligreses de la iglesia todos los domingos con el propósito de dar albergue a alguna persona necesitada de una buena cena o para ofrecerle un lugar donde hospedarse.

El hecho era que mamá abría su corazón y nuestra casa a cualquier cosa que respirara. Era la benefactora de los oprimidos, y para cuando yo tenía la edad de trece años, teníamos ocho mascotas, cinco hijos adoptivos y otros niños o adultos no oficiales viviendo con nuestra familia. Mi hermana, mi hermano y yo nos llamábamos entre nosotros "los tres originales". Admito que mi hermana y yo nos sentíamos ligeramente desplazadas por todo esto. Nos referíamos a los que recibían la generosidad de mamá como "sus casos canasta". Y aunque años después llegué a admirar y a emular la compasión que mi madre nos enseñó para con los demás, hubo una ocasión en que todos estuvimos de acuerdo que mamá había llevado su amabilidad demasiado lejos. Esto fue un día cuando permitió que un pato la siguiera a casa.

Ella cuenta la historia que una tarde se encontraba paseando a los perros en el bosque cerca de nuestra casa, cuando un gran pato blanco, al cual le había crecido en el pico una verruga roja gigantesca, apareció. Mamá afirma que sólo mostró compasión por un pobre pato perdido que estaba fuera del agua. Todo lo que supimos fue que cuando la excursión terminó y llegó a casa, el pato se había enamorado de mamá, y nuestra familia nunca volvió a ser la misma.

El pato, a quien habíamos llamado Harry, sentía tal atracción por mamá que nos era molesto. Siempre que la veía, volaba hacia ella, se sentaba en su regazo y hacía graznidos bajos o le mordisqueaba el pelo. Como un perro fiel esperando a su dueño, se sentaba todo el día afuera observando con lealtad sus entradas y salidas.

No era que no quisiera tratar de estar dentro de la casa. Una puerta abierta para Harry significaba una invitación. A la menor oportunidad que se le presentaba, irrumpía hacia adentro, caminando de manera agitada, molestando a los gatos, perros y humanos hasta dar con mamá.

A pesar de ser molesta toda esa atención que Harry le mostraba a mamá, hubiera estado bien para todos nosotros a no ser por un hecho desafortunado: que mientras adoraba a mi madre, nos odiaba a todos nosotros.

Como la mayoría de los miembros de la familia no éramos muy hogareños, tratábamos de llevarnos bien con él. Fue inútil. Harry nos consideraba una amenaza y entonces nos silbaba, picoteaba y perseguía en cada oportunidad.

Nuestro jardín se convirtió en un lugar inseguro para los visitantes. Cuando alguien se aproximaba a la casa, Harry se abalanzaba y trataba de asustarlo. Empezamos a referirnos a Harry como nuestro "pato guardián". Especialmente odiaba que los pantalones se agitaran, y podía colgarse en las piernas de los pantalones con la determinación de un perro pit bull. También podía morder, y como evidencia, muchos de nosotros tenemos verdugones rojos en los brazos.

Una tarde, papá estaba especialmente molesto con Harry porque impedía que cortara el césped. Con desesperación, papá le puso un cubo de basura vacío encima y se olvidó de él hasta la mañana siguiente, cuando mamá notó su ausencia:

—Albert, ¿cómo pudiste? —gritó después de que papá hubo confesado. Salió precipitadamente y quitó el cubo de basura de encima de Harry, que aun entre nosotros, zigzagueó sobre el césped.

—Querida, tenemos que hacer algo con ese pato —dijo papá—. Es un fastidio.

—Pero él es feliz aquí —contestó mamá—. Ha encontrado un hogar —Poco después, Harry cometió su acto final de traición.

Mi futuro cuñado, Maurice, vivía con nosotros durante el verano, mientras lo aceptaban en la universidad. Trabajaba vendiendo aspiradoras de puerta en puerta. Una tarde, Maurice regresó a casa temprano y se dio cuenta de que se había quedado afuera.

Después de tratar en vano de abrir todas las puertas de la casa, se dio cuenta que una ventana del segundo piso estaba abierta, exactamente encima de nuestra entrada. Como era un tipo inteligente, decidió estacionar su auto abajo de la ventana para pararse en el toldo del vehículo y subirse.

Maurice estaba colgado asido al saliente de la ventana, cuando escuchó un fuerte ruido de aleteo detrás de él. Volteó y vio a Harry volando hacia él con la velocidad de un cazabombardero.

Maurice gritó y se soltó. Rebotó del toldo de su auto, sobre la entrada.

A la mañana siguiente mi padre se llevó a Harry lejos, a una laguna grande a varios kilómetros de nuestra casa y lo soltó. Le dijo a mamá que la laguna tenía muchos patos y que Harry estaría feliz allí. Mamá, de mala gana, consintió pero no sin antes pasar frente a la laguna para verificarlo. Ella nos informó que Harry parecía feliz, aun cuando se encontraba solo en la parte más lejana del lago. Al mes, nuestra casa regresó a la normalidad. Después, un día, mamá decidió ir a visitar a Harry para ver cómo estaba. Al conducir hacia la laguna, vimos montones de patos, pero no a Harry. Mamá rápidamente saltó fuera del auto.

—¿Dónde podrá estar?

En la parte lejana de la laguna, sobre una sección lodosa de la colina, una de mis hermanas vio a Harry, sucio y manchado.

—¡Allí está! —señaló. Mamá jadeó y estiró sus brazos.

—¡Harry! —gritó.

Harry levantó la cabeza con cansancio. Cuando vio a mamá, soltó un graznido y comenzó a patalear hacia ella.

—¡Ah, pobre cosita! —lloró mamá.

Harry y mi mamá corrieron uno hacia los brazos del otro; como amantes perdidos durante largo tiempo. Se besaron, se abrazaron y conversaron.

Después de su reunión, mamá revisó a Harry.

—¿Qué te ha pasado? —pregunto—. ¡Estás muy delgado!

Mi hermana, quien estaba de pie en silencio con el resto de nosotros, afirmó sabiamente.

—Ni los patos lo quieren —dijo—. Lo echaron a patadas de la laguna.

—Entonces, va a regresar con nosotros —declaró mamá.

—Todos merecen un hogar amoroso.

Nadie dijo mucho en el auto, ni Harry. Creo que se disculpaba.

Tratamos de sacar lo mejor de esto, durante los siguientes días Harry se comportó como nunca. Aunque para el final de la semana había retomado sus viejos hábitos. Hasta mamá se dio cuenta de que teníamos que hacer algo.

A los pocos días uno de mis hermanos llegó a casa con noticias importantes. Acababa de ver en una laguna patos iguales a Harry: grandes, blancos con una fea verruga roja que les crecía en el pico.

No lo podíamos creer. Todo el tiempo habíamos creído que Harry era único. ¿Sería feliz con los de su misma clase? Tratando de no esperar demasiado, nos llevamos a Harry en el auto (se sentó en el regazo de mamá) a la nueva laguna. Mamá, con suavidad, lo llevó al área donde estaban los otros patos mordisqueando hierbas y aleteando. Lo echó al agua. Inmediatamente Harry comenzó a graznar, a charlar y a hacer amigos.

Lo dejamos ahí. Camino a casa no dejamos de hablar sobre lo fácil que había sido que estos patos aceptaran a Harry. ¿Sería porque se parecía a ellos? Probablemente. Pero eso aún no explicaba el afecto que Harry sentía por mamá.

Supusimos que Harry alguna vez habría vivido con estos patos, pero que de alguna forma se había separado de ellos. Fue entonces cuando mamá lo descubrió perdido y solo, vagando por el bosque. Con razón se enamoró de ella; lo había rescatado.

En nuestra siguiente visita, Harry tenía una nueva novia que tenía plumas y una verruga roja en la cara. Harry apenas le hizo caso a mamá. Creo que a ella no le importó. Había más almas en el mundo que rescatar. Además, como mamá alguna vez dijo, Harry merecía un hogar amoroso. Y para alivio de todos, finalmente lo encontró.

Page McBrier

4

SOBRE LA ACTITUD Y LA PERSPECTIVA

Las actitudes las crea uno mismo. Cada quien es libre de elegir ser víctima de las circunstancias o de las personas, o mirar la vida con una mente abierta y ser victorioso. Nadie más puede elegir la actitud que uno guarda hacia sí mismo. La perspectiva y la elección de nuestra actitud nos otorgan el poder de controlarnos.

Esa es la esencia de la verdadera libertad.

Irene Dunlap

La chaqueta del conductor de trineo de carreras

Desde que tenía noción, Jack había soñado participar en las olimpiadas. Durante años había trabajado mucho para llegar a ser un buen conductor de trineo de carreras, entrenando y practicando, cada vez mejor. Ahora, él y sus compañeros se encontraban en Sapporo, Japón, durante las Olimpiadas de Invierno ¡como equipo norteamericano de trineo de carreras!

Iban rumbo al desfile de inauguración. Los atletas de todo el mundo estaban reunidos para marchar en el estadio olímpico. Jack y sus compañeros reían, bromeaban y sus corazones latían de alegría. Todo era perfecto. Bueno, casi todo: la manga de la chaqueta olímpica de Jack se había roto. Amaba su chaqueta azul, blanca y roja, con las letras "USA" enfrente y los aros olímpicos detrás, pero ese día, durante la mañana, la había roto al saltar una cerca.

–Qué lástima lo de tu chaqueta –le dijo su amigo Bill.

–Qué más da –dijo Jack–. No creo que alguien lo note.

–Lo notarán –dijo Bill–. Los japoneses se dan cuenta de esas cosas. Probablemente se reirán de nosotros.

Jack no contestó. Al padre de Bill lo habían matado soldados japoneses en las batallas de las islas durante la Segunda Guerra Mundial. Jack sabía que Bill se sentía molesto por estar en Japón.

De repente, una niña japonesa vino hacia Jack y señaló la rotura de su manga. Jack le sonrió sin saber qué hacer. Así que dijo:

–Uh... *Ohayo*... ¡Buenos días! –y la pequeña niña contestó:

–*Ohayo* –y mucho más. Ella continuó diciendo palabras que él no podía entender al señalar la manga rota. Jack miró a sus amigos, se encogió de hombros y dijo:

–No sé qué quiere.

La pequeña comenzó a tirar de su chaqueta. Sus ojos brillaban y su cabello lacio y negro caía sobre su abrigo de invierno.

–¿Qué estás haciendo? –preguntó Jack, pero sabía que ella no podía entenderlo. De repente ella comenzó a quitarse su propio abrigo y lo miró.

–¡Quiere que te quites la chaqueta! –le dijo Bill.

–Ah, tómala –dijo Jack–. Quiere probársela. Seguro, niña, aquí está –se quitó la chaqueta y se la dio a la niña. Ella la tomó y le hizo una reverencia. Él también hizo una reverencia. Pero cuando volvió a levantar la cabeza, vio que la niña ¡escapaba con su chaqueta! –¡Oye! –le gritó.

–¡Pequeña ladrona! –gritó Bill–. ¡Se la está robando!

–Jack corrió unos pasos detrás de ella, pero en un instante había desaparecido entre la multitud de la calle–. Te lo dije, Jack, ¡no puedes confiar en esta gente! –dijo Bill en voz alta, sus ojos chispeaban.

–¡Cálmate, Bill! ¡Algunos de ellos entienden inglés! –dijo uno de los otros conductores de trineo. Bill no dijo nada, pero su cara estaba roja de furia.

–Así que, ¿qué hago? –preguntó Jack–. Necesito mi chaqueta para el desfile.

–No tienes opción, Jack –dijo otro del equipo–. Tendrás que ir como estás.

Veinte minutos más tarde se encontraban con los demás atletas estadounidenses esperando para comenzar. Bill estaba parado junto a Jack y sentía su preocupación.

–Está bien, chico –le dijo–. Estamos juntos, todos lo pueden ver. Sólo deseo ponerle las manos encima a esa niña.

De repente, Jack sintió un fuerte tirón, esta vez en la manga de su camisa. Miró hacia abajo. Era la niña japonesa.

—¡Tú! —Jack explotó y le puso las manos sobre los hombros para que no pudiera correr. Pero ella sólo le sonrió. Traía la chaqueta en sus manos. Se la dio. Jack la tomó y fue entonces que comprendió. Ya no tenía la manga rota. La había zurcido con tal perfección, que ni siquiera él podía distinguir el hilo. Sólo de muy cerca pudo ver las puntadas. Bill miró a la pequeña niña con la boca abierta. Ella sólo le sonrió, y también a Jack, e hizo de nuevo una reverencia.

—¡Bill! —dijo Jack —. ¡Ella no se la robó! ¡Se la llevó para arreglarla!

—Ha de haber corrido con su madre o con alguien y la arreglaron así de pronto —dijo otro de los del equipo—. ¡Santos cielos, Jack!, no quería que te sintieras apenado en el desfile!

La música comenzó y el desfile también. A lo largo de las calles de Sapporo marcharon juntos miles de atletas, luciendo orgullosamente los colores de sus países. Se movían con el mismo ritmo y alegría; cada uno con la determinación de ser el mejor.

Hubo una persona que también marchó ese día llena de orgullo: una niña japonesa que no hablaba inglés que iba en los hombros de un conductor norteamericano de trineo de carreras, llamado Jack, y después en los hombros de otro, llamado Bill.

Tim Myers

Las cosas no siempre son negras o blancas

Los maestros se utilizan a sí mismos como puentes por los cuales invitan a sus discípulos a cruzar; después de haber facilitado su paso, se derrumban alegremente, animándolos a construir puentes de ellos mismos.

Nikos Kazantzakis

Cuando iba a la escuela primaria, me involucré en una fuerte discusión con un niño de mi clase. He olvidado de qué se trataba la discusión, pero nunca olvidaré la lección que aprendí ese día.

Ambos estábamos convencidos de tener la *razón* y que el otro *estaba equivocado*. La maestra decidió enseñarnos una lección muy importante. Nos trajo al frente de la clase y a él lo puso a un lado de su escritorio y a mí en el otro. En medio de su escritorio había un objeto grande, redondo. Yo, con claridad podía ver que era negro. Ella preguntó al niño de qué color era el objeto. "Blanco", contestó.

Yo no podía creer que él dijera que el objeto era blanco, ¡cuando obviamente era negro! Comenzó otra discusión entre mi compañero y yo, esta vez por el color del objeto.

La maestra me dijo que me fuera al lugar donde estaba el niño parado y a él le dijo que se parara donde yo había estado. Cambiamos de lugar y ahora me preguntó de qué color era el objeto. Tuve que contestar: "Blanco". Era un objeto con dos lados dibujados de colores diferentes, y desde su punto de vista era blanco. Sólo desde mi lado era negro.

Mi maestra me dio una lección importante ese día: debes ponerte en los zapatos de la otra persona y ver la situación a través de sus ojos para comprender verdaderamente su perspectiva.

Judie Paxton

¿Qué tiene de malo un ocho?

La realidad no es la forma en que deseas que las cosas sean, tampoco la forma en que aparentan ser, sino la forma como en realidad son.

Robert J. Ringer

Parecía que tardaría mucho tiempo, pero finalmente cumplí trece años el sábado pasado. Me sentía interiormente animada y feliz ya que pasaría el día con mis amigos, pero la aguanieve y la lluvia que caían alternadamente, me mantuvieron en casa. Decidí quedarme en mi habitación y deshacerme de las cosas de niños. A media tarde, tres bolsas de basura abultadas estaban apoyadas en mi puerta. Cuando tomé la primera bolsa y empecé a arrastrarla escaleras abajo, cayó al piso una fotografía. El rostro que me miraba era el de Jane. Habíamos sido amigas durante cuarto año y probablemente lo hubiéramos seguido siendo para siempre, si su padre no hubiera sido transferido a Japón. Él era vicepresidente de alguna cadena grande de hoteles.

Jane Farmer era la niña más inteligente que jamás había conocido. Ella casi siempre sacaba dieces y también era bonita. Una parte de mí quería odiarla, pero no podía. Era demasiado agradable. En lugar de eso, la envidiaba y deseaba con todo mi corazón ser como ella. Su pelo era del color de la miel, tenía innumerables rizos, generalmente sostenidos por una cinta satinada que combinaba con el uniforme de nuestra escuela. Cuando caminaba, los rizos saltaban arriba y abajo y me recordaban a mi bastón saltarín. Mi cabello era lacio, fino y todas las mañanas iba de trenzas. Ella era un poco llenita, pero eso no importaba. Igual que las otras niñas populares, Jane era pequeña. Eso es lo que en realidad importaba, ya que la mayoría de los niños en nuestra clase también eran pequeños. Yo era alta y flaca. Aun las pecas de Jane eran lindas, y los hoyuelos a los lados de su boca la hacían parecer como si siempre estuviera sonriendo. Con frecuencia mi abuelo me llamaba "cara graciosa" para hacerme sonreír. No era malo. Sólo que él no podía comprender que mi cara era del tipo serio. Mi madre tampoco entendía. "Donna, párate enfrente del espejo de tu cuarto", solía decir. "Practica durante cinco o diez minutos todos los días, y antes de lo esperado, también tendrás una sonrisa encantadora". Traté de hacerlo algunas veces, pero me sentía tonta, y de cualquier manera esto no funcionaba.

Jane era estudiante de honor y llegó a sentarse al frente de la clase. Mi pupitre estaba en la parte de atrás, en el lado del salón que no tenía ventanas. Podía ver a nuestra maestra, la señora Schnell, que se paseaba hacia atrás y hacia adelante, enfrente de nosotros. Era pequeña y robusta con un cabello rojo rebelde y una sonrisa que soltaba o cerraba como con un grifo de agua.

Siempre me hundía en mi pupitre, desesperadamente esconderme atrás de Stanley, el niño que se sentaba enfrente de mí. Era difícil. Yo superaba a Stanley por una cabeza, y él con frecuencia se achicaba, tratando también de esconderse de la señora Schnell. Allí esperaba yo, aterrorizada de que el siguiente nombre que escuchara fuera el mío. Algunas veces mi corazón latía tan fuerte, que estaba segura de que sus oídos podrían encontrarme, aunque no lo hicieran sus malvados ojos.

Día tras día se pavoneaba por los pasillos, llevando en su mano derecha la hoja de papel con la que pasaba lista de cada uno de nosotros por orden alfabético. Simulaba estudiarla durante un momento, y después sus ojos de águila buscaban a su presa, precipitadamente de un niño a otro. "¿Quién será esta vez?" gritaba.

Siempre que ella decía un nombre, la víctima tenía que levantarse, pararse tan derecha como el palo de una escoba, sacando el pecho, y con un libro abierto sobre las manos para leer a toda la clase. Algunas veces la persona tenía suerte y tenía que leer algunas oraciones o algún párrafo pequeño. Otras, serían una página o dos. De vez en cuando, antes de nombrar al siguiente, se leería un capítulo completo.

Más que nada odiaba pararme y leer en voz alta a la clase, una hazaña tan fácil de cumplir para Jane. A diferencia de mí, ella nunca pronunciaba mal las palabras o tartamudeaba, y en raras ocasiones cometía errores. Y si lo hacía, nunca la hacían sentirse apenada. La señora Schnell le dedicaría una sonrisa agradable y con toda la paciencia la guiaría a la respuesta correcta. Yo no era buena para leer y puedo decir que a la señora Schnell, con frecuencia, yo no le agradaba en absoluto. Si sólo me hubiera tratado en la forma que trataba a Jane, yo lo habría hecho mejor. Pero ella siempre me corregía demasiado pronto, sin darme la oportunidad de decir las palabras.

Un día, después de la práctica de futbol, Jane y yo estábamos paradas juntas esperando a nuestras madres. Todos los demás padres habían venido por sus hijos para llevarlos a casa. Jane se recostó en una de las columnas de piedra que soportaban la puerta de hierro forjado enfrente de la escuela. Yo me recosté en la otra y observé que Jean leía un libro de texto. Todavía no éramos amigas. Quería preguntarle si le gustaba el cine y si sus padres la dejaban ir los fines de semana a las matinés, pero cambié de opinión cuando vi su cara. En lugar de eso, sólo me le quedé viendo. A ella le pareció sentir mis ojos.

—¿Qué estás viendo? —preguntó. Su voz era suave y amable, no lo que yo esperaba.

—A ti —dije, incapaz de dejarla de mirar.

—¿Por qué? —preguntó.

—Porque se te ve tan triste —dije. *Es descortés quedarse mirando fijamente.* Las palabras de mi madre revoloteaban una y otra vez en mi cabeza.

—En la prueba de historia saqué ocho —dijo. Sonaba como si hubiera cometido algún crimen horrendo.

—¿Por eso estás triste? —le pregunté. Eso no tenía sentido para mí. *¿Qué tiene de malo un ocho?* Me pregunté. Antes de que lo supiera, estaba hablando tan rápido que no podía detenerme.

—Por Dios Jane, un ocho no es exactamente el fin del mundo, lo sabes. Me encantaría obtener tus calificaciones, leer y deletrear como tú, agradarles a las maestras, ¿y tú estás preocupada por un ocho? ¡Debes estar loca! De cualquier forma, ¿qué te sucederá?

Me miró durante un momento, tal vez decidiendo si debería confiar en mí. Después se inclinó y murmuró en mi oído, como si fuéramos las mejores amigas compartiendo un secreto.

—Prométeme que no le dirás a nadie. Prométeme.

El hecho de que Jane quisiera compartir su secreto conmigo me hizo sentir bien, importante, como las niñas populares con las que ella andaba. Pero también me sorprendió. Al no contestarle de inmediato, me agarró del brazo, sentí que sus uñas se clavaban en mi piel.

—Prométeme —exigió. Yo asentí y ella soltó mi brazo.

—Mi papi utiliza una correa de cuero para golpearme —dijo, su voz era tan baja que difícilmente podía escucharla. Se le habían llenado los ojos de lágrimas, pero continuó hablando—. Todo lo que él quiere ver son puros dieces. Tengo que obtener puros dieces.

Estaba segura de que había malinterpretado lo que había dicho.

—¿Quieres decir que él se quita el cinturón y te golpea con él? ¿Te golpea porque sacas ocho y no diez?

—Sí —lloró, bajando su cabeza como si le diera pena mostrar la cara—. Lo hará esta noche, tan pronto como llegue del trabajo a la casa.

−¿Te golpea? −pregunté de nuevo, no queriendo creer que un papá hiciera tal cosa o fuera tan cruel.

−Sí. Él dice que no hay excusa para sacar una mala calificación. Él siempre sacó dieces en la escuela, y ya que soy su hija, debo hacer lo mismo.

Levantó su cabeza y me miró, pero sabía que no me estaba mirando.

−Eso me espera −dijo, en un tono tan rotundo y frío como el piso de piedra de nuestro sótano.

−¿Y tu mamá qué hace? −pregunté.

−Ah, ella se sale de la del cuarto. Pero regresa después de que él se ha ido. Me abraza y me dice lo mucho que papi me quiere y que lo hace por mi propio bien −Jane encogió sus hombros como si eso no importara−. Además, sólo duele durante un rato. Como ves, Donna, las calificaciones son muy importantes. ¿No piensa así tu papá?

−Mi padre siempre me dice que mi hermano y yo debemos tener la mejor educación. Cuando regresamos de la escuela no tenemos permiso de jugar afuera o de que vengan amigos a la casa hasta que terminamos de hacer nuestra tarea. Es muy estricto en eso, y seguro que no lo hace feliz que saquemos bajas calificaciones. Pero nunca nos pega.

−¿Pero no te castiga cuando bajan tus calificaciones?

−Bueno, en realidad no −dije−, por lo menos, no en la forma en que tu papá lo hace.

−¿Qué quieres decir? −dijo.

−Que si conocieras a mi papá, entenderías. Él solamente se queda parado allí, derecho como una flecha, con sus ojos grises mirando a los tuyos. Después dice tu primer nombre poco a poco, con una voz muy severa. Entonces dice tu apellido muy lentamente, con la misma voz baja y severa. Eso es todo lo que hace, y créeme, mi hermano y yo sabemos que lo dice seriamente.

−¿Y entonces qué? −preguntó Jane. Parecía temblar y vi temor en sus ojos. Sabía que esperaba escuchar una cosa verdaderamente horrible, algún tipo de castigo tremendo, mucho peor que ser golpeada con una tira de cuero—. ¿Y entonces qué? —repitió impaciente por mi respuesta.

—Arreglamos el problema bastante rápido —dije—. Trabajamos más duro la siguiente vez y hacemos un mejor trabajo.

En ese momento vimos que la mamá de Jane daba vuelta en un auto blanco, grande y brillante.

—Esa es mi mamá. Ahora me tengo que ir. Adiós, Donna, —dijo y se fue de prisa al coche. Abrió la puerta y de repente miró hacia atrás para susurrar en voz baja—. Recuerda Donna, lo prometiste.

Asentí y la observé subirse del lado de los pasajeros en el asiento delantero.

—Adiós, Jane —su auto dio vuelta en el camino, después aceleró por la calle arbolada, larga y angosta. Vi que el auto de Jane se hacía cada vez más pequeño hasta desaparecer al dar vuelta en la esquina al final de la calle.

Jane y yo llegamos a ser las mejores amigas después del día que compartió su secreto conmigo, pero desde ese día nunca volví a envidiar a Jane Farmer.

Donna M. Russell

Sólo Ben

Niños: mucho más que sólo personas pequeñas.
Los niños pequeños son definitivamente personas
especiales. No existen otros seres como ellos en el
mundo.

Adrian Wagner

Era fines de agosto y hacía mucho frío afuera. Yo estaba entrenando al equipo de futbol de jardín de infancia y de primer grado, y era el día de nuestra primera práctica. El frío era suficiente como para que los niños estuvieran arropados con sudaderas, chaquetas y guantes extras.

Senté a los niños en la banquilla de la caseta; el futbol en Austin se juega en los jardines del complejo de softbol. Como por lo general este era el caso, cada vez que entrenaba un equipo nuevo tomábamos los primeros minutos para conocernos unos a otros. Repasábamos la lista de nombres varias veces, cada niño o niña decía su nombre y los nombres de todos los niños que se sentaban a la izquierda.

Después de algunos minutos de hacer esto, decidía poner a los niños la última prueba. Le pedía a algún voluntario que creyera saber los nombres de los once niños del equipo que lo demostrara en ese momento. Hubo un niño valiente de seis años que se sintió capaz para el reto. Tenía que comenzar desde el extremo izquierdo de la banca, nombrando a cada niño y saludándolo con su mano derecha.

Alex empezó y lo estaba haciendo muy bien. Mientras me paraba a sus espaldas, él continuaba con la lista, Dylan, Micah, Sara, Beau y Dany, hasta llegar a Ben, el niño más pequeño del equipo. Él tartamudeó el nombre de Ben sin mucho problema y extendió su mano derecha, pero Ben no extendió la suya. Miré a Ben durante un segundo, como lo hizo Alex y el resto de los niños en la banca, pero permaneció sentado ahí, con la mano derecha escondida debajo del puño de su chaqueta.

—Ben, ¿por qué no dejas que Alex te salude de mano? —le pregunté. Pero Ben sólo seguía sentado ahí, viendo primero a Alex y después a mí, y después a Alex una vez más.

—Ben, ¿cuál es el problema? —pregunté.

Finalmente Ben se paró, me miró y dijo:

—Pero entrenador, yo no tengo mano —y bajó el cierre de su chaqueta, jalándola de su hombro derecho.

El brazo de Ben salía de su hombro derecho, igual que el de cualquier otro niño del equipo, pero a diferencia del resto de sus compañeros, su brazo terminaba en el codo. No había dedos, ni mano, ni antebrazo.

Tengo que admitir que me quedé un poco sorprendido y no pude pensar en algo qué decir o cómo reaccionar, pero gracias a Dios por los niños pequeños y su poca inclinación a ser discretos.

—Miren eso —dijo Alex.

—Oye, ¿qué le pasó a tu brazo? —dijo otro.

—¿Duele?

Antes de darme cuenta, un grupo de diez jugadores y un entrenador desconcertado rodearon a un niño pequeño que se estaba quitando su chaqueta para mostrarle a todos los que estaban a su alrededor lo que querían ver.

En los siguientes minutos, un niño calmado y sosegado de seis años explicó a todos los que estaban presentes, que él siempre había sido de esa forma y que no había nada especial en él por eso. Lo que quiso decir era que quería ser tratado como cualquier otro.

Y así fue desde ese día en adelante.
Desde entonces, nunca fue el niño con un brazo.
Él era sólo Ben, uno de los jugadores del equipo.

Adrian Wagner
Enviado por Judy Noble

Las botas verdes

No comprometas tu esencia. Tú eres todo lo que tienes.

Janis Joplin

El lunes en la mañana, por primera vez, usé mis botas verdes de plataforma para ir a la escuela desde que comencé a asistir a la secundaria Edison.

Era el día del festival de poesía, y estaba emocionada. En mi escuela anterior cada año ganaba la insignia de poesía. Soy mala para los deportes, demasiado tímida para ser popular y no soy astuta; pero escribo buena poesía.

El poema que escribí para el festival Edison era sobre mi papá. Tenía deseos de compartir un buen sentimiento sobre lo especial que él era para mí. En ese tiempo cursaba el quinto grado con la señora Baker.

La clase de literatura era los lunes, después del recreo, así que para cuando comenzamos con la poesía estaba tan nerviosa que tenía la boca seca como una tostada. Cuando la señora Baker me cedió la palabra, tuve que aclarar mi garganta, hacer una respiración y tragar saliva diez veces antes de poder comenzar a hablar. No me preocupé por leer mi texto. Pasé tanto tiempo perfeccionando las rimas y contando los ritmos, que me sabía el poema de memoria.

Acababa de comenzar el tercer verso cuando me di cuenta de que la señora Baker me miraba con furor. Me detuve en medio de una palabra y esperé que ella dijera algo.

—Linda, se supone que tenías que estar leyendo un trabajo original, un poema que tú hubieras redactado, no recitando algo que aprendiste. A eso se le llama plagio.

—Ay, pero no es. Quiero decir... yo lo escribí; es sobre mi papi —escuché un "¡sí, como no!" de alguna parte detrás de mí, y alguien más que rió tontamente. Sentí como si diera un salto mortal para echarme un gran clavado y luego en pleno aire darme cuenta que no había agua en la piscina. Abrí la boca para explicar, pero no me salieron las palabras.

—Saldrás del salón y no regresarás hasta que estés lista para pedir disculpas —dijo la señora Baker—. ¡Ahora vete!

Mi último pensamiento fue entender el porqué los niños la apodaban "Hacha de batalla Baker", después mi cerebro falló y me di vuelta para dejar el salón.

Había estado afuera cerca de media hora cuando Joseph, el portero de la escuela llegó para investigar cuál era el crimen atroz que había cometido para estar desterrada por tanto tiempo. A él le encantaba utilizar palabras no usuales.

Nos habíamos hecho amigos una mañana antes de entrar a la escuela, cuando me vio que estaba sentada sola intentando hacer la tarea. Me invitó a ayudarle a abrir los salones, y desde ese día esto se convirtió en mi trabajo. Siempre hablaba conmigo al tiempo que limpiábamos los pizarrones y prendíamos la calefacción. Precisamente esa mañana me había estado diciendo que Mark Twain en una ocasión dijo que la diferencia entre la palabra correcta y la casi correcta era igual a la diferencia entre relámpago y luciérnaga. A mi papi también le hubiera gustado eso.

Ahora, mientras Joseph esperaba mi respuesta, estaba tan amable y apenado que le conté toda la historia tratando de no llorar. Pude ver la tensión en su cara al sacar un enorme sacudidor amarillo de la bolsa de sus pantalones grises.

—¿Así que, qué vas a hacer? —preguntó, haciendo una bola el sacudidor.

Impotente y triste, encogí los hombros.

—No lo sé.

–Bueno, no te vas a quedar aquí parada todo el día, ¿o sí?

–Supongo que haré lo que ella dijo –suspiré–. Ya sabes... decir que lo siento.

–¿Te vas a disculpar?

–¿Qué más puedo hacer? –asentí–. No hay problema en ello. Simplemente nunca volveré a escribir algo bueno para esa clase.

Se veía desilusionado por mi respuesta, así que encogí los hombros una vez más y me alejé de él.

–Linda –el tono de su voz me forzó a mirar hacia atrás–. Aceptar la derrota cuando deberías defenderte, puede ser un hábito muy peligroso –retorció el sacudidor alrededor de sus dedos–. Créeme. ¡Lo sé!

Se quedó mirando directamente a mis ojos. Parpadeé y miré hacia abajo. Sus ojos siguieron a los míos, y ambos notamos mis botas verdes al mismo tiempo. De repente su cara se relajó y se convirtió en una sonrisa enorme. Se rió y dijo:

–Vas a estar bien. No tengo que preocuparme por ti. Cuando te pusiste esas botas esta mañana, sabías que eras la única Linda Brown en todo el mundo –como si no lo necesitara más, alegremente echó el sacudidor en su bolsillo trasero y cruzó los brazos–. Esas son las botas de alguien que se puede cuidar sola y que sabe cuándo vale la pena pelear por algo.

Sus ojos, sonriéndome, despertaron una parte de mí que había estado dormida desde el día que había llegado a esa escuela, y supe que él estaba en lo correcto acerca de mí. Solamente había perdido la dirección durante un tiempo. Respiré profundamente y toqué la puerta del salón, lista para enfrentar a la señora Baker:

–Lista para recitar *mi* poema.

Linda Rosenberg

Estar siempre presente

Cualquier tipo que pueda mantener una actitud positiva aun cuando no quede mucho tiempo de juego, ciertamente se gana mi respeto.

Earvin "Magic" Johnson

La primera temporada de juego de baloncesto de mi hijo fue cuando tenía diez años. Con frecuencia, cuando lo recogía de la casa de su padre, estaba metiendo canastas. Un día vino corriendo a mi auto y me dijo:

—Mami, *por favooor* ¿puedo obtener otro balón?

—¿Tyler, para qué necesitas dos balones? —le pregunté.

—Porque entonces podría tener un balón en casa de mamá y otro en casa de papá —contestó.

Pensé que era una buena idea, especialmente porque de lo que Tyler siempre hablaba era sobre baloncesto. Algunas veces me pedía llevarlo al gimnasio una hora antes de que comenzara la práctica. Disfrutaba encontrarse con sus nuevos compañeros de juego y pensaba que las jugadas de baloncesto eran divertidas. Con frecuencia tuve que convencerlo de dejar el gimnasio después de haber terminado la práctica. Por lo general le gustaba quedarse por ahí y tirar algunas canastas.

Tyler y yo hemos sostenido las mejores conversaciones cada vez que voy a su cuarto antes de dormir. Una noche me contó de su preocupación por sus zapatos de baloncesto. Me dijo que tal vez necesitaba unos mejores. Cerré mis ojos con fuerza, deseando que se borraran sus últimas palabras. Siendo una madre soltera, el tema de los zapatos nuevos siempre ha sido difícil para mí. Miré los zapatos viejos que estaban junto al uniforme doblado. Para mí los zapatos seguían en buenas condiciones. Cambié rápidamente el tema.

Finalmente llegó el primer juego del campeonato. La cancha estaba sorprendentemente llena. Los Hornets, el equipo de Tyler, jugaba contra los Magic. Vi la felicidad en los ojos de mi hijo cuando vio a su padre sentado en las gradas, a unos cuantos metros de mí.

Tyler mostraba determinación en el rostro mientras se unía a sus compañeros de equipo. Al empezar el juego vi a los otros niños en la cancha corriendo por todos lados y a mi hijo sentado en la banca. Para el último cuarto, Tyler no había tocado el balón y su equipo ya había ganado el partido.

Los juegos siguientes fueron parecidos al primero. El equipo ganaba, pero Tyler apenas tocaba el balón, corría muy rápido cuando estaba en la cancha; pero cuando le pasaban la pelota, se la pasaba de inmediato a otro compañero. Yo estaba ahí sentada sintiendo que el corazón palpitaba en mi pecho.

De regreso a casa después de uno de los partidos, le pregunté:

—Tyler, ¿aún te gusta jugar baloncesto?

—Me gusta mucho el baloncesto —me contestó—, pero sé que los demás juegan mejor que yo, así que cuando tengo el balón mejor se lo paso a los demás.

Al día siguiente me encontré a un viejo amigo que solía jugar baloncesto cuando éramos jóvenes. Le conté la manera en que Tyler jugaba baloncesto.

—¿Tiene buenos zapatos? —me preguntó. Recordé que al principio de la temporada Tyler había mencionado que necesitaba mejores zapatos. Mi amigo ha de haber notado la cara que hice al pensar en los zapatos viejos de Tyler. Antes de que lo supiera, ya estabamos comprando zapatos. Mi amigo insistió en comprarle a Tyler un par de zapatos de baloncesto hermosos y de buena calidad. Era el tipo de gestos que inspiran profunda gratitud hacia una madre soltera, especialmente si tiene un hijo varón.

Al meter a Tyler en la cama, me dijo que había querido zapatos de baloncesto desde hacía mucho tiempo. Le encantaron los nuevos. Eran increíbles. Él esperaba que sus zapatos nuevos lo ayudaran en el juego.

Las semanas interminables de devoción y entusiasmo de Tyler pasaron volando. Una vez más Tyler me dijo que sabía que no era el mejor jugador de su equipo pero que el baloncesto le gustaba mucho. Jugaba con ganas y practicaba mucho. Fui testigo de su mejoría. Nunca se desanimó. Dijo que se sentía mucho más cómodo con sus zapatos nuevos y una vez más me lo agradeció. Me dio descripciones detalladas de jugadas nuevas en las que había pensado. Me dijo que estaba orgulloso de pertenecer a tan buen equipo. Hasta entonces no habían perdido un solo juego.

El equipo llegó a las finales. Tyler anotó ocho puntos al final de un emocionante juego, frente a un gimnasio repleto.

La temporada terminó y se acercaba el día de la entrega de premios. Tyler adivinaba a qué compañeros les darían los premios al jugador más valioso, al mejor defensa, al que mejoró más y al mejor en todo. El equipo de Tyler había quedado en segundo lugar y cada uno en el equipo recibió un trofeo. Casi al final de la ceremonia, el director se levantó y agradeció a todos. Luego dijo:

—No hemos terminado aún. Tenemos un reconocimiento para un jugador muy especial. Siempre llega a todos los juegos con una actitud optimista. Nunca ha discutido con el árbitro o con otro jugador. Nunca ha faltado ni ha llegado tarde. Conoce su lugar al jugar y sus compañeros hablan muy bien de él. Obviamente juega porque le encanta el baloncesto y siempre corre rápido y hace su mejor esfuerzo. El premio de ética deportiva es para ¡Tyler Marsden!

De pronto toda la atención se concentró en Tyler. Sus compañeros de equipo y amigos le daban palmadas y lo felicitaban. Sentí lágrimas en los ojos. Encontré a su padre en las gradas a unos cuantos metros con las mismas lágrimas. Hasta nos sonreímos.

Los otros niños todavía felicitaban a Tyler mientras fue a recoger su segundo trofeo. Escuché que otros padres decían: "Se ganó el premio más impresionante de la noche".

Tyler dijo orgullosamente:

—¡Ahora tengo un trofeo para la casa de mi mamá y otro para la casa de mi papá!

Julie J. Vaughn
con Tyler Vaughn Marsden

La pesada

Ellen era una pesada. Cuando la conocí en el kindergarten no me prestaba de su plastilina. Cuando nos íbamos a graduar de secundaria, se burlaba del instituto de arte a la que yo iba a asistir. Durante los años que pasaron entre kindergarten y secundaria, crecimos de distinta manera. Ella hablaba mucho y hacía comentarios sarcásticos. Yo permanecí flaca y tímida y tenía la reputación de ser la artista de la clase. Cuando nos tocaba el año escolar en el mismo salón, ella estaba ahí: gritona, insultante y nada popular. Yo tampoco era popular, pero siempre tuve un pequeño círculo de amigos que me mantenían a salvo.

Fue así que nuestros caminos se entrecruzaron ocasionalmente durante los años de escuela, atravesando cortos periodos siempre irritantes. Cuando la descubrí en la clase de gimnasia de primero de secundaria, supe que iba a ser un mal año. Siempre fui la delgada de mi clase. La niña a la que siempre aplastaban en el juego de *hockey* y a la que siempre le pegaban con la pelota de baloncesto. Ellen, por otra parte, era la que aplastaba. Claramente, ese año, habría colisión.

Logré sobrevivir la unidad de *hockey* de campo usando mis técnicas para esquivar. No era buena para meter goles, pero ¡sí que podía esquivar! Me sentí aliviada cuando nuestra maestra anunció que la siguiente unidad de estudio sería gimnasia olímpica. Esa era una de las pocas cosas en las que yo era buena y definitivamente no era un deporte rudo.

El primer día de gimnasia escogimos parejas para trabajar en la rutina de piso. Mi mejor amiga, Chris, y yo teníamos más o menos la misma estatura y fuerza, y hacíamos un buen equipo. Juntas practicamos mantener el equilibrio una sobre la otra en los colchones, haciendo sentadillas chinas y ayudándonos en las paradas de manos. Ellen nunca tuvo en realidad una pareja. Siempre la ponían con quien sobrara ese día. Era tan torpe y ruda que sus desafortunadas parejas acababan con moretones y golpes. Por suerte, Chris y yo nunca faltamos a clase, así que nunca nos tocó trabajar con ella.

Después de tres semanas de practicar, teníamos que mostrar nuestro trabajo a la maestra para ser calificadas. Cuando llegó nuestro turno, Chris y yo hicimos la rutina. Habíamos ensayado bien, hasta nos aplaudieron, y nos sacamos diez. Al regresar con nuestras amigas a los colchones, reímos de alivio por haber terminado.

Cuando le tocó a Ellen ejecutar su rutina, todas nos preguntamos quién sería su pareja. Nunca había practicado la rutina con la misma persona más de una vez. Para mi horror, escuché que ella mencionaba mi nombre a la maestra. Nunca me había tocado ser su pareja, ¿por qué yo?

Me paré, furiosa, escuchando a mis amigas murmurando con desaprobación. Las niñas populares se reían entre ellas. Esta era su oportunidad para vengarse de mí, por ser mejor artista de lo que ellas eran. Me pregunté si debía rehusar el derecho de Ellen a escogerme a mí, ya que nunca habíamos practicado juntas. Pero cuando la miré a los ojos, pude ver que ella estaba pensando en lo mismo y rezaba para que yo no la humillara.

Caminé hacia el centro del colchón, ansiosa por acabar con todo de una vez. Detuve sus tobillos para que hiciera abdominales y cuando se paró de manos me pateó la barbilla. Aún así, terminamos el trabajo de piso sin muchos problemas, y el hecho de que ella pesara 22 kilos más que yo no parecía importar. Sin embargo, cuando llegó el turno del equilibrio horizontal, sentí un estremecimiento de temor y rebelión. ¿Cómo iba a poder aguantar su peso sobre mí?

Al acostarme sobre la espalda en el colchón, escuché a las otras niñas reírse y murmurar. Si Ellen caía sobre mí, sería el fin de mi autoestima, así como el de mis órganos internos. Coloqué los pies en su cadera y alcancé sus manos. Mientras sus dedos se entrelazaron con los míos me impactó lo pequeños que eran, eran cortos y suaves como los de un bebé. Mis manos estaban siempre ásperas de tanto tallarlas para quitarles la pintura y la tinta. Estiré mis piernas lentamente y soporté su peso sobre mí mientras elevó sus propias piernas del suelo. Sus dedos agarraron los míos y yo miraba directamente a sus ojos asustados. *¿Estará preocupada por aplastarme y volverme gelatina?*, me pregunté, *¿o se preocupa solamente por su calificación?*

Sostuvimos nuestra posición durante el tiempo requerido, nuestros ojos paralizados de temor mutuo, nuestros dedos apretándose hasta que las puntas se pusieron blancas. Me sorprendió sentir que mientras sostuviéramos ese delicado equilibrio, yo podía soportar su peso sin muchos problemas. Cuando la regresé lentamente para que se parara, no hubo sonido de aplauso. Pero pude escuchar un murmullo general de asombro de que lo habíamos logrado. La maestra dijo: "¡Bien!", con una voz que no ocultaba su sorpresa. Ellen me miró y pude ver que el temor de sus ojos se había convertido en alivio y orgullo. *¿Yo hice eso?* Me pregunté mientras regresaba a mi lugar.

—¿Cómo lo hiciste? —me preguntó mi amiga Barbara mientras me sentaba.

—¿*Por qué* lo hiciste? —preguntó Chris, mientras las otras niñas seguían riendo.

—No lo sé —contesté, y era la verdad. Pero recapacité y pensé que cuando alguien de manos pequeñas y ojos asustados se agarra de ti, la única respuesta que le puedes dar es: "Sí, aquí estoy". Ese día con Ellen la pesada, me enseñó a agarrar otras manos cuando me necesitaban. Aprendí que, juntas, las personas pueden encontrar ese pequeño y seguro punto de equilibrio si se tienen fe.

Semanas después de que Ellen recibió su primer nueve en gimnasia, se ausentó de la escuela algunos días. Escuché que su padre acababa de morir después de una larga enfermedad. Aunque no estuve allí para verlo, supe qué tan fuerte estuvieron entrelazados sus dedos con los de su madre el día que lo enterraron.

Judy Fuerst

Una *buena* razón para mirar hacia arriba

Se espera mucho de aquellos a los que mucho se les da, ya que su responsabilidad es mayor.

Lucas 12:48

Cuando estaba en secundaria, me importaba mucho lo que mis amigos pensaran de mí. Durante esos años crecí más que el resto de mis compañeros. Ser tan alto me hacía sentir incómodo. Para mantener la atención lejos de mí y de mi altura inusual, me uní al grupo que se burlaba de otros niños. Ser uno de los chistosos de la clase ayudó a asegurarme de que los chistes se dirigieran hacia otros y no hacia mí.

Yo hacía todo tipo de bromas que herían, y a veces dañaban a los otros. Una vez, antes de la clase de gimnasia, mis amigos y yo pusimos pomada para curar torceduras en los pantalones cortos de gimnasia de uno de los niños del equipo de baloncesto. No solamente lo humillamos, sino que también tuvo que ir a la enfermería. Pensé que iba a ser chistoso, pero nadie lo consideró así, y menos mi padre.

Mis padres no siempre pensaban que mi comportamiento era chistoso. Me recordaban la Regla de Oro: tratar a otros como me gustaría que me trataran. Muchas veces me regañaban por la manera en que trataba a los demás. Lo que yo hacía era herir a otros niños y al mismo tiempo dañaba mi reputación como alguien a quien debería respetarse. Mis amigos me veían hacia arriba porque yo era alto, pero ¿qué veían?

Mis padres querían que yo fuera un líder y un buen ejemplo para los otros: un ser humano decente. Me enseñaron a proponerme metas y a ser el mejor en todo lo que hiciera. En las lecciones que me daba mi padre, me decía una y otra vez que fuera el líder que merecía ser: que fuera un hombre grande de corazón y acciones, así como mi cuerpo. Tenía que preguntarme si era o no importante ser el tipo de líder y persona que mi padre creía que yo era. Sabía en mi corazón que él tenía razón. Así que traté de seguir sus consejos lo mejor que pude.

Cuando me concentré en ser el mejor en baloncesto y me volví el mejor en el juego, me hice el propósito de ser un buen ejemplo. A veces tengo que detenerme y pensar antes de actuar; ocasionalmente cometo errores: todos somos humanos. Pero continúo buscando oportunidades donde pueda hacer una diferencia y poner un buen ejemplo, como me lo aconsejó mi padre. Ahora se los dejo a ustedes.

"Sé un líder, Shaq, no un seguidor. Ya que la gente tiene que mirarte hacia arriba, dales una *buena* razón para hacerlo".

Shaquille O'Neal

Apreciar lo que se tiene

Hace algunos años, mi mamá fue al doctor a preguntarle sobre su cuello. "Últimamente ha estado un poco hincha-do", le dijo. Él la miró y le dijo que tenía que ver a un hematólogo. Resultó ser que había algo mal con sus glándulas linfáticas y debían hacerle una biopsia. Al poco tiempo la programaron para cirugía, un 7 de septiembre.

Cuando me enteré de esto, me puse furiosa. El 7 de septiembre es mi cumpleaños. Lloré y les grité a ella y a todos. Hasta le grité al perro. Le rogué a mi mamá que cambiara su cita. Ella me lanzó una mirada como a punto de llorar y dijo, "Lo siento, pero hice todo lo que pude. No hay nada más que pueda hacer". Finalmente grité, "¡Te odio!", y corrí a mi cuarto llorando. Me senté en mi cama y pensé: *¿Por qué estas cosas siempre me pasan a mí? ¿Qué hice yo para merecer esto?* Nunca pensé cómo se sentiría mi madre, a quien iban a operar.

Durante las siguientes semanas, todo lo que hice fue estar de mal humor. Dentro de mí sabía que no debía actuar de esa manera, pero de todas formas lo hice. Todos podían ver lo mal que hacía sentir a mi mamá. Sabía que no era su culpa, pero tenía que responsabilizar a alguien.

Finalmente llegó mi cumpleaños. Mis padres se fueron en la mañana al hospital en Salt Lake City y mi tía vino a cuidarnos a mí y a mi hermano. Todo el día jugamos, abrimos regalos e hicimos un día de campo en el jardín. Todos aparentamos divertirnos, pero la tensión en el aire era tan densa como la mantequilla de maní y podía notarse que nadie se estaba divirtiendo. *Esto no es justo,* pensé. *Se supone que este es mi día.*

Mis padres llegaron en la noche. Mi mamá entró con una venda en el cuello. Se sentó y descansó su cabeza en el hombro de mi papá. Le dolía tanto que no podía ni hablar. Mi papá nos dijo lo que había ocurrido. Habían salido del hospital bien, pero después de manejar durante media hora, el automóvil se había descompuesto. Mi madre tuvo que sentarse en un auto frío mientras mi papá buscaba ayuda.

Más tarde esa noche, mi mamá estaba en su cuarto. Sacó una bolsa y me la dio. Era mi regalo de cumpleaños: un Walkman.

—Perdón por no envolverlo —dijo con una voz rasposa y baja—. Y no tuve tiempo de comprar pilas, pero te conseguiré unas pronto.

—Gracias —le dije. Y fue todo lo que pude decir.

Una semana después llamó el doctor, resultó ser que la condición de mi madre no era nada sería. Todos parecían aliviados. Después mi papá me dijo que los doctores habían pensado que ella podía tener cáncer. No podía creerlo. Mis piernas se convirtieron en gelatina y tuve que sentarme. Aunque sabía que ella estaba bien, pensar en lo que le había hecho y dicho me enfermó. Si ella hubiera tenido cáncer, nuestras vidas no serían lo mismo.

Menos de un año después, a Nathan, el primo de mi papá, le fue diagnosticado cáncer. Tenía cuatros hijos y su esposa estaba embarazada. Vivió lo suficiente para ver el nacimiento de su bebé y luego murió. Ahora su hijo nunca podrá ver o conocer a su padre.

Me asusta pensar qué tan cerca estuve de que me pasara lo mismo y qué egoísta fui. Siempre me arrepentiré de las cosas que le dije. Es verdad que no aprecias algo hasta que estás cerca de perderlo.

Diana Parker, 12 años

La inundación

Me levanté con el ruido del trueno y el tableteo de la lluvia. Eran las 3:43 a.m. *¡Bum! ¡Bum!* El trueno se oía tan fuerte como un estéreo con el volumen hasta el límite y la bocina en tu oído. Esto no me alarmó y me volví a dormir. A las 5:16 a.m. mi padre entró en mi cuarto.

—¡Adam, Adam, despierta! ¡Nos estamos inundando! ¡El sótano se está inundando! —gritaba.

Aún medio dormido, traté de ignorarlo, pero él me agitó de los hombros. ¡Eso sí me levantó! Ya que no tuve tiempo de cambiarme, bajé hacia el sótano en pijama. Era una visión devastadora.

El agua ya se había elevado quince centímetros. Mi madre y yo inmediatamente empezamos a recoger cosas del piso y a llevarlas arriba. Yo no traía zapatos y mis pies se estaban congelando.

Mis padres estaban bastante molestos y tenían todo el derecho de estarlo. En media hora el agua ya estaba a un metro de altura. Las cosas sólo empeorarían.

La siguiente hora habíamos movido todo lo que pudimos al primer piso. La computadora, la televisión de pantalla grande y cajas pesadas llenas de nuestras cosas más valiosas se llevaron a un lugar seguro. Sin embargo, nuestro piano, nuestra mesa de ping pong, nuestro sofá-cama, nuestra lavadora, secadora, horno y calentador de agua seguían ahí abajo, estropeándose.

Durante nuestro último viaje al sótano, nos llegó un olor asqueroso que venía del agua cerca de nuestro baño.

Nuestro excusado de abajo parecía una fuente. El agua se disparaba del excusado a gran velocidad. Corrí hacia arriba para tratar de llamar a los vecinos pero los teléfonos estaban muertos. Mi madre trató de caminar en el agua a casa de los vecinos, pero pronto regresó, diciendo que no había nada que pudiéramos hacer.

Esa era la parte difícil. Saber que parte de tu casa se está destruyendo es bastante malo, pero darte cuenta de que no puedes hacer nada para evitarlo es peor. La mayoría de la gente no conoce el terrible sentimiento de impotencia. Para que lo sepan, es horrible.

Todos salimos a la puerta principal. El agua también se elevaba afuera. Estaba a treinta centímetros de entrar por nuestra puerta principal. Cuando mis padres vieron esto, corrieron hacia adentro. Mi madre me dijo que empacara una maleta con ropa y cosas valiosas. Con un nudo en la garganta supe lo que estaba pasando.

Empaqué mi estéreo, discos compactos, tarjetas de beisbol y una muda de ropa. Mi madre enrolló sus tapetes orientales y empacó su vajilla. Nos llevamos todo afuera y lo pusimos en una superficie alta. Mi padre estaba frenético. Tenía sólo el tiempo suficiente para empacar ropa. Todo andaba realmente mal.

Para cuando estábamos listos para irnos, el agua ya había entrado por nuestra puerta. Lanchas de rescate flotaban por las calles. El sótano era como una alberca, casi dos metros de agua, después lo supimos. Mis padres no lloraban, pero sí rezaban. Como hora y media después, nuestros rezos tuvieron respuesta. Finalmente dejó de llover. Escuchamos que el servicio nacional de meteorología había declarado la tormenta como una inundación repentina.

Cuando finalmente era seguro caminar afuera, toda la gente del vecindario se juntó en la esquina. Lo único positivo ese día fue esa reunión. Todos se unieron. Los conocidos se volvieron amigos y los amigos se volvieron como familiares. La gente se confortaba mutuamente.

Todos decían: "¡Ya hemos sufrido bastante!" Eso definitivamente era verdad.

Durante el siguiente mes mi familia tuvo que vivir en las casas de amigos, donde podíamos bañarnos, comer, lavar la ropa y pasarla bien juntos. He aprendido algo de esta inundación. He conocido lo que es la devastación. He aprendido lo que es la familia. Durante las últimas semanas he sabido lo que son los verdaderos amigos. En el futuro, cuando vea la vida de las personas afectada por desastres naturales, no me reiré. En vez de eso, sentiré pena por ellos. Sentiré más compasión. Volveré a vivir mi propia tristeza y recordaré la inundación.

Adam Edelman, 12 años

El hombre que tenía mucho

Recuerda, la felicidad no depende de lo que eres o lo que tienes; depende solamente de lo que piensas.

Dale Carnegie

Una vez había una familia que no era ni rica ni pobre. Vivían en una pequeña casa de campo en Ohio. Una noche se sentaron juntos para cenar y alguien tocó la puerta. El padre se acercó a abrir.

Ahí estaba un hombre viejo con ropa desgarrada, pantalones rotos y sin botones. Cargaba una canasta llena de verduras. Le preguntó a la familia si querían comprarle algunas. Ellos aceptaron porque querían que se fuera rápido.

Con el paso del tiempo, la familia y el hombre viejo se hicieron amigos. El hombre le traía verduras cada semana a la familia. Pronto se enteraron de que él era casi ciego y que tenía cataratas en los ojos. Pero era tan amigable que aprendieron a esperar ansiosamente sus visitas y a disfrutar de su compañía.

Un día, mientras entregaba las verduras, dijo:

—¡Ayer tuve la más grande bendición! Encontré una canasta de ropa afuera de mi casa que alguien me dejó.

La familia, sabiendo que él necesitaba ropa, dijo:

—¡Qué maravilloso!

El hombre viejo y ciego, dijo:
–La parte más maravillosa es que encontré una familia que verdaderamente necesitaba esa ropa.

Jerry Ullman

El perro perfecto

Durante las vacaciones de verano, yo era voluntario en la veterinaria, así que había visto muchos perros. Minnie era por mucho la perra más chistosa que había visto. Su pelo delgado y chino apenas cubría su cuerpo de forma de salchicha. Sus ojos saltones siempre parecían estar sorprendidos. Y su cola parecía como la de una rata.

La habían traído al veterinario para sacrificarla porque sus dueños ya no la querían. Yo pensaba que Minnie tenía una personalidad dulce. *Nadie debería juzgarla por cómo se ve,* pensé. Así que el veterinario la esterilizó y le puso las vacunas necesarias. Finalmente puse un anuncio en el periódico local: "Perro de apariencia chistosa, bien portado, necesita familia que lo quiera".

Cuando habló un hombre joven, le advertí que Minnie tenía una apariencia extraña. El muchacho en el teléfono me dijo que el perro de su abuelo de dieciséis años acababa de morir. Ellos querían a Minnie de todas maneras. Le di un buen baño a Minnie y le esponjé lo que quedaba de su pelo ralo. Entonces esperamos a que la vinieran a recoger.

Al fin, un auto viejo se estacionó frente a la veterinaria. Dos niños corrieron a la puerta. Cargaron a Minnie y la llevaron a su abuelo, que esperaba en el vehículo. Corrí tras ellos para ver su reacción.

Dentro del auto, el abuelo cargó a Minnie en sus brazos y la acarició. Ella lamió su cara. Su cola de rata se movía tan rápidamente que parecía que se desprendería de su cuerpo. Era amor a primera lamida.

—¡Es perfecta! —exclamó el viejo.

Yo estaba agradecido de que Minnie hubiera encontrado el buen hogar que se merecía.

Entonces fue cuando vi que los ojos del abuelo tenían un color blanco lechoso: era ciego.

Jan Peck

Ser sumamente hermosa

Mi padre dice que soy SUMAMENTE HERMOSA. Me pregunto si en realidad lo soy.

Para ser SUMAMENTE HERMOSA... Sarah dice que tienes que tener el cabello largo, hermoso y ondulado como el de ella. Yo no lo tengo.

Para ser SUMAMENTE HERMOSA... Justin dice que debes de tener los dientes perfectamente blancos y derechos como los suyos. Yo no los tengo.

Para ser SUMAMENTE HERMOSA... Jessica dice que no puedes tener en tu cara esos pequeños puntos cafés llamados pecas. Yo sí los tengo.

Para ser SUMAMENTE HERMOSA... Mark dice que tienes que ser el niño más listo de primero de secundaria. Yo no lo soy.

Para ser SUMAMENTE HERMOSA... Stephen dice que tienes que saber contar los chistes más graciosos de la escuela. Yo no los sé.

Para ser SUMAMENTE HERMOSA... Lauren dice que debes de vivir en el vecindario más bonito del pueblo y en la casa más bonita. Yo no vivo allí.

Para ser SUMAMENTE HERMOSA... Matthew dice que sólo puedes usar la ropa de moda y los zapatos más populares. Yo no los uso.

Para ser SUMAMENTE HERMOSA... Samantha dice que debes provenir de una familia perfecta. Ese no es mi caso.

Pero cada noche a la hora de dormir, mi papá me da un gran abrazo y me dice:

—Tú eres SUMAMENTE HERMOSA y te amo.

Mi papá debe saber algo que mis amigos no saben.

Carla O'Brien

5

SOBRE LA MUERTE Y EL MORIR

Muerte.
Qué gran maestra eres.
Sin embargo, pocos escogemos aprender
sobre la vida a través de ti.
Esa es la esencia de la enseñanza de la
muerte, la vida.
La muerte no es una materia electiva.
Un día todos tomaremos esa clase.
Los estudiantes sabios toman la clase a
temprana edad y encuentran ilustración,
y están preparados para cuando llega el
día de graduarse.

Dr. Bernie S. Siegel

B.J.

No puedes escoger cómo morir. Ni cuándo. Pero puedes decidir cómo vas a vivir ahora.

Joan Baez

"*Prrrrr*". Se escuchó el silbato y todos comenzaron a embestirse. Era la práctica de futbol americano, una tarde de agosto.

¡*Bam!* Le pegué a alguien. Miré a la cara de uno de mis mejores amigos, B.J.

—Tuviste suerte esta vez, Nate —bromeó.

—¡Sí, claro! Es sólo que yo soy bueno en futbol —devolví la broma.

Conocí a mi amigo B.J. cuando estuvimos en el mismo equipo de futbol americano en sexto grado. Aunque a todos en el equipo les caía bien B.J., se convirtió en alguien especial para mí. Cuando teníamos que escoger parejas para embestirnos, siempre éramos B.J. y yo. Él era chistoso y divertido; todo era "¡increíble!" para él.

B.J. se levantó y se lanzó sobre mí. Nos reímos y escuchamos al entrenador que nos llamaba.

—Vengan acá, chicos —todos nos acercamos—. En el juego de mañana quiero que jueguen tan duro como puedan.

—Muy bien —dijimos todos.

—Eso es todo por hoy. No se les olvide terminar su tarea —gritó el entrenador mientras nos íbamos.

—Te veo en el juego mañana —le grité a B.J. Él iba a una junta del grupo de jóvenes en la iglesia. B.J. se alejó con su padre, quien era nuestro entrenador asistente, mientras mi mamá llegó al estacionamiento.

—¿Mamá, puedo invitar a B.J después del juego de mañana? —le pregunté, subiéndome al asiento de enfrente.

—No lo sé, ya veremos —me contestó.

Al día siguiente llegué al juego con mi equipo puesto, listo para empezar. Repasamos las jugadas que habíamos aprendido la noche anterior, empezamos a calentar. B.J. no había llegado y yo empezaba a preguntarme dónde estaba. Siempre era fácil encontrarlo porque era el más alto de todos. Me dije a mí mismo: *B.J. nunca se perdería un partido.* Entonces me di cuenta que su papá tampoco estaba ahí. Él nunca había faltado a un partido desde que nos entrenaba.

Algo está mal, pensé. El entrenador nos llamó. Ahora sí me preguntaba qué era lo que estaba pasando.

—Chicos, necesitamos ganar este juego hoy —entonces dejó de hablar. Todo estaba muy callado—. Tengo malas noticias. B.J. tuvo un accidente ayer en la noche —nos dijo.

Cerré mis ojos y empecé a llorar. Sabía que era algo muy serio. El entrenador siguió hablando.

—Regresaba de su reunión de jóvenes en la iglesia con otros niños. B.J. traía una cuerda de *nylon* y la estaba meneando afuera de la ventana del auto cuando la cuerda se atoró en la llanta. La cuerda se escapó de sus manos y él debió haber asomado la cabeza por la ventana para ver qué había pasado. La cuerda voló y se le enrolló en el cuello. Lo estranguló hasta que murió. Y después de... —la voz de mi entrenador comenzó a oírse más lejana. Yo ya no podía concentrarme en lo que estaba diciendo. Todo lo que podía pensar era cómo lo había visto apenas la noche anterior.

Todos los niños del equipo tenían sus cascos en las manos y lloraban.

—¡Tenemos que ganar este juego por B.J! —gritó el entrenador.

Durante todo el juego seguí pensando en B.J. y mirando al cielo. Me pregunté si podría vernos jugando para él. Jugamos el mejor partido de nuestra vida y ganamos. En la siguiente práctica le quitamos la raya azul a nuestro casco y le pusimos una negra. Colocamos en la parte de atrás de nuestros cascos el número 80, el que portaba en la camiseta B.J.

El padre de B.J. regresó a entrenarnos durante los siguientes juegos. Se ponía su gorra torcida, como si no le importara nada más. Me sentí muy apenado por él; ya no se veía feliz y nunca lo volví a ver sonreír, aun cuando ganábamos. Yo sabía que esto era lo más terrible para los papás de B.J. ya que era su único hijo.

Usamos nuestro casco con el número de B.J. en nuestros siguientes cuatro partidos. Ganamos todos los juegos y los jugamos por él. Llegamos a la final y empatamos para el primer lugar.

Sabía que no lo hubiéramos hecho sin B.J. Sentía como si estuviera con nosotros. A veces miraba a mi alrededor, esperando verlo en cualquier momento, con su camiseta roja favorita, con el pelo rubio despeinado y esa gran sonrisa en la cara.

Aunque la muerte de B.J. no me ha hecho dejar de hacer las cosas que me gustan, como jugar futbol, patinar y esquiar en la nieve, ya no soy el atrevido que era antes. Me detengo a reflexionar en lo que voy a hacer antes de actuar; no pienso sólo en lo divertido que va a ser, sino también en los peligros que me puede acarrear. Antes sacaba la mano por la ventana del auto para atrapar hojas u otros objetos cuando mis papás manejaban. Ahora ya no lo hago.

No pude ir al funeral de B.J. Era demasiado duro para mí. A todos nos afectó mucho y yo no podía dejar de pensar en él. Realmente lo extraño.

Nate Barker, 12 años

El ángel perfecto

Cuando alguien muere, sigue viviendo en ti y en mí, y en cualquiera que lo haya amado.

Jessica y Farley, 10 años

Cuando tenía siete años conocí a una pequeña niña que se acababa de cambiar a mi cuadra. Kiki era un año mayor que yo. Tenía un hermano, Sam, que necesitaba ir a una escuela especial y por esa razón su familia se cambió a Boston.

Nos conocimos en verano cuando el clima era muy caliente. Kiki y su madre vinieron a mi casa a conocer a sus nuevos vecinos. Cuando Kiki y yo nos vimos, supimos que podríamos llegar a ser grandes amigas. Ese día jugamos afuera y reímos juntas cada minuto. Al paso de los años llegamos a ser las mejores y más cercanas amigas.

Hubo un día que nunca olvidaré. Estaba en cuarto grado cuando sucedió. Me di cuenta de que Kiki se estaba llenando de moretones por todas partes. Nunca olvidaré esa noche que el teléfono sonó: era la mamá de Kiki. Cuando mi madre colgó el teléfono, se veía verdaderamente perturbada. Mis padres me llamaron al comedor. Mi madre me dijo: "Stacie, Kiki tiene un tipo de cáncer maligno llamado leucemia".

Las primeras palabras que dije fueron: "¿Va a morir mamá?", y mi madre me contestó: "No lo sé, Stacie".

En ese momento supe que quiso decir "sí" de una

manera amable. Corrí a mi cuarto y comencé a llorar y llorar hasta quedarme dormida.

Al día siguiente no quería ver a Kiki. Cuando pasaron algunos días, ella me llamó diciendo que estaba en el hospital. Me dijo que había tenido que ir con su hermano Sam a hacerse un examen de la médula ósea. Si ambos eran compatibles, ella tendría una buena oportunidad de sobrevivir. Tristemente, no fueron iguales.

Como nos sentíamos tan impotentes con la situación, mis dos hermanas y yo decidimos hacer algo para tratar de ayudar. Llamamos al Centro de Leucemia para Niños, pedimos algunas banderas y latas de recolección para utilizarlos en una venta de pasteles y reunir fondos para el centro. Vendimos refrescos y galletas y ganamos alrededor de sesenta dólares. Esto nos hizo sentir que por lo menos estábamos haciendo una pequeña contribución. Lo que en realidad queríamos era que Kiki y los demás niños se pusieran bien.

Pasaron meses y Kiki todavía no mejoraba. Había perdido todo su cabello. Era muy difícil para mí ver lo enferma que estaba. Pero la visité casi todos los días.

El día anterior a que muriera Kiki, yo estaba en la escuela y me dieron un mensaje en el que me pedía que fuera a su casa para decirle el último adiós a mi mejor amiga. Mi madre vino a recogerme a la escuela para llevarme a casa de Kiki. Me dijo que mi amiga quería verme. En el auto lloré mucho. Llegué a casa de Kiki, subí a su habitación y todos se salieron para que pudiéramos hablar a solas. Hablamos de muchas cosas y creo que esto hizo sentir mucho mejor a Kiki. Se veía tan valiente y generosa. Su mayor preocupación era su familia. Ella me pidió (y después descubrimos que a mucha gente que los conocía) que cuidara de su padre, de su madre y de Sam. Mis últimas palabras fueron: "Te quiero", y ella me dijo: "Yo también te quiero".

Esa noche no podía dormir, así que bajé las escaleras.

Había rezado todas las noches para que Kiki mejorara y no muriera. Mis deseos y mis oraciones no ayudaron porque Kiki murió ese jueves del mes de enero. Eran las seis de la mañana cuando mi madre vino abajo y me dijo: "Stacie, ya murió". Lloré más que nunca en mi vida. No podía creer que mi mejor amiga se había ido. Días después, fui a su funeral y lloré todavía más.

Pasó un año y fuimos a la misa de aniversario. Tengo muy buena voz, así que la mamá de Kiki me preguntó si podía cantar una canción de *El Rey León* en la misa. Le dije que sí y que cantaría "¿Puedes sentir el amor esta noche?", de Elton John.

La canté y quienes la escucharon pensaron que era realmente buena. Todo el tiempo sentí que Kiki cantaba conmigo. *El Rey León* fue la primera película que vimos juntas Kiki y yo. Esa era nuestra película favorita. Cuando le fui a dar mi último adiós, llevaba puesta mi camiseta de *El Rey León*.

Han pasado dos años y aún me acuerdo de Kiki. Me acuerdo de sus cosas más especiales: su calidez, su gran corazón, su risa aguda y su sonrisa.

Canto en los espectáculos y concursos de talento y cada vez que lo hago sé que Kiki está conmigo. Nunca, jamás olvidaré a Kiki porque fue muy especial para mí. Siento que me observa y que es mi ángel guardián. Podría llamarla el ángel perfecto, ¿verdad?

Stacie Christina Smith, 12 años

Alguien en quien apoyarse

El amigo que puede estar en silencio con noso-
tros en un momento de desesperación o confusión,
el que puede estar con nosotros en una hora de
dolor y pesar, quien puede tolerar no saber, ni cu-
rar, ni sanar y enfrentar con nosotros la realidad
de nuestra impotencia, ese es el amigo que verda-
deramente importa.

Henri Nouwen

Es extraño que todavía recuerde cómo sonó el timbre de
la puerta esa tarde. Tenía once años de edad y el ruido cotidiano del timbre de dos tonos interrumpió ese día gris
de febrero.

Mi madre se secó las manos con la toalla de los platos y
se la puso sobre los hombros mientras salía de la cocina. Yo
abandoné mi tarea de matemáticas en alguna parte de la
columna de los "cientos" y corrí con mis hermanos pequeños a la puerta. Llegamos hasta donde se nos pidió
detenernos justo cuando mamá entró en la sala.

Mientras esperaba cerca de la pesada puerta de entrada,
pude sentir el frío húmedo de Missouri que entraba desde
afuera. Era lo suficientemente alta para ver a través de la
parte superior donde estaba la ventana. Parada en el patio
de cemento rojo, a sólo una hoja de cristal de distancia,
estaba Barb Murphy, ¡la joven a quién más admiraba en
todo el barrio y en el mundo entero!

Pero las mejillas de Barb siempre lozanas estaban ago-
tadas, su piel perfecta se tensaba fuertemente sobre la

mandíbula. Mantuvo sus ojos azules fijos en mi mamá, que abrió la puerta lo suficiente para saludarla y evitar que saliera el perro.

Murmuraron algunas palabras con rapidez, lanzándonos miradas ocasionales a mis hermanos y a mí, después Barb deletreó una palabra. No parecía ser alguna que yo conociera. Me mantuve distraída por los pedacitos de conversación de mi madre con Barb, mezclando las letras. Batallé para que la palabra tuviera sentido. S-u-i-c-i-...
—Ay no, querida, no Bruce Garrett. ¿Cuándo? ¿En dónde lo encontraron? —y finalmente, la parte que estaba forzándome para escuchar—: ¿Cómo lo hizo?

Las letras misteriosas se convirtieron en una palabra tenebrosa que pegó duro en mi estómago. Después de todo, conocía la palabra *suicidio*. El señor Garrett, el padre de Cindy Garrett, estaba muerto. Se había matado.

Cindy y yo jugábamos juntas siempre que podíamos en cada verano, durante todos los años que vivimos en la misma colonia, desde que íbamos en el jardín de niños. El señor Garrett nos había construido una casa de muñecas y cuando hizo los pilotes de madera para Cindy, hizo un segundo par para mí. Cuando crecimos, compró las bases de lona para los juegos de *softbol* en la colonia. Hizo un esquema y nos mostró cómo apuntar los tantos, con las nueve entradas y el nombre de cada una de nosotras escrito con su impresión negra y fuerte.

Creo que el señor Garrett en realidad quería ser aceptado por nosotros los niños. Si llegaba en coche durante alguno de nuestros juegos callejeros, encendía su radio a todo volumen en alguna canción de rock y hacía señales mientras estábamos en la acera. Una docena de voces excitadas gritaban al mismo tiempo y decían en coro: "¡Hola, señor Garrett!", mientras pasaba.

Traté de imaginar su cara bronceada, su nariz recta y su pelo negro brillante que lo hacían parecerse a un indio, con el chorro de sangre que la bala había causado. No lo pude hacer, así que traté de no imaginármelo.

Mi madre se volvió hacia mí.

—Annie ponte tus zapatos y tu abrigo, vamos allá. ¿Qué quería decir mamá? Me le quedé viendo a Barb, como pidiéndole que tradujera.

Nuevamente escuché la voz de mi mamá.

—Ve a quedarte con Cindy y pregúntale a la señora Garrett si hay algo que yo pueda hacer. Dile que estamos rezando...

Finalmente, al escuchar las palabras de mi mamá, obedecí. Con las miradas silenciosas de mis hermanos fijas en mí, estuve lista tan rápido que salí de la casa al mismo tiempo que Barb. Pero cuando llegamos a la acera, ella se fue por el otro lado, a la casa de otros vecinos.

—Les tengo que decir a los Parker —me dijo Barb. Me sonó como si hablara para ella misma. Sacó un par de guantes de la bolsa de su abrigo de pelo de camello y simplemente caminó.

Sin que se me pudiera ocurrir una alternativa, me dirigí hacia la casa de los Garrett. No recuerdo haber caminado por la calle. Sólo recuerdo que seguí la acera hacia un auto blanco de policía y ahí haber dado la vuelta.

Subí los escalones de color verde oscuro hacia la puerta con mosquitero y la abrí, como lo había hecho cientos de veces antes. Pisé el tapete de paja tejida. Quería que mi camino hacia la alfombra de la puerta principal no terminara nunca para no tener que alzar el brazo y tocar el timbre.

Pero el cristal completo de la antepuerta de los Garret de alguna forma salió a mi encuentro. Miré para otro lado para no ver mi reflejo. Con el pulgar de mi mano izquierda oprimí el timbre de la puerta dos veces antes de que sonara. Cuando sonó, mi estómago burbujeaba como un *alka-seltzer* en un vaso de agua.

"¿Qué le diré a Cindy? De cualquier forma, ¿por qué estoy aquí? ¿Qué se supone que debo hacer?"

No pensé en preguntarle a mi mamá sobre esto. Por un momento mi desconcierto sobrepasó mi pánico. Escuché pasos lentos al otro lado de la puerta colonial blanca.

Aterrorizada, observé cómo el picaporte de bronce daba vuelta y traté de recordar cómo saludaba comúnmente a mi mejor amiga.

Batallando para ver a través de mi propio reflejo en el cristal, al principio ni siquiera la pude reconocer. Adentro, en el espacio más amplio, estaba la señora Garrett, no Cindy. Empujó para abrir la antepuerta con una fuerza que no concordaba con su pequeña figura. Tenía los ojos desorbitados y rojos y su cara mostraba un gesto de desesperación, con arrugas que nunca había visto.

"Annie", gritó, mientras me abrazaba y me estrechaba contra su pecho huesudo y hundido. Fue la primera vez que me di cuenta de que la señora Garrett no era mucho más grande que yo. Dejé que me abrazara con sus brazos temblorosos hasta que pareció calmarse. Me sostuvo por un largo tiempo.

No sabía qué decir o hacer, pero estaba consciente de que la vida de esta mujer estaba hecha pedazos, así como el parabrisas del auto azul del señor Garret. Yo tenía sólo doce años, pero era alguien en quien apoyarse.

Durante los largos meses que siguieron, yo pasaría mucho tiempo con los Garret. Aprendí a tardarme más en saludar a la señora Garret y a hablar en un tono de voz más suave. Me aseguré de poner pañuelos desechables al lado de cada juego de mesa que jugara con Cindy, y sabía que si mi padre entraba en el cuarto, Cindy lloraría aún más.

Después de más de un año, le explique al bibliotecario por qué Cindy se había salido llorando, dejando sin terminar su solicitud para una nueva tarjeta de biblioteca en la parte que decía "ocupación del padre".

Nunca fue fácil aprender a estar con una familia triste. Pero desde ese primer momento, en los brazos de la señora Garret, aprendí que mi incomodidad no importaba. Yo estaba ahí, y eso era lo que contaba.

Ann McCoole Rigby

El arco iris de Rebeca

Oh Jesús, si fuera posible
ver sólo por un momento
las almas que hemos amado para saber
qué es lo que hacen y dónde están.

Alfred Lord Tennyson

Desde que era una pequeña de once años de edad, a Rebeca le gustaba pintar arco iris. Los pintaba en las tarjetas del día de las madres, en tarjetas de San Valentín, en dibujos que traía de la escuela. "Eres mi niña del arco iris", reía su mamá, mientras colocaba otro dibujo de un arco iris sobre el refrigerador.

Cada arco de color brillante le recordaba a Rebeca algo especial de su vida. El rojo, el color de arriba, era como la dulce y roja salsa de tomate que le ponía a su comida favorita, las papas fritas y a todo lo demás que se le ocurriera. El rojo era también el color de otra de sus comidas favoritas, la langosta, con la cual su madre la premiaba al final de un buen año escolar. El anaranjado le recordaba el día festivo que más le gustaba, la noche de brujas, cuando podía disfrazarse y ser lo que ella escogiera. Amarillo era el color de su pelo, un pelo largo, lacio, como de princesa de cuento que llegaba hasta su espalda como el de Rapunzel. El verde significaba el cosquilleo del pasto en las palmas de sus manos al hacer volteretas, estirando sus piernas hacia el cielo. Azul era el color del cielo mañanero, el cual percibía desde el tragaluz que había sobre su cama. El azul también era el color de sus ojos y del océano cercano a su casa. Y morado, la banda al final de cada arco iris, era el color favorito de su madre y siempre le recordaba su hogar. Era la última semana de mayo y Rebeca esperaba ansiosamente sus actividades de fin de cursos. En unos días estaría al centro del escenario, haciendo reír a sus amigos al actuar como la "idiota" en la obra escolar. Poco después, estaría haciendo arabescos en su recital anual de baile. Su padre estaba a punto de hacer su famosa parrillada de fin de semana por el día de los soldados muertos en batalla. Lo único triste era que la madre de Rebeca se iría de vacaciones por algunos días. Esta sería la primera vez que la madre de Rebeca estaría fuera de casa desde que se había divorciado de su padre. Rebeca había estado muy ansiosa por las vacaciones de su madre y lloró al despedirse de ella. Tal vez presentía que algo iba a pasar.

Al llegar tarde a casa después del fin de semana de la parrillada, Rebeca, su padre y su nueva esposa se mataron cuando chocaron con un conductor borracho que iba en sentido contrario. Solamente sobrevivió el hermano de Rebeca de nueve años, Oliver, quien fue protegido por el cuerpo de su hermana.

El funeral de Rebeca se llevó a cabo el día que actuaría para la obra escolar. Era un hermoso día de primavera, tan brillante y soleado como lo había sido Rebeca. La madre de Rebeca cerró los ojos y rezó:

—Rebeca, necesito saber que estás en paz. Por favor mándame una señal. Mándame un arco iris.

Después del funeral, la madre, los amigos y parientes de Rebeca se reunieron en casa de los abuelos cuando, de repente, comenzó a llover. Por un rato llovió fuertemente; después la lluvia se detuvo por completo. De pronto alguien gritó desde la puerta de enfrente:

—¡Oigan, todos! ¡Vean! ¡Vean lo que hay ahí!

Todos corrieron hacia afuera. Sobre el océano había aparecido un arco iris. Era un magnífico espectáculo de colores que caía de las nubes, como algo mágico. Cada color era brillante, vivo y verdadero.

Mientras las tías lloraban y los tíos se peleaban por ver mejor, la madre de Rebeca miró el hermoso arco iris que su niña había pintado en el cielo y murmuró: "Gracias".

Tara M. Nickerson

Un arco iris no fue suficiente

*Pienso en él de la misma manera, y digo,
no está muerto; sólo está... ausente.*

James Whitcomb Riley

El día que el abuelo fue a recogerme a la escuela, supe que algo andaba mal porque se suponía que mi mamá debía estar ahí. Todos íbamos a salir a cenar esa noche para celebrar el cumpleaños de nuestra amiga Sherry. Cuando el abuelo me dijo que te había dado un ataque al corazón, pensé que estaba bromeando. Cuando vi que hablaba en serio, pensé que me iba a morir. Estaba demasiado anonadado como para llorar. Me sentí muy atontado e inútil. Me quedé pensando, *¿Por qué? Eras tan fuerte, grande y saludable. Hacías ejercicio todos los días.* Pensaba que serías la última persona a la que le daría un infarto.

Estar en el hospital me asustaba. Estabas en coma. Tenías tantos tubos y máquinas a tu alrededor. No parecías ser el mismo. Yo podía sentir que mi cuerpo temblaba. Sólo quería que te despertaras de esta horrible pesadilla y me llevaras a casa.

El hospital estaba lleno de gente que venía a verte. Me trataron muy bien. No sabía que tenías tantos amigos. Sherry también estaba ahí, pero no celebramos su cumpleaños.

A ese día le siguieron un par de jornadas de pesar sin descanso, de noches en vela y de mucho rezar. Nada de eso sirvió. El 26 de febrero sucedió la cosa más trágica que me había ocurrido en mis diez años de vida, y probablemente del resto de mi vida. Murió la única persona a la que yo admiraba. Ni siquiera sé si me escuchaste decirte adiós. Nunca había ido a un funeral. Estaba asombrado de ver que más de mil personas vinieron. Ahí estaba toda nuestra familia y amigos, y mucha gente que yo no conocía. Después me puse a pensar que tal vez los tratabas de la misma manera que a mí. Por eso todos te querían. Claro, siempre supe que eras muy especial, y además eras mi padre. Ese día descubrí qué tan especial eras para tantas personas.

Aunque ha pasado más de un año, todavía pienso en ti todo el tiempo y te extraño mucho. Algunas noches lloro hasta dormirme, pero trato de no deprimirme mucho. Sé que todavía tengo muchas cosas por las cuales sentirme agradecido. Me diste más amor en diez años de lo que muchos niños probablemente reciben en sus vidas. Claro, sé que ya no puedes jugar a la pelota conmigo los fines de semana, ya no puedes llevarme a Denny's a desayunar, ya no me contarás tus chistes malos ni me traerás dónuts a escondidas. Pero también sé que aún estás conmigo. Estás en mi corazón y en mis huesos. Escucho tu voz dentro de mí, guiándome por la vida. Cuando no sé qué hacer, trato de pensar en qué me dirías tú. Todavía estás aquí, dándome consejos y ayudándome a resolver problemas. Sé que en todo lo que haga, siempre te amaré y te recordaré.

He escuchado que cuando alguien muere, Dios manda un arco iris para llevarse a la persona al cielo. El día en que moriste apareció un arco iris doble.

Medías 1.93 m. Supongo que un arco iris no era suficiente para llevarte al cielo.

Te amo, papi.

Matt Sharpe, 12 años

Una pesadilla hecha realidad

"Los palos y piedras pueden romper mis huesos, pero las palabras no me hieren". ¿Las palabras no me hieren? Durante mi vida me he preguntado, "¿es un mito o es verdad?" Ahora sé la respuesta.

Cuando nací, mis padres eran muy jóvenes. Todo lo que querían era estar en fiestas y basaban sus vidas en las drogas y el alcohol. Cuando estaba creciendo pasé mucho tiempo con mi abuela ya que mis padres no podían hacerse cargo de mí.

Finalmente, cuando tenía cinco años, mi papá dejó de drogarse. Fue a un lugar para desintoxicarse y ser un verdadero padre para mí. Mi mamá trató de hacer lo mismo, pero no podía dejar de tomar.

Por algunos años viví felizmente con mi padre. Veía a mi madre de vez en cuando. Me ponía triste cuando me quedaba con ella porque siempre lloraba o hacía promesas que no podía cumplir. Era raro verla sin una cerveza en la mano. A veces tenía la mirada perdida. Sabía que cuando miraba así, estaba tratando de bloquear sus sentimientos. De la misma manera escondía su dolor.

Un día estaba en el pórtico cuando llegó mi tío Tommy. Estaba emocionado de verlo y corrí hacia él para abrazarlo. Mi tío me hizo a un lado y dijo que tenía que hablar con mi papá. Después, se fue sin despedirse de mí.

Traté de no pensar en lo que él y mi papá habían hablado, pero después de ese día comencé a tener pesadillas. Soñaba con cosas verdaderamente locas, tratando de descubrir lo que había dicho mi tío. Noche tras noche continué así. Mi padre me despertaba, diciéndome que era sólo un sueño, pero los sueños me parecían realidades.

Dos semanas antes de la noche de brujas, mi tío Tommy vino de nuevo. Se veía tan pálido; parecía ser un muerto en vida. Lo saludé con la mano y le dije hola. Después me alejé porque me di cuenta de que quería hablar con mi papá. Cuando se fue, mi papá entró en la casa para hablar con su novia.

Me estaba poniendo muy nervioso. Entré en la casa y pregunté: "¿Qué pasa con ustedes dos?"

Luego mi papá me contó algo de mi madre que yo no estaba preparado para oír. Ella estaba en el hospital.

Al día siguiente fui al hospital a visitarla. Esperaba ver la hermosa cara de mi madre, pero no fue así. No podía creer que la persona acostada ahí fuera ella. Había tomado tanta cerveza que su hígado estaba deshecho. Parecía tener maquillaje amarillo sobre todo su cuerpo. Entonces me di cuenta: mi madre se estaba muriendo.

Durante una semana mi madre estuvo en el hospital y yo me sentí completamente perdido. La visité con tanta frecuencia que parecía como si yo viviera ahí.

Un día, cuando yo estaba en casa, mi padre recibió una llamada telefónica. Su sonrisa desapareció e hizo una cara rara. En mi corazón supe lo que era. No habría más dolor o sufrimiento para mi madre, y mis pesadillas se habían convertido en realidad. La que sufría, la que yo amaba, mi madre, había muerto. Esas tres pequeñas palabras "se ha ido", me dolerán para siempre. Las piedras y los palos serían más fáciles de soportar.

Damien Liermann, 14 años

Lecciones de Dios

*Uno no puede ir por la vida sin dolor...
lo que podemos hacer es escoger cómo usar el dolor
que la vida nos presenta.*
                                        Dr. Bernie S. Siegel

Hubo una época de mi niñez en la que yo creía que Dios castigaba a nuestra familia con la agonía de mi hermano.

Mi hermano Brad tenía hemofilia. Si una persona padece esta enfermedad, su sangre no coagula de manera normal; así que si se causa una herida es muy difícil detener la hemorragia. Cuando se pierde demasiada sangre, tiene que ir a que le pongan más para mantenerlo vivo.

Aunque Brad no podía ser tan activo como los otros niños debido a su hemofilia, teníamos muchos intereses en común y pasábamos mucho tiempo juntos. Brad y yo andábamos en bicicleta con los otros niños del vecindario y muchos de nuestros veranos los pasábamos nadando en nuestra piscina. Cuando jugábamos futbol o beisbol, Brad lanzaba la pelota y los demás hacíamos la parte ruda del juego. Cuando yo tenía siete años, Brad escogió una cachorrita para mí y la llamé PeeWee. Mi hermano Brad era mi protector y mi mejor amigo.

Cuando Brad tenía diez años, recibió una transfusión de alguien que no sabía o que fue demasiado egoísta para admitir que tenía el virus del SIDA.

Yo acababa de entrar a sexto grado cuando mi hermano empezó a tener síntomas serios y se le diagnosticó SIDA. Él iba en tercero de secundaria y acababa de cumplir quince años. En ese tiempo mucha gente no sabía cómo se contagiaba el SIDA y se asustaban de estar cerca de gente con esa enfermedad. Mi familia se preocupó por cómo reaccionaría la gente cuando se enterara.

Nuestras vidas cambiaron cuando los síntomas de Brad se volvieron evidentes. Yo no podía invitar a amigos a dormir. Cuando tenía un partido de baloncesto, ninguno de mis padres podía venir a verme porque alguien tenía que acompañar a Brad. Mis padres tenían que quedarse con Brad cuando lo hospitalizaban y esto era seguido. A veces se iban durante una semana mientras yo me quedaba con algún vecino o alguna tía. Nunca sabía dónde iba a dormir de un día al otro.

A causa de la tristeza y la confusión, me volví rencorosa al no llevar una vida normal. Mis padres no podían ayudarme con la tarea porque tenían que atender las necesidades de Brad. Comencé a tener problemas en la escuela. La parte emocional de perder lentamente a Brad, mi mejor amigo, hacía las cosas peores. Me enojé mucho y necesitaba culpar a alguien, así que decidí culpar a Dios.

Era un problema tener que ocultar su enfermedad, pero por otra parte yo sabía lo crueles que pueden ser los niños. No quería que nadie viera a mi hermano como estaba ahora, acostado y usando pañales. No quería que él fuera tema de burla en la escuela. No era culpa de mi hermano que su hermana de doce años tuviera que cambiarle los pañales o alimentarlo a través de un tubo.

El virus del SIDA dañó el cerebro de Brad y destruyó a la persona que era. Con el tiempo se volvió como un niño chiquito. En vez de escuchar música o hablar de las cosas que le interesarían a los muchachos de secundaria, quería que le leyéramos cuentos de niños. Quería que lo ayudara a colorear. Sentí que había perdido a mi hermano cuando aún vivía.

Recuerdo como si fuera ayer el día en que Brad murió. El cuarto estaba lleno de caras conocidas. Ahí sobre la cama estaba el cuerpo agotado de mi hermano. El cuerpo estaba vacío y él ya no sentiría dolor. Ese fue el fin de la vida de mi único hermano, dos semanas antes de que cumpliera los dieciocho años.

Entre 1980 y 1987, más de 10,000 personas con hemofilia recibieron sangre infectada con el virus del SIDA. El noventa por ciento de estas personas infectadas viven ahora con SIDA o ya murieron. De habérsele hecho pruebas a la sangre que se les transfundió, sus muertes prematuras se hubieran evitado. En mi opinión, mi hermano fue asesinado.

Las drogas experimentales para combatir el SIDA sólo lo empeoraron. Hasta la actitud de algunos doctores era de "ya para qué". Todas estas cosas hacían más doloroso el hecho de perderlo.

Desde que murió, he buscado un propósito a su vida y a su muerte. Aunque no exista una total respuesta a mi pregunta, creo que hubo algunas razones. Brad nos enseñó muchas cosas; aún le enseña a la gente con la historia de su vida. Le conté su historia a alguien el otro día y esa persona aprendió algo.

Brad era una persona que siempre peleó por lo que creía. Le enseñó a sus amigos y a su familia que nunca se rindieran. Él nunca se rindió y nunca cedió a su hemofilia. Aunque Brad fue especial debido a eso, no le gustaba que lo trataran de manera diferente. Jugaba baloncesto con el corazón de Larry Bird, pero con el cuerpo de alguien con hemofilia. Aquellos que lo vieron jugar en el equipo de primaria lo veían corriendo por la cancha, haciendo su mejor esfuerzo.

Por el respeto de su memoria no nos hemos rendido. Mi familia y yo hemos tomado parte activa en ayudar a hacer una diferencia en la manera en que son tratadas las personas con hemofilia y con SIDA. Nos han entrevistado en el programa de televisión llamado *60 Minutos.* Hemos ido dos veces a Washington D.C., a pelear porque el congreso pase la ley de Ricky Ray. Esta ley ayudaría a familias que han pasado por situaciones similares o peores. La ley se llamó así en memoria de un niño al que corrieron de la escuela por tener SIDA. La gente que le temía al SIDA y que pensaba que se contagiaría, quemó la casa de la familia de Ricky Ray. No podían entender que a la gente le puede dar SIDA por transfusiones de sangre.

Mi hermano dio tanto amor y felicidad a tantas personas mientras vivía, que su muerte nos dejo vacíos y tristes. Antes de que tuviera SIDA, mi hermano mayor Brad era mi protector y la persona a la que le contaba todos mis secretos. Brad ya no puede protegerme o hablar conmigo, y lo extraño todos los días.

Desde la muerte de Brad me he dado cuenta de que Dios no estaba castigando a mi familia por nada. Solamente nos había dado un regalo de amor, a Brad, mi hermano, y tenía que devolverse. Con estas lecciones de Dios, puedo continuar con mi viaje, este viaje llamado vida, con la esperanza de que todos con los que comparta la historia de Brad aprendan lo preciada que es la vida.

Jennifer Rhea Cross

6

HACER REALIDAD LOS SUEÑOS

Un sueño es una semilla,
la semilla de un árbol,
un árbol lleno de vida
y de las cosas que puedes ser.
Tus sueños son las ventanas
por las cuales puedes ver
un poco de tu futuro
y las cosas que serás.
Cada noche cuando duermes
alimentas la semilla,
la semilla del árbol
que serás.

Jennifer Genereux Davis

Cree en ti mismo

Proponte metas altas
te mereces lo mejor.
Trata de hacer lo que quieres
y no te conformes con menos.

Cree en ti mismo
no importa lo que escojas.
Mantén una actitud victoriosa
y nunca perderás

Piensa en tu destino
pero no te preocupes si te pierdes,
porque lo más importante
es lo que has aprendido durante el camino.

Toma todo en lo que te has convertido
para que seas todo lo que puedes ser.
Vuela sobre las nubes
y deja que tus sueños te liberen.

Jillian K. Hunt

La pequeña niña que se atrevió a desear

Cuando Amy Hagadorn dio vuelta a la esquina del pasillo de su clase, chocó contra un niño alto de quinto año que corría en dirección opuesta.

—Ten cuidado, enana —gritó el niño mientras esquivaba a la pequeña niña de tercer año. Después, con una mirada burlona, el niño se agarró la pierna derecha e imitó la manera en que Amy cojeaba al caminar.

Amy cerró los ojos. *Ignóralo*, se dijo a sí misma mientras se dirigía a su salón.

Al final del día, Amy todavía pensaba en la broma del niño grosero. No era el único. Parecía que desde que Amy había comenzado el tercer grado alguien la molestaba cada día. Los niños se burlaban de su manera de hablar o de cojear. Amy estaba cansada de eso. Algunas veces, hasta en una clase llena con otros compañeros, las burlas la hacían sentirse sola.

Ya en casa, durante la cena, Amy estaba callada. Su madre sabía que las cosas no iban bien para ella en la escuela. Fue por eso que Patti Hagadorn se sintió feliz de poder comunicarle una noticia emocionante a su hija.

—Hay un concurso de deseos de Navidad en la estación de radio —comentó la madre de Amy—. Escríbele una carta a Santa y tal vez ganes un premio. Creo que alguien que está en esta mesa y tiene el pelo rubio y ondulado debería entrar a concursar.

Amy se rió. El concurso parecía divertido. Comenzó a pensar en lo que más quería para Navidad.

Esbozó una sonrisa cuando pensó en el deseo. Sacó papel y lápiz, y comenzó a trabajar en su carta. "Querido Santa", comenzó.

Mientras Amy se concentraba en hacer buena letra, el resto de la familia trataba de adivinar qué le pediría a Santa. Jamie, la hermana de Amy, y su mamá pensaron que una muñeca Barbie de 90 cm sería lo primero en la lista. El papá de Amy pensó en un libro de dibujos. Pero Amy no estaba lista para revelar su deseo secreto de Navidad en ese momento. Aquí está la carta de Amy a Santa, tal como la escribió esa noche:

Querido Santa:

Me llamo Amy. Tengo nueve años. Tengo un problema en la escuela. ¿Puedes ayudarme, Santa? Los niños se burlan de mí por la manera como camino, corro y hablo. Tengo parálisis cerebral. Sólo quiero un día en el cual nadie se ría o se burle de mí.

Con amor,
Amy

En la estación de radio WJLT en Fort Wayne, Indiana, llovían las cartas para el concurso del deseo de Navidad. Los empleados se divertían leyendo sobre los diferentes regalos que los niños y niñas de la ciudad querían para Navidad.

Cuando llegó la carta de Amy a la estación de radio, el director Lee Tobin la leyó con cuidado. Sabía que la parálisis cerebral era una enfermedad que afectaba los músculos y que esto podía confundir a los compañeros de clase de Amy que no entendían su discapacidad. Pensó que sería bueno que las personas en Fort Wayne se enteraran de esta niña especial de tercer grado y de su extraño deseo. El señor Tobin llamó al periódico local.

Al siguiente día apareció en la primera plana del *News Sentinel* una foto de Amy y una copia de su carta para

Santa. El rumor corrió rápidamente. Por todo el país, estaciones de radio, televisión y periódicos reportaron la historia de la pequeña niña en Fort Wayne, Indiana, que pedía un deseo simple pero especial: un día sin burlas. De repente el cartero hacía visitas diarias a la casa Hagadorn. Todos los días llegaban sobres de todos tamaños dirigidos a Amy de parte de niños y adultos de todo el país. Llegaban con saludos navideños y palabras de aliento.

Durante esa época inolvidable de Navidad, más de dos mil personas de todo el mundo le mandaron cartas de amistad y apoyo a Amy. Ella y su familia las leyeron todas. Algunos de los que escribían tenían problemas también; a otros los habían molestado de chicos. Cada escritor tenía un mensaje especial para Amy. Por medio de las cartas y tarjetas de extraños, Amy pudo ver un mundo lleno de personas a las que les importaba el prójimo. Se dio cuenta de que las bromas y burlas ya no la harían sentir sola.

Mucha gente le agradeció a Amy que hubiera tenido el valor para hablar. Otros le aconsejaron que ignorara las burlas y que llevara la cabeza en alto. Lynn, una niña de sexto grado de Texas, le envió este mensaje:

"Me gustaría ser tu amiga, y si quieres venir a visitarme, nos divertiríamos mucho. Nadie se burlará de nosotros, porque si lo hacen, ni los vamos a escuchar".

El sueño de Amy se convirtió en realidad, tuvo un día especial sin que nadie la molestara en la escuela South Wayne. Además, todos en la escuela recibieron una enseñanza. Los maestros y estudiantes hablaron sobre cómo el burlarse de los otros puede afectarlos y hacerlos sentir muy mal.

Ese año el alcalde de Fort Wayne nombró el día 21 de diciembre como el Día de Amy Jo Hagadorn. El alcalde explicó que al atreverse a pedir ese deseo, Amy le dio al mundo una lección.

—Todos —dijo el alcalde—, quieren y merecen ser tratados con respeto, dignidad y calidez.

Alan D. Shultz

El parque

Siempre trato de convertir cada desastre en una oportunidad.

John D. Rockefeller

—Carlos, vamos a la tienda por un refresco. ¿Quieres venir?

Carlos acompañó a sus amigos mientras caminaban unas cuantas cuadras hacia la tienda, pateando latas, cruzando las vías del tren y lanzando piedras en el camino.

Era una tarde de domingo en enero, y se sentían libres. El lunes sería día festivo, ya que se celebraba el cumpleaños de Martin Luther King Jr., y no tendrían clases.

Carlos tenía ocho años, iba en segundo grado de primaria y vivía con su madre en un proyecto de viviendas a unas cuadras de las vías del tren. Era el sexto de sus ocho hijos. Su padre vivía en Florida.

Carlos había vivido en el campo la mayor parte de su vida. El pequeño pueblo de Millen era para él como un parque gigante. A sus amigos y a él les encantaba explorar y rondar por ahí. Los trenes eran parte de su vida en el pueblo. Los trenes paraban para dejar y recoger vagones de carga y tanques en los patios de carga para seguir su camino hacia Savannah. Sucedía que Carlos y sus amigos tenían que brincar las vías que estaban entre su casa y la iglesia, así como también entre la tienda y el vecindario.

Carlos era muy justo y siempre incluía al que era ignorado o le decía algo a quien necesitaba aliento: "Vamos, amigo, hay que jugar". Cuando alguien le decía "Carlos, ven a ayudarnos", siempre cooperaba. Cuando lo conocían, daba la impresión de ser muy callado. Bajaba la cabeza, pero su mirada era juguetona y había una sonrisa en su cara. Carlos les caía bien a los niños porque era divertido. Hacía un juego de casi todas las situaciones. Carlos no le temía a nada.

Era un día frío y el sol calentaba levemente la tarde. A Carlos le chocaba usar chaqueta, por eso ese día en particular, sólo traía puesta una camiseta de manga corta con pantalones de mezclilla y tenis. Al regresar de la tienda, él y sus amigos comenzaron a jugar con un tren que se había detenido para dejar y recoger vagones, y mientras lo hacía se movía hacia adelante y hacia atrás. Se estaban divirtiendo cerca de la mitad del tren de carga, subiendo y bajando de los vagones. Era emocionante sentir el movimiento del tren, escuchar el rechinar de las ruedas cuando frenaba y el sonido del silbato, así como experimentar los ruidos y olores del motor mientras el tren se movía hacia adelante y hacia atrás.

El tren comenzó a caminar hacia adelante sobre la vía, y todos los niños saltaron hacia fuera; todos menos Carlos. Él se quedó ahí, gritando: "Me bajaré en la siguiente parada. Nos vemos ahí". En las afueras del pueblo había un cruce de tierra para los trenes. Ahí se bajaría. No estaba tan lejos. Era muy emocionante viajar en el tren. Todos se reirían cuando lo contara.

El sol comenzaba a meterse y el viento se volvió más frío. Carlos se detuvo de la escalera al lado del vagón. Buscó el cruce de tierra. Mientras el tren salía del pueblo, comenzó a acelerar. Carlos se preguntó si se detendría. Decidió que iba a brincar. Para cuando vio el cruce, el tren ya lo había dejado atrás. Iban demasiado rápido, y había perdido la oportunidad.

Un escalofrío le recorrió la espina dorsal. Tal vez era un escalofrío de temor ya que se dio cuenta de lo que había pasado. Era más aventura de la que buscaba. Decidió sostenerse fuertemente y buscar las luces del pueblo siguiente. El tren pararía ahí y podría bajarse para pedir ayuda y regresar a su casa. Hacía ya mucho frío y Carlos se dijo: "Si tuviera mi chaqueta, me la pondría. Así de frío tengo".

Era difícil agarrarse del tren mientras avanzaba. El frío lo hacía más difícil aún. Carlos sintió que sus manos se congelaban. Nunca se imaginó que el clima sería tan frío. El lugar por donde pasaban tenía muchos arbustos y árboles. Se puso feliz finalmente al ver luces de casas, y se preparó para la parada del tren... pero el tren no se detuvo.

Ahora Carlos sintió el verdadero primer temor de su vida. Contaba con que el tren iba a parar, pero ¡no se detenía! Cada vez se alejaba más de su casa. *¿Qué voy a hacer? ¿Podré aguantar hasta que el tren llegue a su destino? ¿Puedo aguantar tanto tiempo? ¿Brincaré?* Parecía demasiado peligroso. Su mente se encontraba en un caos mientras trataba de pensar qué hacer. Decidió que lo mejor era aguantar hasta que el tren parara. Seguramente lo haría en algún lugar del camino.

Comenzó a hablarse a sí mismo para tener valor. *Vamos, amigo, puedes hacerlo. Aguanta. Sé que estás cansado y helándote, pero te podrás poner la chaqueta en cuanto llegues a casa. Aguanta, amigo, ¡tú puedes!*

Mientras pasaba el tiempo, el frío y el temor lo hacían asirse fuertemente de la escalera, pegándose al vagón tan fuerte como podía para tratar de bloquear el viento. Los arbustos y árboles parecían pasar volando mientras el tren avanzaba. Después de un tiempo, Carlos vio luces de algunas casas al lado de las vías. Pero, ¡así pasaron por otro pueblo sin parar!

El terror le llenó el corazón mientras se aferraba a la escalera; las lágrimas de angustia cayeron de sus ojos al darse cuenta del peligro. Continuó aferrándose tan fuerte como podía, pero cada vez le era más difícil. Estaba agotado. El sol se había metido; oscurecía. No podía aguantar más. Tal vez, después de todo era mejor saltar.

En el pueblo de Mullen, los amigos de Carlos trataban de no meterlo en problemas por jugar con el tren. Pensaban que ya estaría en camino de regreso del cruce, y no dijeron nada. Cuando finalmente confesaron todo lo que sabían, y se dieron cuenta de que Carlos había desaparecido, la policía comenzó a buscarlo. Para la mañana del lunes, los cuatro condados adyacentes lo habían buscado por aire, por las vías y a pie. La familia, amigos, vecinos y hasta extraños buscaron a Carlos. El martes encontraron a Carlos en un camino abandonado a 64 kilómetros vía abajo. Había muerto porque se le rompió el cuello. Todos en la comunidad de Millen compartieron el dolor y la pena de su muerte.

Una mujer en Savannah leyó sobre el trágico accidente. Las noticias decían que los niños del condado de Millen no tenían parques. También se mencionaba que tal vez si hubieran tenido un parque, Carlos habría estado jugando en él y no en las vías. Como esposa y madre de tres hijos, la mujer se preocupó, ya que mientras en la ciudad de Savannah tenían muchos parques, en Millen no tenían. Por haber sido una niña exploradora en su infancia, la mujer estaba acostumbrada al liderazgo. Se propuso lograr que se hiciera un parque para los niños de Millen.

Con la cooperación de la familia, vecinos, amigos, comerciantes y contratistas, así como con la donación de un terreno, se hizo un parque para el condado de Millen. Las personas que ahí se conocieron terminaron siendo amigos. En el proceso, se ayudaron mutuamente. Al unirse todos, el dolor y la pena se hizo menos.

Una tarde soleada de primavera, el nuevo parque de Millen fue nombrado como el Parque en Memoria de Carlos Wilson.

A la ceremonia le siguió un recreo de juegos para los niños. Era como si pudieran oír a Carlos decir: "Vamos, amigo, juguemos. ¡Vamos a jugar en mi parque!"

Audilee Boyd Taylor

Los sueños de los niños

Todos son lo suficientemente buenos,
todos tienen la razón,
todos tienen derecho a un hogar,
y a una cálida cama en la noche.

Todos necesitan a un amigo,
todos necesitan su espacio,
todos son creados iguales,
así que ¿por qué las *razas* humanas?

Tal vez nuestro único problema
es que algunos se niegan a ver
que los demás no son el problema,
el problema somos tú y yo.

Así que si trabajamos juntos,
como equipo, tú y yo,
podremos construir nuestro mundo
y hacer nuestros sueños realidad.

Jody Suzanne Waitzman, 13 años

La cargabates

Hoy nadie se pregunta si las mujeres son iguales a los hombres en cuanto a habilidad e inteligencia.

Julie Nixon Eisenhower

—¿Y qué Ray? ¿Qué si no soy hombre? Puedo batear mejor que cualquiera, excepto tal vez Tommy —y tal vez que tú en tus días buenos. Yo soy más rápida que todos ustedes juntos.

—Mejor juega con las niñas en el recreo —contestó él.

Ambos estábamos sentados en la banqueta frente a mi casa, y lo miré firmemente a los ojos. El cemento se sentía caliente. El pasto que brotaba de una grieta de la banqueta me picaba el muslo.

Él desvió la mirada primero.

Después miró el bloc que estaba sobre mi pierna.

—Además, seguramente no ganarás ese concurso, Dandi —murmuró—. Ni siquiera sé por qué entras.

Una hoja de su bloc de líneas azules se pegó a su rodilla huesuda. Se quitó de los ojos un mechón café, tan lacio como el trigo de cosecha. La madre de Ray nos cortaba a los dos el pelo. Yo hice lo mismo con mi pelo. Luego saqué el cupón que había cortado de la página de deportes del *Kansas City Star*.

—Sí voy a entrar —le dije—, y voy a ganar.

Ray me quitó el cupón de la mano y señaló con su dedo lo impreso.

—¡Mira! —dijo de manera triunfal—. Aquí mismo dice: "Concurso de 1959 para niños cargabates. Escribe en 75 palabras o menos por qué quieres ser cargabates para el equipo de beisbol de los Atléticos de Kansas City. No dice niñas cargabates —se rió como si fuera lo más chistoso que hubiera escuchado.

—¡Pues no es justo! —dije, mitad para Ray y mitad para mí.

Estaba cansada de no hacer cosas sólo por ser niña. Ray jugaba en una liga menor. Podía tirarlo con uno de mis batazos de línea, golpeando la pelota al estilo de Stan Musiel. Pero nuestro pequeño pueblo de Missouri no tenía un equipo de beisbol para niñas.

Yo tenía diez años, la edad en la que a los niños no les importa si eres la única que puede batear un jonrón dentro del parque o si te sabes todas las reglas. Simplemente no te dejaban jugar por ser niña.

Mi hermana, Maureen, tiró la puerta deslizable.

—¿Qué está pasando aquí afuera? —preguntó.

Maureen, mi hermana mayor, no podía distinguir una pelota de beisbol de una de futbol aunque le pegara en la cara.

—Nada —le contesté. Metí el cupón en mi bloc.

—Estamos... mmmm... dibujando —mentí.

Ray parecía confundido.

—¿Dibujando? Pensé que estábamos...

Le di un codazo para que se callara.

Maureen trató de lanzarme una de esas miradas sospechosas clásicas en mi madre. Su intento la hizo parecerse más a Bruno, nuestro perro, cuando se le obligaba a salir al jardín.

Ray y yo nos sentamos en el sol y nos pusimos a escribir. Después de una hora yo tenía catorce bolas de papel amontonadas.

—Ya acabé —me dijo Ray.

—Léelo —le dije.

Crucé los dedos esperando que estuviera pésimamente escrito.

Ray le dio un manotazo a una libélula, luego recogió su papel y comenzó a leer.

—Quiero ser cargabates para los Atléticos de Kansas City porque me gusta mucho mucho mucho el beisbol y me gusta mucho mucho mucho el equipo de Kansas City y los Atléticos.

Me volteó a ver con los ojos muy abiertos.

—¿Qué piensas, Dandi?

No esperaba que estuviera así de mal.

—¿Por qué pones tantos *muchos*? —le pregunté.

Se veía ofendido.

—¡Necesito esas palabras! De todos modos, ¿qué sabes tú? No puedes ni entrar al concurso.

Ray me dejó sola en la banqueta. Pude oler el dulce aroma de los campos de trigo del otro lado del camino y pensé en lo que podía escribir. Las palabras empezaron a fluir en el momento que puse la pluma sobre el papel:

> *Durante mi vida entera la gente me ha dicho que no puedo. Mi hermana me dice que no puedo cantar. Mi maestra dice que no puedo deletrear. Mi mamá me ha dicho que no puedo ser jugador profesional de beisbol. Mi mejor amigo dice que no puedo ganar este concurso. Me inscribo para demostrarles que están equivocados. Yo quiero ser el próximo cargabates de Kansas City.*

Lo firmé como "Dan Daley". Mi padre siempre me llama "Dan", en vez de Dandi. Le puse la dirección al sobre y lo envié por correo.

Mientras pasaban los meses, llenos de juegos callejeros de beisbol, jugaba cada vez que podía forzar mi entrada en algún partido. Un día, una tarde de otoño, tocaron a la puerta. Cuando la abrí, me sorprendí al ver a dos hombres de traje con portafolios. Seguramente no eran del pueblo.

—Hola, pequeña —dijo el hombre más bajito—. Nos gustaría hablar con tu hermano.

—No tengo hermano —les contesté.

El hombre más alto frunció el ceño y abrió su portafolio. Sacó muchos papeles. Los dos hombres estudiaban los papeles mientras yo permanecía parada en la puerta, cuidando mi hogar sin hermano.

—¿Es aquí el número 508 de la calle Samuel? —me preguntó el bajito.

—Supongo —contesté.

Nadie usa números para las casas en nuestro vecindario. Sólo había dos casas en nuestra calle.

—¿No es esta la casa de Dan Daley?

Se encendió una luz en mi cabeza. Entonces comprendí.

—*¡Mamá!* —grité, sin despegar la mirada de aquellos hombres—. ¡Ven aquí! Rápido —claro, había ganado el concurso. ¡Mis palabras habían funcionado!

Dejé a mi mamá dar la explicación de que yo no tenía un hermano. Confesé haber entrado como "Dan". Maureen y Bruno me felicitaron: pero los hombres no.

—¿Qué pasa? —pregunté, sintiendo un temor familiar que me subía por la columna.

—Bueno —dijo el hombre alto—, no eres un niño.

—Eso ya lo sé —contesté.

—Las reglas del concurso dicen claramente "un niño de los ocho a los doce años" —dijo el hombre más bajo.

—¡Pero yo gané! —protesté.

—Niñita —me dijo—, este no era un concurso para niñas cargabates.

Los hombres se fueron, llevándose con ellos mi sueño de ser cargabates de los Atléticos de Kansas City. Para que no me sintiera tan mal, nos mandaron boletos de temporada, chamarras del equipo, gorras autografiadas y un bate de madera. Nunca llegué a usar esa gorra. Me volví fanática de los Cardenales de St. Louis. Pero sí agarré ese bate el día que llegó. Me dirigí hacia el patio de la escuela donde estaban Ray, Tommy y los demás chicos jugando beisbol.

—Yo voy a batear —les dije, quitando a Ray de su sitio. Los niños se quejaron, pero Ray parecía saber que algo más estaba en juego. Le dijo que sí al pitcher. Le pegué al primer lanzamiento, que venía alto y afuera, justo como me gustan. Antes de escuchar el sonido del bate al golpear la bola, supe que era un jonrón. Les di la espalda antes de que la bola cayera a la calle.

Con suavidad solté el bate de los Atléticos de Kansas City y lo escuché rebotar en el piso. Con orgullo caminé por las bases hasta regresar al plato de bateo, y dejé el bate tirado donde había caído.

—Que lo levante el niño cargabates.

Dandi Dailey Mackall

¡Gooool!

Ríe y aprende, porque todos cometemos errores.

Weston Dunlap, 8 años

Corría tan rápido como podían llevarme mis pequeñas piernas concentrada en el objeto blanco y negro que rodaba delante de mí; sabía que esta era mi oportunidad. Este era mi sueño hecho realidad. Tenía la delantera y todo estaba en mis manos. Miré detrás de mí y vi las camisas amarillas y los pantalones cortos verdes de mis compañeros, los Dinosaurios de Vidrios Automotrices Nacional. Parecían como una manada de abejas, todos dirigidos hacia la pelota de futbol. Vi las caras de mis oponentes y noté que algunos corrían realmente rápido. Querían la pelota, pero era mía, *toda mía.*

Corrí hacia la pelota y le di una tremenda patada. Rodó más allá del campo y volví a correr hacia ella. Los otros jugadores se acercaban a mí, pero yo ya estaba cerca de la meta. La mirada confusa en el rostro del portero me dijo que no estaba listo para parar la bola. Los porristas en las tribunas gritaban: "¡Patéala! ¡Patéala! ¡Patea la bola!"

Por fin dominé el balón y lo pateé tan fuere como lo podía hacer un niño de cuatro años. Entró en la portería, pasando frente al nervioso portero. ¡Estaba emocionado! ¡Había anotado mi primer gol!

Corrí hacia mis compañeros. Algunos aplaudían y celebraban conmigo, pero la mayoría de ellos tenía los brazos cruzados, con el ceño fruncido y miradas molestas. *Ellos* querían anotar ese gol, pero yo lo había hecho. ¡Ja! ¡Ja! Voltee a ver a mamá y papá que estaban en las tribunas. Ellos reían junto con otros padres. ¡Esto era demasiado bueno! Había anotado mi primer gol: *¡en mi propia portería!*

Heather Thomsen, 13 años

Con cada paso

Me has hecho conocer el camino de la vida; me llenarás de alegría con tu presencia...

Salmos 16:11

No sólo estaba sorprendida, sino también preocupada de encontrarme en las finales de salto de caballo de los Juegos Olímpicos de 1996, cuando Kerri Strug tuvo que salirse de la competencia debido a una lesión en el tobillo. Me había ido bien durante las competencias por equipo, pero no había calificado para las competencias finales de salto de caballo. Cuando nos dijeron a mí y a mi entrenador, Steve, que ahora podría competir en este evento no me encontraba preparada para reemplazar a Kerri.

Mi primera reacción fue, *¿cómo lo haré?* Debido a una lesión en la muñeca no había podido practicar un segundo salto. Las finales de salto de caballo requieren que el deportista compita con dos saltos en dos estilos diferentes. Este era el momento cuando tenía que apoyarme en mi experiencia gimnástica. Steve me convenció de que lo intentara.

Al recuperarme del impacto inicial, supe que no quería dejar pasar la oportunidad para competir en otro evento de las Olimpiadas de 1996. Desde ese momento en adelante decidí hacer lo mejor que pudiera. Con una actitud positiva, y con el apoyo de Steve y de mis padres, puse toda mi energía en los entrenamientos, que salieron muy bien. No me equivoqué ni en un solo salto, ni siquiera mientras entrenaba para la competencia. Me concentré en pensar en la gran oportunidad de competir que se me había presentado.

Sin embargo, mi actitud positiva y mi felicidad se convirtieron rápidamente en lágrimas de humillación y desánimo. Cuando llegó la hora de la competencia, corrí rápidamente sobre la pista, pero mientras me acercaba al caballo, supe que mis pasos no estaban bien. No estaba llegando al salto en el momento preciso. En un instante todo acabó. No puse una de mis manos sobre el aparato, lo cual hizo que diera una vuelta impresionante en el aire y cayera sobre mis glúteos frente a cientos de miles de personas. Sentí el bochorno de humillación subir desde el estómago hasta mi rostro enrojecido.

Tan pronto como acabó la competencia me dirigí hacia el dormitorio de gimnastas de Estados Unidos, donde sabía que mis padres me esperaban. Mis lágrimas corrían libremente, así que me llevaron a un lugar donde pudiéramos tener un poco de intimidad. Siempre trato de confiar en Dios para que dirija mi camino. Nunca rezo para ganar, pero siempre le pido a Dios que me ayude a hacer lo mejor que pueda. Había estado tan llena de felicidad y confianza en la competencia. ¿Qué había pasado?

Mi mamá me preguntó si recordaba el poema *Huellas en la arena* que colgaba de la pared de mi cuarto. Me recordó que Dios siempre había caminado conmigo. Nunca me había abandonado. Tal vez había llegado la hora de permitirle a Dios que me *llevara*. En vez de seguirme preocupando por fallar, podría recordar que no tenía que hacer esto sola. Lo que tenía que recordar era que Dios siempre está junto a mí. En vez de temerle a las finales de la barra de equilibrio al día siguiente, tenía que estar agradecida por tener la oportunidad de expresar el talento que Dios me había dado y no preocuparme por ganar o perder.

Al día siguiente estaba calmada y en paz mientras esperaba mi turno para competir. Cuando subí a la viga, escuché que un hombre le gritaba a alguien en las tribunas:

"¡Apaguen el *flash* de su cámara!" Pensé, *qué lindo que se preocupa por mi bienestar*. Un *flash* de cámara puede causar un accidente que puede terminar una carrera, o algo peor. Me di cuenta de que nunca antes había escuchado lo que pasaba a mi alrededor mientras estaba compitiendo. Solía estar tan concentrada que bloqueaba todo lo demás. Pero la competencia de esa noche era diferente a las otras. Sentí una conexión emocional con el público cuyo amor por la gimnasia, y por los atletas que representaban el deporte, parecía rodearme. En ese momento dejé entrar toda la alegría de la tarde, de estar en los Juegos Olímpicos, y de practicar la gimnasia.

Respiré unas cuantas veces y le agradecí a Dios que estuviera conmigo y el talento que me había dado. Y *entonces me lancé.*

¡Mi rutina fue perfecta! Me sentí muy bien cuando mis pies tocaron el suelo. Honestamente no tenía idea de si iba o no a ganar una medalla. Pero en ese momento las medallas no me importaban. Había logrado algo más que una marca mundial en gimnasia. Sentí el bienestar y la fuerza de la presencia de Dios con cada paso de la rutina.

Me llevé a casa una medalla de oro olímpica para acordarme de esa noche. Pero la noche era dorada en más de una manera. Siempre guardaré en mi corazón lo que es sentir la presencia de Dios.

Shannon Miller

El Club de las Piedras

Si no te gusta cómo es el mundo, cámbialo. Tienes la obligación de cambiarlo. Sólo hazlo poco a poco.

Marian Wright Edelman

Una noche cuando estaba en segundo grado, vi algo en las noticias que realmente me molestó. Se trataba de un grupo de gente sin hogar, que dormía afuera en el frío, sin tener un lugar a donde ir para encontrar calor y comodidad. Sentí pena por ellos y quise ayudar.

Así que decidí comenzar un club. La meta era recolectar dinero para ayudar a los pobres. Lo llamé el Club de las Piedras. Cuando lo empecé, sólo teníamos cinco miembros, pero rápidamente se convirtieron en veinte. No era difícil conseguir a gente que se uniera al club. No tenía que preguntar si querían ser miembros. De hecho, ellos venían a mí y me preguntaban si podían unirse.

Pasábamos nuestro tiempo libre en el recreo pintando rocas. Pintábamos animales, flores y formas, hasta nombres de equipos de deportes. Pintábamos lo que se nos antojaba.

Buscábamos en la escuela a maestras que compraran nuestras rocas y las usaran como pisapapeles. Las vendíamos a cinco, diez y hasta veinte centavos cada una. Pintamos una roca enorme con puntos que se vendió por cinco dólares. Para Navidad habíamos recolectado 33 dólares. Decidimos darle el dinero a un hogar local para gente sin hogar.

Mi madre ofreció llevarme a mí y a mi amiga al hogar para entregar el dinero. Cuando llegamos, vimos que había familias enteras sentadas en la banqueta cubierta de nieve. Cuando entramos en el edificio, no podía sacarme de la cabeza la imagen que acababa de ver. Pensaba en los niños pequeños y en todos los hombres y mujeres sin lugar para dormir. Al estar adentro, conocimos a la señorita en la recepción y le dimos el dinero que había ganado el club. Parecía estar muy agradecida por el donativo. Nos invitó a recorrer el lugar. Nunca había visto un verdadero refugio para gente sin hogar, así que quería conocerlo. Mientras hicimos el recorrido, lo que más me impresionó fueron las filas y filas de mesas puestas para alimentar a los hambrientos. Ahí había más de 100 mesas. En la cocina, los ayudantes hacían lo que parecían filas infinitas de galletas de jengibre con forma de muñeco. Me impresionó el hecho de que por cada hombre de jengibre, el refugio esperaba esa noche una persona para la cena y para dormir.

Al salir del refugio vi un hombre sentado en el pavimento cubierto de nieve. Traía puesto un abrigo verde, sucio, y pantalones negros cubiertos de tierra. Tenía a su lado un árbol de Navidad cubierto con adornos rojos. Sentí mucha pena porque él no tenía otro lugar dónde poner su árbol más que en las calles donde vivía; esto hizo que me diera cuenta de que alguien sin casa y sin dinero para comprar regalos también deseaba una Navidad.

Al día siguiente vi una foto de ese hombre en el periódico. Sabía que su imagen permanecería conmigo para siempre. Esperaba que esta foto también le recordara a los otros cuánta ayuda necesitan las personas sin hogar, y de que hay que tenerlos en mente durante todo el año, no sólo en Navidad.

Unos días después un reportero del periódico y un fotógrafo vinieron a nuestra escuela y le tomaron una foto a los miembros de nuestro Club de las Piedras. La foto y el artículo salieron al día siguiente en el periódico. Todos nos sentimos orgullosos de haber hecho algo que le daba importancia a las necesidades de la gente sin hogar de nuestro pueblo.

Nuestra escuela decidió que lo que habíamos hecho era maravilloso, así que comenzaron un programa sólo para niños. Ahora los niños de nuestra escuela ayudan al refugio y a otras organizaciones de gente que lo necesita.

Algo tan simple como las piedras, la pintura y unos cuantos niños a quienes les importan sus semejantes, me hicieron darme cuenta de que nunca se es demasiado joven —y que no se necesita mucho— para cambiar las cosas.

Vanessa Clayton, 14 años

Calcetines para Kerry

—¡Mamá, Kerry acaba de gatear por encima de los planos para mi invento, y el aparato de su pierna los rompió! —gritó Jessica.

—Ya sabes que no puedes tener tu tarea en el piso cuando ella está cerca —dijo la mamá—. Agradece que por lo menos puede gatear.

Estoy tan cansada de escuchar sobre la pobre Kerry. ¿Y yo qué?, pensó Jessica.

Después, suspirando, dijo:

—Sí ya sé.

El día anterior, Jessica había traído a casa un boletín sobre la convención de inventos de su escuela. Se les pedía a los niños en su clase de cuarto grado que inventaran algo útil, hicieran un prototipo y enseñaran cómo funcionaba.

—Esta convención será algo fabuloso —le dijo a su madre—. El único problema es que quiero ayudar a resolver un problema verdadero, pero no puedo pensar en nada bueno.

—Estoy segura de que lo lograrás —dijo su mamá.

—¡Kerry, no! —gritó Jessica mientras Kerry pateaba la tarea de Jessica—. ¡Mamá! —imploró, pero a su madre no le importó. Sólo suspiró y regresó a lavar los platos.

Kerry, la hermana de Jessica, tenía un problema en el corazón. Justo después de nacer, el ritmo del corazón de Kerry se había acelerado. Los doctores pudieron aquietarlo con medicamentos, pero no pudieron curar parte del lado izquierdo de su cuerpo. Aun así, aprendió a gatear casi tan pronto como cualquier otro bebé de su edad, y su pierna débil no le impidió ser una hermana pequeña normal. Para Jessica era como si Kerry y su otra hermana, Katie, estuvieran pensando todo el día en cómo molestarla cuando llegara de la escuela.

De pronto, Kerry se lanzó al piso y comenzó a llorar. Jaló el aparato de su pierna. "Buu, buu", lloraba. Su calcetín se había salido de nuevo y el aparato le había raspado la pierna.

—No sé qué es lo que vamos a hacer —dijo la mamá, cargando a la bebé en sus brazos—. Mira su pierna. No me gusta ponerle mallas cuando hace tanto calor.

—¡Eso es! —exclamó Jessica—. ¡Ya sé que es lo que voy a hacer para la convención de inventos!

—¿Qué?

—Déjame pensarlo un rato y te enseñaré —corrió hacia arriba, recogió algunas cosas del cuarto de su madre y otras del cuarto de su hermana, y se encerró en su cuarto para trabajar sin interrupciones.

Dos horas después, finalmente salió, traía en sus brazos lo que parecían ser un montón de calcetines.

—Oye, mamá, mira esto. Hice un calcetín especial para Kerry —Jessica lo mostró—. Mira, tiene estas tiras de velcro que se enganchan a la parte de arriba del aparato en su pierna y se adhieren a su calcetín. De esa manera los calcetines no se le caerán y queda protegida su pierna.

—¡Qué idea tan maravillosa! Vamos a ponérselos —dijo la mamá—. Mira, Kerry, Jessica hizo unos calcetines nuevos para ti —Katie aplaudió mientras brincoteaba por todos lados. Kerry sonrió y golpeó su mano contra el piso mientras su madre le ponía el calcetín nuevo bajo su aparato.

Al siguiente día, Jessica llevó su invento a la escuela. Cuando llegó a casa, Kerry y Katie la recibieron en la puerta, parloteando ruidosamente. La abrazaron de las piernas y la jalaron. Jessica perdió el equilibrio y todas cayeron al piso, riéndose y haciéndose cosquillas.

—¿Cómo estuvo la convención de inventos, Jessica? —preguntó su madre—. ¿Se impresionaron tu maestra y tus compañeros con tus calcetines?

—Creo que estuvo bien. Mi invento no llamó tanto la atención como el aparato de Jane que organizaba cintas de video, o como el invento de Nicole que abre latas sin que se te rompan las uñas, o como el despachador de curitas de Sandy.

—Todas esas cosas son interesantes, pero a mí me gustó más tu idea... ayuda más —contestó su mamá.

—Sí. Yo quería hacer algo para una persona verdadera que realmente necesitara ayuda —dijo Jessica mientras jugaba con la nariz de Kerry—. Bueno, casi una persona verdadera —todas rieron.

Los calcetines de Jessica ganaron el primer lugar en su salón. Después de ganar la competencia de distrito, representó a su pueblo en la convención estatal en el Centro de Arte Garden State.

—¡Qué honor! ¡Qué logro! —le dijeron todos.

Sí, Jessica había ganado el concurso y estaba orgullosa; pero lo que realmente la hizo feliz fue cuando Kerry la miró con una sonrisa que lo decía todo. Ahí es cuando supo que había ganado algo importante: un lugar especial en el pequeño corazón de su hermana menor.

Barbara McCutcheon Crawford

Sólo pide

*La perseverancia es un gran elemento del éxito.
Si tocas una puerta por el tiempo suficiente y con
fuerza, de seguro vas a despertar a alguien.*

Henry Wadsworth Longfellow

No mucha gente se ha sentado junto a Miss América en
una cena, ni ha corrido con la antorcha olímpica, ni ha
recibido un diploma de parte de la primera dama Hillary
Clinton o ha salido en un artículo en la revista *People*. Esto
es exactamente lo que me sucedió a mí, un niño normal.
Una vez que leí un artículo sobre Stan, me convertí en un
niño "pro acción".

Debo empezar con las introducciones y créditos justos.
Un día, mientras leía el periódico, mi madre se topó con
un artículo sobre un hombre llamado Stan Curtis. Stan
tuvo la idea de alimentar a los pobres sin costo alguno.
Su plan era donar la comida sobrante de los restaurantes,
hospitales y cenas para recaudar donativos, a lugares tales
como refugios para los que no tienen hogar y comedores
para los pobres. Comenzó con una organización llamada
Harvest para desarrollar la idea. Mamá pensó que el artículo me gustaría y me lo pasó.

Después de leerlo, pensé en lo buena que era la idea y
que ya era hora de hacer algo útil con la comida que sobra. Tenía sentido y era una idea muy simple y lógica. En
ese tiempo yo estaba pensando en mi proyecto de *bar*

mitzvah, el cual, como parte de la religión judía, requiere que uno muestre responsabilidad por la comunidad. *¡Bravo! Esto puede ser justo lo que buscaba,* pensé. Decidí ser voluntario de Harvest en la sucursal local.

Lo que descubrí al llegar ahí es que los voluntarios no alimentan a los hambrientos. Sólo entregan la comida que sobra a los refugios y a las cocinas. Si quería ser voluntario, tenía que saber manejar. *¡Caray! ¡Apenas voy en sexto grado!* Me había topado con mi primer grave problema, pero pronto encontré una solución. ¡Puse a mis padres como voluntarios!

Cuando les conté mi idea, no se molestaron y accedieron a manejar. Mi trabajo era levantar cajas y cosas así. Me hacía sentir bien conmigo mismo ser un voluntario que ayudara a la gente hambrienta. Pensaba en otros lugares que pudieran donar comida cuando se me ocurrió una cosa. *Apuesto a que puedo conseguir que la cafetería de mi escuela done la comida que sobra.*

Al día siguiente fui a ver al director de la escuela. Decidí que no pasaría nada por sólo preguntar sobre la donación de comida de parte de la cafetería a la organización Harvest. El director dijo que le gustaba la idea pero que habría muchos problemas legales y complicaciones al involucrarse en un proyecto así.

—Además —me dijo—, no tengo la autoridad para comenzar un programa así.

Bien, pensé, *iré con su jefe y se lo pediré.*

Mamá me explicó que el jefe del director eran realmente un grupo de personas que formaban la junta escolar.

—Sería mejor comenzar por escribir cartas —me aconsejó.

Así que les escribí pidiéndoles su permiso para que la cafetería de mi escuela donara las sobras (como la leche envasada y otra comida que no se había tocado) a la organización Harvest. Incluí una hoja con información sobre la organización Harvest en cada carta. Les di una semana a los directivos para que lo pensaran y luego les llamé para contarles lo que quería hacer. No tenía idea de lo importantes que eran estas personas. Sólo sabía que quería que dijeran que sí, y eso significaba que me tenían que escuchar.

La mayoría de ellos me dijeron que les gustaba la idea, pero que tendría que venir a su siguiente junta y proponer la idea en persona. Así que, para preparar mi presentación, me adelanté a conocer el salón de juntas. ¡Quedé anonadado! Había cámaras de televisión, grandes luces, micrófonos, aparatos de alta tecnología. Parecía una sala de juzgado como las que había visto en la tele. Estaba impresionado. Corrí a mi casa para practicar mi conferencia. Estaba algo nervioso, pero sabía que si me esforzaba no me defraudarían.

Por fin llegó el día de la gran junta. Había practicado tanto que estaba relajado. Le hablé a los directivos como si estuviera hablando con mis padres. Mi última línea fue: "Hoy es el día de mi duodécimo cumpleaños, y mi mejor regalo sería que me dijeran que sí". El público en el cuarto se paró y me aplaudió por mucho tiempo. Se me hizo eterna la espera de la respuesta. Finalmente, el presidente anunció que habían aprobado mi propuesta. Ya que la junta representaba a todas las escuelas en el distrito, su aprobación fue que 92 de las 155 escuelas que representaba donarían la comida (algunas escuelas no tenían cafetería). ¡Noventa y dos escuelas!

Después de la reunión me explicaron que aunque la junta aprobaba el plan, podía llevar un año para que el programa se llevara a cabo. Se tendrían que desarrollar muchos detalles y cuestiones de tipo "cinta roja". No tenía idea de lo que significaba "cinta roja", pero pronto aprendí que es cuando las cosas se complican durante el proceso de llegar a ser un hecho.

El departamento de salud quería que las escuelas empacaran la comida en contenedores herméticos, y ni el distrito escolar ni la organización Harvest tenían el dinero para pagarlo. Pensé: *No hay problema, conseguiré a alguien que lo done.* Así que me puse a escribir cartas a los supermercados y a las compañías que fabrican contenedores de plástico, y todas menos una hicieron donaciones. Resultó ser que eso no era suficiente. Estaba a punto de intentar algo más cuando recibí una carta de la compañía Glad Lock. La carta tenía dos oraciones y decía: "Apreciamos su carta. Su encargo llegará en los próximos días".

—¿Encargo? —preguntó mi mamá, alzando las cejas—. ¿Qué quieren decir con encargo?

Su pregunta fue respondida unas horas después cuando un camión se detuvo frente a la casa y el chofer entregó no uno, ni dos, sino ocho cajas de contenedores.

Ahora que teníamos los contenedores, pensé que las cosas comenzarían a marchar. Contacté de nuevo a los directivos de la escuela y me sorprendí al descubrir que pensaban que el programa ya había empezado. ¡No! Me di cuenta de que si quieres lograr algo, aun cuando la gente dice que se está encargando de algo, tienes que mantenerte al tanto e involucrarte hasta que te cerciores de que ya se logró.

Finalmente se entregó la primera donación de comida sobrante de mi escuela a un refugio, y nos pidieron a mi madre y a mí que hiciéramos la entrega. Lo que pensé que tardaría tres semanas llevó casi un año para lograrse. Pero el programa ya estaba funcionando, ¡dos días antes de mi cumpleaños número trece!

Unas semanas después mi *bar mitzvah* se llevó a cabo. En vez de regalos, le pedí a la gente que hiciera donaciones a la organización Harvest. Más de 250 kilos de comida fueron donados a mi nombre. Un amigo de la familia que había comenzado la universidad y no tenía dinero para comprar un regalo, se ofreció de voluntario en un refugio en mi honor. Fue un regalo muy original que ayudó a mucha gente necesitada.

Durante mi trabajo en Harvest tuve la oportunidad de sentarme junto a Miss América en una cena para recaudar fondos. Decidí que sería divertido invitarla a mi *bar mitzvah*. Aunque no pudo venir a mi fiesta, envió un regalo y dejó un mensaje para mí en mi contestadora telefónica. Saqué la cinta de la máquina y se la enseñé a todos mis amigos. Presumía preguntándoles: "¿Alguna vez los llamó Miss América? ¡No lo creo!" Después del éxito del programa escolar, recibí una llamada de un locutor de radio local que sugirió divulgar mi idea por todo el estado. Pensé: *¿Por qué no?* Hasta ahora todo lo que tenía que hacer eran llamadas telefónicas, escribir cartas y dar uno que otro discurso para obtener resultados impresionantes. Así que contacté a uno de nuestros políticos locales y comencé de nuevo a trabajar.

Tenía que escribir una propuesta de ley a la Cámara de Representantes para que votaran, ya que tenía que cambiarse una ley para poder comenzar el programa por todo el estado. Mi hermana había tomado clases de organización de gobierno en la escuela, así que me ayudó. Quería que la propuesta entusiasmara a los restaurantes, escuelas y otros lugares que sirvieran comida para que donaran lo que sobraba a las organizaciones como Harvest. Demasiada comida acababa en los basureros.

Aunque la Cámara de Representantes aprobó la propuesta de ley, estamos todavía esperando a que la apruebe el Senado. Ya casi lo logramos. Sólo es cuestión de tiempo.

Recuerdo el día en que el director de la escuela me dijo que no se podía comenzar el proyecto. Si ahí me hubiera dado por vencido, nunca habría llegado hasta aquí. Aprendí que no tienes que ser adulto para lograr un cambio. De hecho, creo que el ser niño tiene sus ventajas: creo que tenía mucha fe en que esto funcionaría porque no he pasado por muchos fracasos en la vida. Simplemente esperaba que las cosas sucedieran si me concentraba. Aprendí a comenzar desde abajo y de ahí ir subiendo hasta que la respuesta fuera afirmativa.

Creo tan fuertemente en que sólo tienes que pedir, que cuando recibí un diploma en la Casa Blanca, aproveché para preguntarle a la primera dama Hillary Clinton qué hace con sus sobras. Puedo imaginarme lo que tendría yo que hacer para tener a la Casa Blanca en la lista de donantes. ¡Eso sí sería "cinta roja"!

David Levitt, 16 años

7

SUPERACIÓN DE OBSTÁCULOS

No seas cobarde, temeroso ni débil,
sé el último en resignarse, y el primero en
*   hablar.*
No escondas la cara de la luz del día,
sé valiente en la vida y mantente así,
no hay por qué huir de los problemas,
ten confianza en tus pasos mientras buscas
*   la manera de resolverlos.*
Y, si acaso caes, no te quedes ahí,
levántate sin pensarlo y lleva la cabeza
*   en alto,*
sé sabio, valiente, audaz y atrevido,
y valdrá la pena vivir la vida, desde que
*   naces hasta que mueres.*

Jereme Durkin

El abuelo aprende a leer

*El que deja de aprender está viejo, ya sea a los
veinte años o a los ochenta.
El que sigue aprendiendo se mantiene joven. Lo
mejor en la vida es mantener la mente joven.*

Henry Ford

Joey estaba sentado en la mesa de la cocina, leyendo la
página de deportes del periódico de la mañana. Escuchó
a su abuelo bajar por las escaleras. Cuando entró en la cocina, Joey notó que su abuelo no tenía la sonrisa que
acostumbraba.

—Buenos días, abuelo —dijo. Su abuelo se sentó frente
a Joey, con una mirada gris. No se puso a leer el periódico.
En cambio, preguntó:

—Joey, ¿pasa algo importante en el pueblo hoy?

—Hay un juego de beisbol esta noche entre la secundaria Doraville y mi escuela —contestó—. Va a estar reñido,
pero creo que ganaremos. ¿No quieres ir?

Joey sintió pena por su abuelo. Sabía que no podía leer.
Su abuelo a menudo le decía: "No tuve la oportunidad de
ir a la escuela regularmente. Tenía que cuidar a los animales y sembrar en el rancho, y en aquellos días eso era
más importante que ir a la escuela".

Joey siempre escuchaba cuidadosamente cuando su
abuelo le contaba lo orgulloso que estaba de haber
vivido en una granja. Le contaba cómo cuidar a los animales. Describía los viajes al mercado para vender los

productos de la granja. Joey podía ver lo ásperas que estaban las manos de su abuelo. Le decía orgullosamente a Joey cómo trabajaba desde que salía el sol hasta que se metía. Joey notó lo triste que se ponía al contar: "Me hubiera gustado ir más a la escuela, pero no tuve tiempo".

Un día el abuelo le preguntó a Joey:

—Joey, ¿vendrías conmigo al supermercado? Hay algunas cosas que necesito comprar —en la tienda, el abuelo de Joey caminaba por los pasillos, mirando los dibujos en las latas. Vio una lata sin dibujo:

—¿Qué hay en esa lata? —preguntó.

Joey, después de leer la etiqueta, dijo:

—Es una lata de sopa de pollo —su abuelo se acercó a las carnes, pero no podía leer los precios ni las etiquetas.

Finalmente el abuelo le dio a Joey la lista de compras y salió de la tienda.

—Te veo en el coche —le dijo. Joey observó a su abuelo mientras salía de la tienda, y pensó, *me gustaría ayudarlo, pero no sabría ni por dónde empezar. No tengo idea de cómo comenzar.*

El día siguiente era domingo. Joey y su abuelo siempre caminaban al pueblo ese día e iban a misa. Joey se paró en una librería a ver las novedades mientras el abuelo conversaba con viejos amigos que se encontraba. Le daba tristeza saber que su abuelo no podía ni leer las señales en la calle.

Al entrar en la librería, Joey vio un anuncio en la pared. Decía: "¿Conoce a alguien que no sepa leer? Podemos ayudar. Llame a este número".

Cuando su abuelo regresó a la librería, Joey le enseñó el anuncio.

—Alguien puede enseñarte a leer. Aquí lo dice —explicó Joey, apuntó el número, y regresaron a casa. Unos días después, el abuelo se puso su mejor traje para el primer día de escuela. Llegó a la librería una hora antes de su clase y se presentó con el maestro. Durante esa clase estuvo tan preocupado y nervioso que no pudo concentrarse. No podía recordar lo que decía el maestro.

Un día, unas semanas después, el abuelo se encontraba estudiando cuando miró a Joey y le dijo:

—Soy demasiado viejo para aprender esto —y cerró el libro. Se veía frustrado.

—Abuelo, no te desanimes —le dijo Joey.

El abuelo era terco.

—No puedo hacerlo —dijo.

—¿Qué tal si me dejas ayudarte? —preguntó Joey. El abuelo no quería parecer malagradecido, así que dijo:

—Gracias, Joey, estoy seguro que eso será de gran ayuda.

Estudiaron y trabajaron juntos en las lecciones del abuelo todos los días. Joey se encargó de los mandados para que el abuelo tuviera tiempo para estudiar. Le dijo que podía estudiar en su cuarto, donde estaría más tranquilo y donde el teléfono no lo interrumpiría.

Meses después, el abuelo llamó a Joey a su cuarto.

—Joey —le dijo—, acabo de recibir una carta de la tía Helen. Déjame leértela —mientras el abuelo leía, pronunciaba cada palabra con mucho cuidado, y le venían lágrimas a los ojos.

Cuando el abuelo terminó de leer la carta, Joey también estaba llorando. Se sentía tan orgulloso de que su abuelo había superado un obstáculo de toda la vida que su pecho estaba a punto de estallar de alegría.

El abuelo miró a Joey con los ojos llorosos.

—Abuelo —dijo Joey, sonriendo—, ¡hiciste un gran trabajo! Estoy muy orgulloso de ti —el abuelo devolvió la sonrisa y era tan abierta que Joey sabía que estaba también orgulloso de sí mismo.

Karen Beth Luckett

Todo bajo control

Tenía seis años cuando comenzó todo: me diagnosticaron T.A./L.A. Esto significa que tengo trastornos de atención y lento aprendizaje. Es un gran problema para alguien tan joven. La gente no estaba segura de cómo iba a responder, y lo hice bastante mal. No quería estar sentado en clase. Recuerdo que las maestras no me dejaban en paz. En la clase me costaba trabajo entender lo que decía la maestra. Hacía la tarea desde la hora de la cena hasta que me iba a dormir a la misma hora que mis padres. Para mí era muy difícil hacer la tarea porque ni la entendía. Me frustraba, y mis padres se enojaban.

En la escuela pasaba más tiempo en la oficina del director que en clase. La maestra me preguntaba *por qué* no entendía algo, y yo gritaba: "¡Qué te importa!" porque me daba pena no entender. Luego la maestra me mandaba a la oficina del director. Finalmente comencé a mejorar, pero seguí con problemas durante toda la primaria.

Cuando llegué a la secundaria mi comportamiento era realmente malo. Mis peores recuerdos son en el autobús de la escuela rumbo a mi casa. Recuerdo que un día me bajé del autobús, me despedí del conductor, y mientras éste se alejó, dos niños comenzaron a golpearme. Traté de defenderme y, al mismo tiempo, traté de llamar al autobús. Recuerdo que me sentí muy solo. Caminé a casa con un ojo morado y la cara hinchada.

Recuerdo también que un día insulté a un niño que era más grande que yo. Estaba defendiendo a mi hermano.

Insulté a la familia del niño. Me golpeó y me acusó de decirle groserías. Me suspendieron por dos días. Los niños de mi vecindario eran muy groseros y odiosos, y me ponían nombres como "gordo" y "perdedor". Esto me dolía porque dentro de mí sentía que sí era un gordo y un perdedor.

Creía que era un fracaso, pero me educaron para creer que eres un fracaso sólo si tú lo crees. Yo no quería ser un fracaso.

Cuando llegué finalmente a primero de secundaria, estaba sacando seises y cincos y me suspendían todo el tiempo. Siempre alborotaba a la clase tirando ligas y escupiendo al pizarrón. Recuerdo que golpeé a un niño por llamarme "niño gordo". Me suspendieron por tres días. Durante esos tres días alboroté a los niños en suspensión burlándome de lo que hacía el maestro e imitándolo. Por todo esto me suspendieron unas cuantas veces más.

Mis padres comenzaron a buscar otras escuelas que pudieran ayudarme a aprender mejor. Fue entonces cuando se toparon con Knollwood, una escuela para estudiantes especiales. Me inscribieron el año pasado. ¡Es grandiosa! Ahora sé que siempre habrá gente a la que le importan los otros, ya sean padres o maestros. Siempre van a ayudar. Pero tú tienes que querer mejorar para tener éxito, pues de otra forma no importa cuánto te ayuden. Finalmente me di cuenta de que podía cambiar. Puedo probar que John Troxler puede llegar muy lejos.

Ya no saco cinco o seis. Saco dieces, nueves y ochos. Estoy terminando el octavo año y utilizando un libro de ciencias sociales de décimo año. También sobresalgo en otras materias. Aunque aún tengo problemas, siento que mi regreso a una escuela normal será pronto. Con la ayuda de mis maestros voy a estar listo para la preparatoria. Tardé siete años en admitir que el trastorno de atención y el lento aprendizaje son discapacidades que siempre tendré, pero puedo y seré exitoso y controlado. ¡Todo depende de mí!

John D. Troxler, 14 años

El arenero

Espero vivir solamente una vida. Entonces, si hay algo de bondad que pueda mostrar, o algo bueno que pueda hacer por alguien, déjenme llevarlo a cabo ahora, sin demora ni descuido, ya que no volveré a pasar por aquí.

William Penn

Una vez, cuando tenía cinco años, fui a un parque local con mi mamá. Mientras jugaba en el arenero, vi a un niño de mi edad en silla de ruedas. Me acerqué a él y le pregunté si podía jugar. Ya que tenía sólo cinco años, no entendía por qué el niño no entraba en el arenero y jugaba conmigo. Me dijo que no podía. Hablé con él por un rato más, luego tomé mi cubeta, recogí toda la arena que pude y la puse en sus piernas. Después agarré unos juguetes y también los puse en sus piernas.

Mi mamá corrió hacia mí y dijo: "¿Lucas, por qué hiciste eso?"

La miré y le dije: "Él no podía jugar en el arenero conmigo, así que le traje la arena. Ahora podemos jugar juntos en la arena".

Lucas Parker, 11 años

¡Qué año!

Apláudenos cuando corremos,
consuélanos cuando nos caemos,
anímanos cuando nos recuperamos...

Edmund Burke

"¿Por qué usas esos pantalones tan grandes?", se burlaban los niños del autobús. En mis actividades de la tarde en la YMCA los niños eran igualmente crueles. Me dolían tanto sus comentarios, que no sabía cómo contestar. Cuando tenía 9 años pesaba alrededor de 57 kilos, ¡Mucho más que las mayoría de los niños de la escuela! Pensaba que yo era un niño normal. Pero de acuerdo con muchos niños de la escuela, yo era un don nadie. Tenía amigos aquí y allá, amigos que comenzaron a desaparecer. Me interesaba más leer un buen libro, escribir y las tareas de la escuela en general. Saqué las mejores calificaciones en mi grupo de cuarto grado. Pero no encajaba y no me aceptaban socialmente porque no me interesaban los deportes como a los demás niños, y además estaba gordo.

Mi único amigo, Conner, me defendía diciendo: "¿Cómo pueden juzgar a alguien que ni siquiera conocen?" Conner tenía fuertes altercados con los niños que se burlaban de él. Tenía un problema de tartamudez que se convirtió en el blanco de las bromas.

Las bromas se volvieron tan pesadas que a diario, después de la escuela, yo llegaba a casa llorando o mentalmente destruido. También era un perfeccionista en lo que se refiere a tareas y otros intereses, así como en lograr metas que me ponía a mí mismo. No podía soportar que estaba perdiendo amigos por no poder aguantar más las bromas.

Decidí matarme de hambre. Pensé que si podía controlar mis hábitos de alimentación cambiaría mi apariencia física y no me molestarían más. Comencé a verificar las calorías en las etiquetas de todo lo que comía. Si podía, me saltaba las comidas. Lo único que comía en un día era una ensalada. Mis papás no se daban cuenta de mi plan ya que mi lonchera estaba vacía y mi cereal a medio comer. En la cena inventaba que había comido mucho, así que sólo tenía que dar unos cuantos bocados o a veces nada. Cuando era posible, inventaba maneras de deshacerme de la comida. Tiraba la mayor parte de la comida en la basura o la escondía en servilletas. Con frecuencia convencía a mis padres de que me dejaran hacer mi tarea mientras cenaba para poder tirar la comida sin que ellos se dieran cuenta. Estaba involucrado en una competencia conmigo mismo y estaba dispuesto a ganar.

Entonces comenzaron las enfermedades y los dolores de cabeza. Semana tras semana me daba gripe y horribles dolores de cabeza. Mi ropa ya no me quedaba, y en poco tiempo ya estaba tan flaco que no pude usar la ropa nueva que mi mamá había comprado.

Fue en ese momento cuando mis padres se dieron cuenta de que tenía un desorden alimenticio y me llevaron al doctor. Pesaba solamente 40 kilos. El doctor me dijo lo peligroso que era este desorden para la salud de una persona. Supe que estaba privando a mi cuerpo de las vitaminas y nutrientes que necesita para funcionar normalmente. Si seguía con este comportamiento, me podía enfermar gravemente y hasta morir.

El doctor y mis padres me ayudaron a ponerme nuevas metas más saludables. Fui a ver a un consejero, comencé un programa de ejercicios con pesas y decidí practicar deportes.

Mi mamá escuchó acerca de unas sesiones de invierno sobre un deporte llamado *lacrosse* que me ayudarían a aprender sobre el juego antes de competir en él. *El lacrosse* es muy conocido en donde vivo, pero nunca antes había intentado ir. Después de las primeras sesiones no quería regresar. No dominaba el juego en los primeros intentos, así que el perfeccionista que hay en mí no soportaba no poder tomar el control, pero seguí yendo y finalmente comencé a sentirme mejor y mejor después de estar en la cancha. Ya le estaba tomando sabor al juego y me gustaba. *El lacrosse* me dio, y aún me da, confianza en mí mismo. Es también un gran ejercicio y me ayuda a mantenerme sano. Un año después jugaba tan bien que me escogieron para estar en un equipo de niños con más experiencia que yo. Hice nuevos amigos con los niños de mi equipo y ellos no me molestan. Me respetan por trabajar tan duro en el juego y por esto puedo jugar a su nivel.

Han pasado tres años desde que comencé el cuarto grado, cuando mi vida comenzó a desbaratarse. ¡Qué año! He aprendido a encontrar mi autoestima en las cosas que me hacen especial y no en lo que otros dicen o no dicen de mí. Todavía soy el mismo perfeccionista que nací para ser, pero sé cuándo debo dejar de presionarme tanto. Me concentro en la perfección cuando verdaderamente importa. Todavía saco buenas calificaciones y me encanta leer y escribir. He descubierto nuevos intereses como tocar la batería, jugar futbol y tenis. Planeo jugar baloncesto en la siguiente temporada.

Tratar de cambiar totalmente mi apariencia física no me llevó a la felicidad. Aprendí que "la belleza está debajo de la piel", y lo que está adentro es lo que cuenta. Involucrarme con cosas que disfruto ha ayudado a mi autoestima. Y he hecho amigos que me quieren por lo que soy; no por cómo me veo.

Robert Diehl, 12 años

Querido Dios, soy Charles

Un hombre, como regla general, le debe poco a eso con lo que nace. Un hombre es lo que hace de sí mismo.

Alexander Graham Bell

Querido Dios:

Soy Charles. Acabo de cumplir doce años el otro día. Por si no te has dado cuenta, estoy escribiendo esta carta en la computadora. A veces es difícil para mí escribir, como ya lo sabes. Es esta cosa llamada disgrafia. También tengo trastorno de atención; con frecuencia la incapacidad de aprendizaje va de la mano con el T.A. Mi coeficiente intelectual es de 140, pero si calificaras mi letra manuscrita, pensarías que soy retrasado.

Nunca he podido agarrar un lápiz en la forma correcta. Nunca he podido colorear sin salirme de las rayas. Cada vez que trato, mi mano se entumece y las letras salen mal; las líneas salen demasiado fuertes, y acabo manchándome las manos con el marcador. Nadie quería que yo calificara sus papeles, porque luego no podían leerlos. Keith podía, pero ya se cambió.

Mi cerebro no capta lo que hace mi mano. Puedo sentir el lápiz, pero el mensaje no llega correctamente. Tengo que agarrar el lápiz con más fuerza para que mi cerebro sepa que lo tengo en mi mano.

Es más fácil para mí explicar las cosas contándolas que escribiéndolas. Soy muy bueno dictando, pero mis maestras no siempre me dejan. Si se me pide escribir un ensayo sobre mi viaje a Washington y a Filadelfia, es como un castigo. Pero si lo puedo dictar, o simplemente pararme y hablar sobre él, puedo contarle a todos lo impresionante que es ver la Declaración de la Independencia en los Archivos Nacionales o sentir el patriotismo que me llenó al estar parado en el cuarto donde nuestros padres fundadores debatieron los temas de la libertad.

Si me calificaran en arte, seguramente reprobaría. Hay muchas cosas que puedo ver en mi mente, pero mis manos no las dibujan de la manera en que las veo. Está bien. No me estoy quejando. Estoy saliendo adelante. Verás, me diste una mente increíble y un gran sentido del humor. Soy muy bueno para resolver muchas cosas y me encanta debatir. Tenemos grandes discusiones sobre la Biblia en clase, y allí es donde realmente sobresalgo.

Cuando crezca quiero ser abogado, de hecho, un abogado penal. Sé que sería bueno en eso. Estaría bajo mi responsabilidad investigar sobre el crimen, examinar la evidencia y presentar un caso con honestidad.

Me has contado que me hiciste especial cuando dijiste que fui hecho grandiosa y temerariamente. Me has asegurado que verás a través de mí, y que tienes planes para darme un futuro y esperanza.

Mis padres quieren ayudarme, así que me compraron una computadora para llevarla a la escuela. ¡Este año mi maestra es de lo mejor! Me permite hacer casi toda la tarea en computadora. Tenemos que entregar un libro de historietas cada viernes. ¿Y qué crees? Me dejan usar los dibujos de la computadora para el trabajo artístico. Por primera vez le puedo enseñar a todos lo que está en mi mente.

Señor, esta es una carta de agradecimiento, para hacerte saber que me está yendo bien. La vida es dura a veces, pero, ¿sabes qué?, he aceptado el reto. Tengo fe de verme superando todo. Gracias por hacerme como soy. Gracias por amarme incondicionalmente. Gracias por todo.

Estoy a tu servicio,
Charles

Charles Inglehart, 12 años

Missy y yo

Cuando nos mudamos a Oklahoma le vendí mi bici a una amiga de mi grupo de sexto grado. Cuando nos instaláramos, planeaba comprarme una nueva en California, pero eso nunca pasó. La casa que compramos en San Diego estaba cerca de una carretera muy transitada, fuera de la ciudad, y no se me permitía andar en bicicleta por ahí aunque quisiera.

Gasté el dinero que iba a usar para la bici en Missy, una perrita *cocker spaniel* café. Los demás cachorros en la tienda estaban unos encima de los otros, pero Missy se dirigió hacia mí y me lamió la mano con su lengua rosa. Cuando la cargué, me miró con sus ojos grandes y tristes, y ya me había ganado.

Extrañaba a mis amigas en Oklahoma. Les escribía a todas cada semana. Los niños de mi escuela se burlaban de mi acento sureño. Una pelirroja llamada Melissa me imitaba cada vez que hablaba. Se lucía discutiendo con el chofer del autobús y diciendo groserías. Cuando oí que el chofer la llamó *missy,* quise cambiarle el nombre a mi perra.

En esos días mi única amiga era mi perra. Pasaba horas entrenándola y peinando su hermoso y ondulado pelo. En pocas semanas ya estaba entrenada. En la mañana me lamía la cara para que yo supiera que ya estaba despierta y que quería salir a jugar.

Una mañana, cuando mi perra tenía seis meses de edad, me estaba vistiendo para ir a la escuela cuando oí un frenazo y un aullido. Corrí a la cochera y vi el cuerpo de Missy tirado en la acera.

—¡Atropelló a mi perro!, le grité al conductor. Cargué el cuerpo sin vida de Missy—. ¡Despierta, despierta! —le gritaba.

Mis padres le agradecieron al hombre por haberse detenido.

—El perro salió de la nada —dijo—. Traté de frenar.

Sabía que decía la verdad, pero yo seguía llorando. Llevé a Missy adentro de la casa y la envolví en su sábana favorita. La mecí y lloré esperando a que despertara, pero nunca lo hizo.

Antes de que papá saliera a trabajar, hicimos una pequeña tumba y la enterramos. Los tres nos agarramos de las manos y mi padre le dio gracias a Dios por habernos dado a Missy. Luego le rezó a Dios, pidiéndole que me mandara nuevos amigos aquí en California. Mi papá termino de rezar agradeciéndole a Dios por la alegría que Missy me había dado. Pero yo no estaba agradecida. Los pensamientos giraban dentro de mi cabeza. *¿Por qué Dios no la protegió? ¿Por qué no impidió que corriera hacia la carretera? Sabía lo sola que yo estaba. ¿Por qué se había llevado a mi única amiga?*

Durante semanas lloré en las noches. Despertaba cada mañana a la pesadilla que era mi realidad: Missy se había ido. Las clases, los maestros y las tareas pasaban inadvertidas ante mis lágrimas. Traté de concentrarme en mi tarea, pero sólo podía pensar en Missy. Mis padres me preguntaron que si quería otro perro, pero yo no quería cualquier perro. Yo quería a Missy. Ya nada me importaba.

Un día mi maestra de gimnasia me dio un pase y me dijo que fuera a la oficina de la subdirectora. *Debo estar en problemas si me están mandando a la oficina de la señorita Stevens*, pensé.

La señorita Stevens me dijo que me sentara. Con una voz suave, me dijo:

—Debes preguntarte por qué te llamé. Tus maestros están preocupados por ti. Te han visto llorando en clase. ¿Quieres hablar de eso?

Comencé a llorar tanto que no podía hablar. Me dio una

caja de pañuelos desechables. Finalmente dije:
—Atropellaron a mi perra —hablamos durante todo el periodo de la clase de gimnasia. Cuando tocó la campana, la señorita Stevens me dio un pequeño cuaderno.
—A veces es bueno escribir lo que sientes —me dijo—. Sé honesta. No tienes que enseñárselo a nadie, es para ti. Puede ayudarte a decidir lo que estás aprendiendo sobre la vida y la muerte—. Sonrió y me acompañó a la puerta con su brazo sobre mi hombro.

Durante la semana siguiente hice lo que me dijo, saqué toda mi tristeza y mi enojo. Le escribí a Dios sobre mi enojo al dejar morir a Missy. Les escribí a mis padres quejándome de este lugar. Le escribí a Melissa y a los niños que hirieron mis sentimientos. Hasta le escribí a Missy: "Te quería mucho. ¿Por qué fuiste tan tonta? ¡Te enseñé a no acercarte a la carretera! Ahora te has ido para siempre. Para siempre. Las cosas nunca volverán a ser iguales. Nunca".

Cuando ya no podía escribir más, cerré mi cuaderno y lloré. Lloré y lloré. Lloré porque las cosas ya no serían como antes, porque Missy no regresaría y porque sabía que no íbamos a regresar a Oklahoma. Cuando terminé de llorar, no había nada más que hacer. Decidí que tendría que salir de esto.

Fue difícil, pero la muerte de Missy me ayudó a crecer ese año. Dios respondió a la petición de mi padre y me dio nuevos amigos. Finalmente dejé de extrañar a mis ex compañeros. Ocupé mi tiempo con actividades y con la escuela en vez de pensar en lo pasado. Me sorprendí de lo especiales que se volvieron mis nuevos amigos, así como los que había dejado en Oklahoma. Mi corazón comenzaba a curarse.

Aunque todavía creo que ningún perro podrá tomar el lugar de Missy, tal vez deje que uno de estos días mis papás me compren un perro nuevo. Tal vez.

Glenda Palmer

El milagro de la vida

Los riesgos enfrentados con valor te dan vida; te ayudan a crecer, te hacen más fuerte y mejor de lo que crees ser.

Joan L. Curcio

Nunca supe lo valiosa que era la vida hasta que casi pierdo a mi hermano pequeño. Todo comenzó cuando él se enfermó. Yo tenía nueve años, y él apenas nueve meses. Mi mamá pensó que era una infección de oído porque siempre se tocaba la oreja. El primer doctor que lo vio nos dijo que era una infección de oído. Después de una semana seguía agarrándose la oreja. Mi mamá lo llevó con otro doctor para tener una segunda opinión. Le hicieron pruebas de sangre. El doctor sabía que había que internarlo en el hospital lo más pronto posible. Mamá, papá y mi hermano se fueron al hospital en una ambulancia.

Al principio los doctores no sabían qué tenía mal. Unos días después descubrieron que tenía un tipo de cáncer en los huesos. Mis padres se quedaron con mi hermano las primeras semanas. Después se turnaban: mamá se quedaba con mi hermano mientras papá venía a la casa a vernos a mis hermanas y a mí. Era difícil no poder ver a mi mamá, aunque yo iba al hospital una vez a la semana.

Los doctores intentaron curarlo con quimioterapia. Sí ayudó, pero mi hermano perdió el cabello. Después necesitó un transplante de médula ósea. Teníamos que encontrar a un donante, así que nos hicieron pruebas a mí y a mi familia. Me sentí asustada de que me inyectaran. Mis hermanas y yo lloramos. Pero se nos pasó rápidamente, y no nos dolió tanto como pensamos.

Unas semanas después se descubrió que una de mis hermanas y yo podíamos donarle a mi hermano. Mis padres tenían que escoger cuál de nosotras sería la donante. Después de pensarlo por mucho tiempo, me escogieron a mí porque era la mayor. Estaba emocionada y aterrada al mismo tiempo, pero sabía que esto podía salvarle la vida.

Llevaron a mi hermano al Hospital Duke. Estaba en una unidad de diez niños con alguna enfermedad. Dos semanas después fui al Hospital Duke a hacer el transplante. Los doctores me explicaron cómo iba a ser la operación. No estuve asustada sino hasta el día siguiente, cuando desperté a las cinco de la mañana. Tenía que estar en el hospital a las seis de la mañana. Cuando llegué, me pusieron una bata. Después mi mamá y yo entramos en la sala de operaciones con los doctores. Me taparon el rostro y en diez segundos ya estaba dormida.

Cuando desperté había un tubo adherido al dorso de mi mano, por el cual me administraban líquidos para que no me deshidratara. Quería saber cómo estaba mi hermano. Mi mamá me dijo que le estaban haciendo el transplante en ese momento.

Dos horas después de despertarme, lo fui a ver. Estaba dormido y papá lo estaba cargando. Toda la médula ósea que le había donado estaba en él. Todos esperaban y rezaban para que le funcionara.

Un mes y medio después mamá llegó a casa. Mi hermano estaba bien. Todavía debíamos tener cuidado de que no fuera a enfermarse. Tampoco podía estar en el sol, y al cargarlo debíamos usar máscaras quirúrgicas.

Ahora, dos años después, mi hermano está muy bien. Está lleno de vida y de energía. Siempre está haciendo algo. Tenemos que cuidarlo y asegurarnos que no sea demasiado curioso.

Esta experiencia me ha enseñado que lo que tienes que hacer es creer. Tienes que creer que va a pasar lo mejor. También necesitas ser fuerte en todo momento. ¡Eso hace a un héroe verdadero!

Lacy Richardson, 12 años

8

SOBRE LAS ELECCIONES

Puedo superar mis temores,
puedo comprar para los hambrientos,
puedo ayudar a parar la contaminación,
puedo darles a los pobres,
puedo ser lo que quiera,
puedo usar mi cabeza,
puedo aconsejar,
puedo recibir,
puedo comportarme,
puedo escuchar,
puedo pensar,
puedo enseñar,
puedo saber,
puedo dar,
puedo sentir,
puedo ver,
puedo.

Kendra Batch, 12 años

La tienda Goodwill

No desobedeceré a mi conciencia para seguir las modas de este año.

Lillian Hellman

Annie se recostó en el casillero y suspiró. ¡Qué día! ¡Qué desastre! Este año escolar no había comenzado como ella quería.

Claro que Annie no había contado con la niña nueva, Kristen. Y definitivamente no había contado con que la niña nueva trajera la misma falda que Annie debía traer puesta.

No era cualquier falda. Annie había sido niñera de tres hermanos tremendos durante el verano para comprar esa falda y una blusa de marca. Cuando las vio en la revista *Teen,* Annie supo que estaban hechas para ella. Se dirigió de inmediato al teléfono y llamó al número 800 para pedir información sobre la tienda más cercana a ella.

Con el precio y la revista en mano, estaba dispuesta a convencer a su madre.

—Está hermosa, hija —le dijo su madre—. Pero no es lógico que gastes la misma cantidad de dinero para un solo conjunto que para la ropa que te compro en un año.

Esto no sorprendía a Annie, pero de todas formas estaba decepcionada.

—Bueno, si es tan importante, podemos comprarlo a plazos —le dijo su mamá—. Pero tú tendrás que pagarlo.

Así lo hizo. Cada viernes Annie tomaba el dinero que ganaba cuidando niños y hacía un pago. Finalmente pudo comprarse el conjunto y corrió a su casa para probárselo. Había llegado la hora de la verdad y tenía miedo de verse. Se paró frente al espejo con los ojos cerrados. Contó hasta tres y los abrió. Era perfecto. Viéndolo de lado, de frente y hasta por atrás era perfecto. Caminó, se sentó y dio vueltas. Practicó agradecerle a la gente cuando le dijeran que estaba increíble para que sus amigas no pensaran que era una presumida.

Al día siguiente, Annie y su mamá arreglaron su cuarto. Lavaron y plancharon las colchas y cortinas, y pasaron la aspiradora por detrás y por debajo de todo.

Después buscaron ropa que ya no usaban para regalarla. A Annie le chocaba todo el trabajo que tenían que hacer, lavar, planchar y guardar en cajas. Dejaron las cajas en la tienda Goodwill y se dirigieron a casa de la abuela para pasar el fin de semana.

Al llegar a casa el domingo en la noche, Annie corrió a su cuarto. Todo tenía que estar perfecto para su gran entrada al día siguiente en al escuela.

Abrió el armario y sacó su blusa y su... y su... ¿falda? No estaba ahí. *¡Tiene que estar aquí!* Pero no estaba.

—¡Papá! ¡Mamá! —la búsqueda de Annie era desesperante. Sus padres entraron corriendo. Por todos lados había ropa y ganchos tirados.

—¡Mi falda! ¡No esta aquí! —Annie tenía la blusa en una mano y un gancho vacío en la otra.

—Annie —dijo su papá, tratando de calmarla—, tu falda no se fue caminando. La encontraremos —pero no la encontraron. Durante dos horas buscaron en los armarios, en los cajones, en el cuarto de lavado, bajo la cama y sobre ella. Simplemente no estaba ahí.

Annie se sentó esa noche sobre su cama, tratando de pensar qué había pasado.

Al despertar la mañana siguiente, se sentía cansada y de mal humor. Sacó de su armario algo —lo que fuera— para ponerse. Ya nada podía ser tan bueno como sus sueños de verano.

En el casillero de su escuela fue donde se confundió aún más.

—¿Tú eres Annie, verdad? —dijo una voz detrás de ella. Annie volteó a ver quién le hablaba. Se quedó anonadada. *Esa es mi falda. ¡Esa es mi falda! ¿Esa es mi falda?*

—Yo soy Kristen. El director me asignó el casillero junto al tuyo. Pensó que ya que vivimos en la misma cuadra y yo soy nueva aquí, podrías enseñarme la escuela —su voz se desvaneció. Annie sólo miraba, *¿Cómo...? ¿Dónde...? ¿Esa es mi...?*

Kristen se veía incómoda.

—No tienes que hacerlo. Le dije que no nos conocíamos todavía. Sólo nos hemos visto en la calle.

Eso era cierto. Annie y Kristen se habían visto en la calle, cuando Annie regresaba de su trabajo de niñera y Kristen de su trabajo en el restaurante de comida rápida, oliendo a grasa y a cebolla. Annie trató de poner atención a las palabras de Kristen.

—Claro. Me va a dar gusto enseñarte la escuela —dijo Annie, nada contenta. Durante el día sus amigas se acercaban a Kristen y admiraban la falda mientras Annie sonreía falsamente.

Y ahora Annie estaba esperando a Kristen para caminar con ella a casa y poner las cosas en claro. Charlaron todo el camino hasta la casa de Annie, cuando por fin se armó de valor para hacer la gran pregunta:

—¿Dónde compraste tu falda, Kristen?

—¿No es hermosa? Mi mamá y yo la vimos en una revista mientras esperábamos en la oficina del doctor.

—Ah, entonces te la compró tu mamá.

—Bueno, no —Kristen bajó la voz—. Hemos pasado por tiempos difíciles últimamente. Mi papá perdió su trabajo y

mi abuela se enfermó. Nos mudamos aquí para cuidar de
ella mientras papá buscaba trabajo.

Todo eso pasó inadvertido para Annie.

—Entonces ahorraste mucho dinero.

Kristen se sonrojó.

—Ahorré todo mi dinero y se lo di a mi mamá para que
comprara ropa para mis hermanos.

Annie no podía aguantar más.

—¿Dónde compraste tu falda?

Kristen tartamudeó.

—Mamá la encontró en una caja en la tienda Goodwill
donde la gente deja la ropa para los pobres. Mi mamá vio
que era la misma falda de la revista, estaba nueva y aún
tenía las etiquetas —Kristen miró hacia arriba.

¿En Goodwill? ¿Nueva? Finalmente las piezas del rom-
pecabezas comenzaban a encajar.

Kristen sonrió y su rostro brilló.

—Mi mamá supo que era para mí. Supo que era un regalo de Dios.

—Kristen, yo —Annie se detuvo. Esto no iba a ser nada
fácil—. Kristen —Annie intentó de nuevo—, ¿puedo decirte algo?

—Claro. Lo que quieras.

—Kristen —Annie respiró profundamente. Pensó por un
momento. Luego sonrió y dijo—: ¿Puedes subir a mi cuarto? Creo que tengo una blusa que se vería muy bien con
esa falda.

Cynthia M. Hamond

El mejor pie adelante

El destino no es cuestión de suerte, sino de elección. No es algo que debe esperarse, es algo que debe lograrse.

William Jennings Bryan

Podía sentir el sudor caer por mi espalda, justo entre los hombros. Ahí estaba yo, bajo el sol ardiente, mientras los capitanes escogían a sus equipos durante un partido de beisbol en el recreo en cuarto grado.

Quedábamos solamente cuatro.

—Elijo a Sandy —dijo uno de los capitanes.

—David —dijo el otro. Las palmas de mis manos comenzaron a sudar.

—Rachel —mi ánimo desapareció.

—Está bien... escojo a Kathy —estaba segura de que todos me estaban mirando... la flaca Kathy, con sus flacas piernas y sus flacos brazos; Kathy, a la que nadie quería en su equipo. Quería esconderme bajo una roca. Me habían humillado... de nuevo.

Era una tonta para la mayoría de los niños de la escuela. Era tímida, callada, esquelética... y me daba miedo hacer amigos.

En casa con mis padres siempre me sentía bien conmigo misma. Mis papás eran personas trabajadoras que me amaban, me apoyaban y creían en mis capacidades. Me enseñaron a alcanzar mis metas sin importar cuáles fueran.

En el kínder, me habían invitado a una fiesta de cumpleaños. Quería comprarle un muy buen regalo a la niña que me había invitado, y mis padres me dijeron que trabajara para ganar el dinero y comprarle el obsequio a la niña. Mi papá me dijo:

—Kathy, tienes dos brazos, dos piernas y un cerebro. Si quieres dinero extra, puedes ganártelo por ti misma.

Ya que mis padres creían tanto en mí, yo también creía en mí. Para ganar dinero, pintaba piedras y las vendía en el vecindario, vendí frutas y verduras de nuestro jardín, e hice trabajo de jardinería para los vecinos. Aunque era muy pequeña, comprar un regalo a alguien con el dinero que yo me había ganado me hacía sentir poderosa.

Al entrar a cuarto grado, ganaba el suficiente dinero para comprarme mi ropa y mis juguetes, y todos los dulces y golosinas que se me antojaban del carrito de dulces.

Sin embargo, eso era en casa. Cuando llegaba a la escuela, me sentía torpe e incómoda. Para los niños de la escuela yo era solamente una niña flaca y tonta que no sabía jugar beisbol. Más que nada, quería sentirme igual de capaz y exitosa que en mi casa. Y quería tener amigos... pero nadie jugaba conmigo.

Una tarde, casi al final de cuarto grado, mi maestra, la señora Sween, me pidió quedarme unos minutos después de clases.

Cuando me senté frente a su escritorio comenzó a hablarme.

—He notado que no estás con los compañeros en el recreo, Kathy.

—Ellos no quieren jugar conmigo señora Sween —le contesté.

—¿Crees que eso es su culpa? —me preguntó—. Si es así, tengo noticias para ti. No es eso. Es tu culpa. Si crees que hacer amigos es responsabilidad de alguien más, estás equivocada. Ellos no van a acercarse a ti, tú debes acercarte a ellos.

Bajé la vista y sentí lágrimas en los ojos.

—Mírame, Kathy —miré a la señora Sween.

—Sé que eres una niña maravillosa. ¿Pero cómo van a saberlo los demás si no les das una oportunidad? Tú tienes que hacer el esfuerzo, tienes que ser amigable y hablar con los demás. Que no te encierre tu timidez. ¡Arriésgate! Sé amistosa y harás un amigo.

No recuerdo exactamente cómo logré salir del salón de clases ese día. Pero recuerdo que estaba acostada en mi cuarto esa noche, pensando en las cosas que me había dicho la señora Sween. Había hablado conmigo como lo hacían mis padres: como a una igual, no como a una niña. Algo se me grabó esa noche y cambió mi vida. Tomé una decisión. Decidí ser feliz, llevar una vida feliz. Nadie más podía hacerlo por mí; lo tenía que hacer yo misma.

En el verano me puse a ver el beisbol. Y me refiero a que realmente lo observaba. Lo veía en televisión; lo veía en la calle donde vivía. Estudiaba los movimientos de los jugadores, cómo sujetaban el bate, y qué hacían para mejorar el juego. Copiaba todo lo que hacían los mejores jugadores. Y me volví buena en beisbol.

Cuando comenzó la escuela al año siguiente, me impresioné al ver que no había sido la última que escogían, ¡sino la primera! Me había costado aprender a jugar bien, y ahora los equipos me querían. No sólo eso, sino que fue más fácil hacer amigos porque tenía confianza en mí misma. Claro, todavía era la flaca Kathy, pero ahora tenía amigos con los cuales reírme y compartir mis historias. Aprendí a tener fe en mí misma y supe que Dios no comete errores. Me convertí en lo que quería ser porque tomé una decisión y puse el mejor pie adelante.

Tiempo después cuando comencé la carrera de modelo, me di cuenta que no todos los adultos eran como mis padres ni como la señora Sween. Me entristeció ver cómo la gente grande se aprovechaba de algunas niñas. Mis padres y la señora Sween querían lo mejor para mí, pero había gente en el mundo del modelaje que sólo quería lo mejor para sí misma, sin importarles a quién lastimaban en el proceso de conseguir lo que querían.

Yo nunca me coloqué en una posición comprometedora, nunca tuve que desnudarme para convertirme en modelo profesional; decía no y era en serio. Nadie iba a decirme cómo debía llevar mi vida; si creía que no era bueno para mí hacer algo, no lo hacía.

He tenido suerte de tener la fe y el amor de mi familia que me apoya. Otras niñas que me rodean en la profesión de modelo no tuvieron lo que yo tuve: gente como mis padres y como la señora Sween para impulsarme. Ellas se han autodestruido y han sido vulnerables ante la gente mala. Yo he dejado trabajos de modelaje cuando sentía que algo no estaba bien. Mi autoestima me dio la libertad de hacer eso. Siempre supe que si no salía bien un trabajo, había muchos más para mí. Podía hacer lo que fuera si me lo proponía, y si tomaba una decisión para sobresalir.

Todo lo que he tenido que hacer es dar un paso... con el mejor pie adelante.

Kathy Ireland

Entender

*Descubrí que siempre tendré que hacer eleccio-
nes, y hay veces que sólo es cuestión de elegir la
actitud correcta.*

Judith M. Knowlton

Mi amigo Jervais se apagaba lentamente. Era un niño de mi
clase de ciencias a quien le habían quitado un tumor cerebral.
Nadie le hacía mucho caso, ni le importaba, pero yo siempre me
preguntaba qué sentía él y por qué había pasado.

Yo estaba viviendo una etapa de depresión. Tenía muchos problemas familiares y mi autoestima estaba en el
piso. Me odiaba a mí misma, no tengo idea por qué. Bro-
meaba con mis amigas sobre la muerte y algunas veces hasta mencionaba que me iba a suicidar. Todo lo que quería era
ir a un lugar donde ya no sintiera dolor ni tristeza.

Un día noté que Jervais había faltado varios días a clases.
Dos días después, la señora Baar, nuestra consejera, nos dijo
que a Jervais le había salido otro tumor en el cerebro. Yo estaba tan impresionada que quería llorar. Sentía que algo me
unía a Jervais. Pasé el resto del día pensando lo horrible que
sería saber que en cualquier hora, minuto o incluso segundo,
puedes morir. Le estaban arrancando la vida y él no podía
elegir. Yo sí. Había estado pensando en quitarme mi propia
vida.

Una de mis amigas me contó que a Jervais le encantaban
las lagartijas. Recordé que mi hermano me había

enseñado cómo hacer lagartijas de juguete con cuentas de plástico. De inmediato decidí hacerle una a Jervais para que le diera suerte y esperanza. Al entrar en mi cuarto esa tarde, lo primero que hice fue buscar las cuentas. Escogí los colores: amarillo, verde y transparente. Me tomé mi tiempo para que fuera algo especial.

Al día siguiente, en la escuela, le hice una tarjeta a Jervais en la computadora y le escribí un pequeño poema diciéndole que siempre tendría un lugar en mi corazón. Después de imprimir la tarjeta, la firmé con mi nombre y se la di a la maestra. Ella iba a ir a visitarlo al día siguiente al hospital.

La semana siguiente, mientras caminaba por el pasillo, pasé al salón de las computadoras y vi a mucha gente ahí sentada. Dado que soy una curiosa, me acerqué a investigar qué hacían. Eran casi todos mis maestros, Jervais y una mujer que nunca había visto. Una de las maestras me invitó a pasar y me dijo que la otra mujer era la mamá de Jervais y estaba preguntando por mí. Empecé a llorar, y la maestra me abrazó y me dijo que no tenía que entrar si no quería. Pero sí quería, así que me sequé las lágrimas y entré al aula. Me presentaron a la mamá de Jervais. ¡La miré y me impresioné! Ella no lloraba ni se veía triste. La admiré por ser tan fuerte.

—Hola, soy Jessica —le dije. Me sonrió y me dijo que había colgado la lagartija en la cama del hospital para que Jervais pudiera alcanzarla. Miré a Jervais. No parecía él. Tenía una venda sobre los ojos. Nuestra maestra estaba agachada, hablando con él, y yo no quería interrumpir, así que salí al recreo. Nunca volví a ver a Jervais.

Esa noche me di cuenta de que hubiera cometido un gran error matándome. Me sentí muy culpable. Pensé en todas las personas a quienes yo hubiera lastimado, todas las personas a las que les importo, y a las que había ignorado. En ese momento me prometí que nunca volvería a pensar en hacer algo que me dañara.

Conforme pasó el año escolar, se aclararon más mis ideas, y he estado más contenta. Pienso menos en Jervais, pero nunca olvidaré lo que hizo por mí y por mi vida. Mi existencia apenas empezaba cuando la suya estaba terminando. Me dio el regalo de entenderme a mí misma, y eso en verdad es un regalo de Dios.

Jessica Stroup, 14 años

Nueve medallas de oro

Los atletas llegaron de todo el país
para ganar el oro, la plata y el bronce.
Muchas semanas y meses entrenando
se pondrían a prueba en estos juegos.

Los espectadores se reunieron alrededor del viejo campo
para apoyar a los hombres y las mujeres,
la última prueba del día se acercaba
y la emoción también aumentaba.

Los carriles estaban puestos para aquellos que los usarían,
la competencia de los doscientos metros estaba a punto
   de empezar,
había nueve atletas dispuestos a ganar,
esperando la pistola detonar.

La señal se dio, la pistola explotó,
así como los atletas que empezaban a correr,
pero el más pequeño de ellos se enredó, tropezó
y al asfalto fue a caer.

Gritó por angustia y frustración,
sus sueños y esfuerzos en la tierra quedaban,
pero mientras estoy aquí contando la historia,
algo muy especial se suscitaba.

Los otros ocho atletas habían frenado,
aquellos que habían entrenado tanto tiempo,

uno por uno se regresaron a ayudar
y levantaron al pequeño que había caído.

Después los nueve corredores tomaron sus manos y
    caminaron,
la carrera de doscientos metros era ahora una caminata,
y un letrero que decía: "Olimpiadas Especiales"
mejor sitio no pudo tener.

Es así como terminó la carrera, con nueve medallas de oro,
llegaron a la meta tomados de las manos,
y los espectadores aplaudieron de pie, y los nueve
rostros felices
decían más de lo que estas palabras dirán.

David Roth

Sin luz de noche

*Los fracasos que he tenido, y los errores que he
cometido... han sido consecuencia de una acción
no pensada.*

Bernard M. Baruch

La luna se reflejaba en el lago como si fuera un faro. Era
una cálida noche de verano, y me relajaba ver el cielo con
sus brillantes estrellas. Éramos cinco jóvenes sentados en
el muelle, deseando meternos a nadar. Paul nos preguntó
a Chelsea y a mí si queríamos subirnos a una balsa inflable
de hule amarillo y cruzar la caleta. Parecía divertido.
   Estábamos sobre la balsa, cruzando el lago, cuando Chelsea dijo que estaba dudosa. ¿Era seguro cruzar el lago en
esta balsa? Paul dijo que ya lo había hecho antes y que no
había por qué preocuparse. El límite de velocidad de las
lanchas era de ocho kilómetros por hora y todas debían
tener al menos dos luces prendidas.
   Estábamos cruzando cuando de repente Kari comenzó
a gritar desde el muelle, diciendo que escuchaba que venía una lancha. No le hicimos mucho caso, ya que pensamos que estaría del otro lado del lago. Entonces el ruido se
volvió más fuerte que el sonido que hacían nuestros pies
al patalear en el agua. Comenzamos a alarmarnos.
   Gritamos en dirección al muelle, preguntando si veían
una lancha, pero nadie alcanzaba a verla.

Así que seguimos nadando hasta que el sonido era más fuerte que nuestras voces. Kari nos gritó: "¡Regresen!" Su voz se oía asustada, así que desesperadamente comenzamos a buscar la lancha. De la nada, por encima del sonido del motor y del pataleo de nuestros pies, Kari gritó: "¡Dios mío, hay una lancha!" La manera en que lo dijo me asustó y empecé a llorar. No sabíamos qué hacer.

Nos quedamos tan quietos como pudimos. Chelsea y yo estábamos sobre la bolsa. Ella estaba a mi izquierda y Paul a mi derecha, flotando en el agua. Ya que estábamos quietos, podía oír el latido de mi corazón, los gritos a mi alrededor y el motor de una lancha que se acercaba cada vez más. Fue entonces cuando mi peor pesadilla se cumplió. A sólo unos cuantos metros de distancia estaba la lancha. ¡Venía directo a nosotros!

Chelsea se quedó congelada en su lugar, gritando. La empuje al agua y salté después de ella, justo a tiempo para salvar mi vida. Mientras me hundía bajo el agua, sentí la lancha pasar por encima de mí.

Miré hacia arriba por abajo del agua, pero no podía ver la superficie. Finalmente salí y respire profundamente... Pero la horrible situación no había terminado. La lancha había vuelto, buscando el objeto que había golpeado, y casi nos atropella.

Para cuando llegué a la superficie, Chelsea ya estaba ahí, y podía escuchar que gritaba buscándonos a Paul y a mí. Le contesté, pero Paul no. Se nos hizo eterno el tiempo en el que estuvimos buscando a Paul, pero ahora que recuerdo, realmente fueron como veinte segundos. Por fin Paul salió a la superficie y nadamos de regreso al muelle. Kari me tuvo que sacar con una cuerda porque sentía que no podía moverme. Ya que todos habíamos salido del agua, uno de los hombres de la lancha nos trajo la balsa.

Paul se la pasó diciendo que era su culpa y que por él casi morimos. Le aseguramos que nosotras habíamos decidido ir y que él no era responsable de nuestras decisiones. Nos sentamos en el muelle a contar las diferentes versiones de lo que había ocurrido. Lo único en lo que nuestras historias no coincidían era en la manera que nos había pegado la lancha. Me había pegado en el hombro mientras trataba de sumergirme en el agua. Chelsea empujó la lancha con sus manos; a Paul le pegó en la cabeza. Todos estaban de acuerdo en que yo le había salvado la vida a Chelsea al empujarla fuera de la balsa.

La tarde siguiente, el día del padre, mis padres y yo fuimos a casa de Paul a comer carne asada. Cuando estábamos todos sentados en el muelle, les contamos nuestra historia. Me pasé el resto del día pensando lo afortunada que era de estar viva. Por esa experiencia tuve pesadillas durante un año. Aún hoy puedo ver el color de las olas y sentir cómo mi corazón latía cuando al fin pude salir a la superficie y respirar. Esa es una experiencia que nunca olvidaré.

Sin duda, la siguiente vez que vayamos al lago de noche, llevaremos una linterna.

Jessica Harper, 14 años

Nadie sabe la diferencia

El hombre que distingue el bien del mal y tiene un buen juicio y sentido común, es más feliz que el hombre inmensamente rico. Ya que tal sabiduría es más valiosa que las piedras preciosas.

Proverbios 3:13-15

A los voluntarios en la escuela no nos pagan, pero a veces nos dan regalos especiales. Una mañana, antes de las vacaciones de Navidad, estaba vendiendo boletos para nuestra última función de la obra escolar *El Cascanueces*. La función anterior había sido todo un éxito. Las filas de gente recorrían las paredes del auditorio. Algunos hasta se asomaban de afuera para ver la función.

Uno de mis clientes de ese día era una madre.

—Creo que está mal tener que pagar para ver a mi propio hijo actuar —me dijo, sacando la cartera de su bolso.

—La escuela pide donativos voluntarios para pagar el escenario y los disfraces —le expliqué, pero no es obligatorio pagar. Le puedo dar todos los boletos que desee.

—Está bien, voy a pagar —me dijo—. Dos adultos y un niño.

Me dio un billete de diez dólares. Le di el cambio y los boletos. Se salió de la fila, guardando su cambio. Fue entonces cuando el niño que estaba atrás de ella vació una bolsa llena de monedas en la mesa.

—¿Cuántos boletos? —le pregunté.

—No necesito boletos —me dijo—. Voy a pagar —empujó las monedas hacia mí.

—Pero vas a necesitar boletos para ver la función de hoy —empujé de regreso el montón de monedas—. No tienes que pagar para ver la función con tu grupo —le dije—, eso es gratis.

—No —insistió el niño—. La vi anoche. Mi hermano y yo llegamos tarde. No encontramos a nadie que nos vendiera boletos, así que entramos sin pagar.

Probablemente mucha gente había entrado sin pagar. Los pocos voluntarios que éramos no podíamos revisar los boletos de todos. ¿Quién iba a discutirlo? Como ya le había dicho antes a una madre, el pago era voluntario.

El niño empujó sus monedas hacia mí.

—Estoy pagando ahora, por ayer en la noche —me dijo.

Sospeché que este niño y su hermano habían visto la función de anoche parados atrás de toda la gente. Y como llegaron tarde, seguramente no habían visto la obra completa. No quería tomar su dinero. Un montón de monedas que vienen de un niño sólo pueden ser sus ahorros de meses.

—Si la taquilla estaba cerrada cuando llegaste, no había manera de que pagaras —le dije.

—Eso mismo me dijo mi hermano.

—Nadie notará la diferencia —le dije—. No te preocupes por eso.

Pensé que el asunto estaba arreglado y empujé las monedas hacia el niño. Puso su mano en la mía.

—Yo sé la diferencia.

Por un momento nuestras manos detuvieron el dinero. Luego le dije.

—Dos boletos cuestan dos dólares.

El montón de monedas sumaban justo la cantidad correcta.

—Gracias —le dije.

El niño sonrió, se volteó y se fue caminando.

—Disculpa.

Miré hacia arriba para ver quién me llamaba. Era la señora que momentos antes se quejaba de tener que pagar los boletos. Seguía ahí, con el cambio y los boletos en la mano.

—Mejor quédate con el cambio —me dijo—. El escenario es hermoso y esos disfraces han de haber salido caros —me dio unos billetes, cerró su bolsa y se fue.

Poco sabía ese niño que nos había dado a las dos nuestro primer regalo de Navidad.

Deborah J. Rasmussen

La casa nueva y la serpiente

Hubo una época cuando lo que más me gustaba hacer era jugar en el bosque cerca de la casa en Pennsylvania. Por ahí pasaba un río, así que no solamente podía subirme a los árboles y esconderme bajo las hojas secas, sino que también encontraba pequeñas anguilas que se escondían bajo las rocas del río. Me encantaba el olor de las hojas y solía arrastrar mis pies sobre ellas para que olieran más.

Mi libro favorito se llamaba *La guía de los reptiles y anfibios*. Mi padre me lo regaló en un cumpleaños, y leí cada página una y otra vez, observando las imágenes de los coloridos animales. Algunas de las serpientes ahí presentadas me parecían los animales más hermosos que había visto.

Nunca me hubiera imaginado que ese libro iba a salvar una vida.

Mi familia se mudó a Virginia, a una casa nueva en un vecindario nuevo. Las casas eran tan nuevas que nadie había vivido en ellas antes. De hecho, el terreno habrá sido un bosque, y habían cortado casi todos los árboles para construir las casas. Nuestra casa nueva olía a pintura fresca. Afuera todavía no se habían plantado los jardines, pero mi papá sembró pasto con una máquina que compró, y comenzó a crecer. Mi hermano Patrick y yo no podíamos caminar sobre el pasto porque estaba tierno, y teníamos que jugar en el garaje.

De todas formas me gustaba mi casa nueva. Una de las mejores cosas de vivir ahí, y también de las peores, era que los animales cerca del bosque se acercaban a nuestro jardín. Sapos y conejos brincaban por el patio trasero casi todas las noches, y una vez encontramos una tortuga caminando bajo el asador. Aunque me encantaba ver a los sapos y conejos y jugar con la tortuga, sentía pena por los animales. Parecía que lo único que querían era regresar a casa, y en vez de eso encontraban una nueva región con casas y pavimento donde antes existían árboles y bosque.

Mientras crecía el nuevo pasto de nuestro jardín, además de jugar en el garaje, jugábamos en una caja de arena que construyó mi padre. Algunas veces el gato usaba el arenero para dormir y hacer sus necesidades, así que mi padre lo tenía que cubrir con un plástico. Cada vez que yo quería hacer un túnel o castillos de arena, tenía que quitar el plástico.

Un día, antes de cenar, fui al arenero a hacer una ciudad miniatura, y cuando regresé después de la cena las hormigas ya la habitaban. Quité la cubierta de plástico y ahí dentro encontré una serpiente.

Estaba muy quieta, toda enrollada y era hermosa. Tenía anillos de colores por todo el cuerpo, rojos, blancos, amarillos y negros. Había visto una foto igual en mi libro de reptiles. Yo recordaba que era de las serpientes más hermosas.

En el libro decía que la serpiente coral venenosa era muy parecida a la serpiente reina; la única diferencia era la secuencia de los colores. Corrí hacia adentro para ver la guía de reptiles.

—¡Mamá, mamá! ¡Hay una serpiente en el arenero! —grité—. ¡Tengo que ver qué clase de serpiente es!

Mamá llegó corriendo.

—¡No la toques, Chris, puede ser venenosa!

Papá estaba en el trabajo, así que mamá fue con el vecino, el señor Cook.

—¡Señor Cook! —gritó mi mamá—. ¡Tenemos una serpiente en el arenero, y puede ser venenosa!

El señor Cook era un hombre jubilado que vivía con su esposa en la casa frente a la nuestra. Llegó corriendo a nuestra barda con una pala en la mano.

—¡Espere! —dije, agitando el libro en mi mano—. ¡Tengo que ver qué clase de serpiente es!

Mamá y el señor Cook estaban parados junto a la serpiente. Estaba enrollada y quieta, mientras el señor Cook detenía la pala sobre su cabeza.

—Es mejor asegurarnos que tomar el riesgo —dijo el señor Cook. Me sentí mal por la serpiente. Aun si era venenosa, lo único que hacía era esconderse en la oscuridad, bajo la cubierta de plástico. No estaba lastimando a nadie.

Traté de buscar la sección del libro sobre serpientes coral y reinas. Es chistoso, cada vez que tienes prisa por buscar algo, parece que te tardas más en encontrarlo. Finalmente lo encontré. Rojo, blanco, amarillo, negro: eso era una serpiente coral venenosa. Una serpiente reina era amarilla, blanca, roja y negra. Revisé los colores. Definitivamente era una serpiente reina, el libro decía que estaban en peligro de extinción y debíamos protegerlas.

—¡No maten a la serpiente! —grité. Había comenzado a llorar, porque pensaba que ya era el fin de la serpiente. Les enseñé a mi mamá y al señor Cook el dibujo—. ¿Ven? Dice que es una serpiente en extinción y que debemos protegerla.

Corrí a la casa por una funda de almohada. Había visto un programa en televisión que recomendaba usar fundas de almohada para atrapar serpientes. Enterré una parte de la funda en la arena y la sostuve como túnel. El señor Cook le dio unos empujones a la serpiente, la cual se desenrolló y entró directamente al túnel. Recogí la funda de almohada y cerré la parte de arriba con mis dedos. Mamá llamó al zoológico y les dijo que yo acababa de capturar a una serpiente reina.

—¡Admirable! —dijo el señor del zoológico. Habían llegado de inmediato después de que mi mamá describió los colores de la serpiente—. Tienes razón. ¡Has capturado a una serpiente reina! La pondremos en el zoológico donde tendrá un hogar agradable. ¡Tienes que venir a visitarla!

Me sentí bien de haber salvado a la serpiente reina. También sentí pena por ella, porque como los conejos, sapos y tortugas, ella sólo buscaba su viejo hogar. Yo conocía ese sentimiento. A veces me gusta esconderme también.

Ojalá a la serpiente le guste su nuevo hogar. Ojalá le dieran una rama para treparse, algo de agua y mucha arena. Tal vez podrían poner hojas secas para que la serpiente se esconda. De todos modos, no importaba cómo arreglaran su jaula, o si la serpiente prefería vivir en el bosque, esto era mejor a que le hubieran cortado la cabeza.

Con el tiempo desaparecería el olor a pintura, crecería el pasto y nuestra nueva casa se parecería mucho a la vieja. Y tal vez, si la serpiente tenía suerte, habría alguien que construyera un arenero. De alguna forma la serpiente era muy parecida a mí.

Christine Lavin

Encontré una pequeña estrella de mar

Un esfuerzo hecho para la felicidad de otros nos hace más grandes.

Lydia M. Child

Encontré una pequeña estrella de mar
en una pequeña poza en la arena.
Encontré una pequeña estrella de mar
y la puse en mi mano.

Una estrella de mar miniatura
no más grande que mi pulgar,
una estrella de mar dorada y húmeda
que no tenía lugar.

Pensé en llevármela
de la poza junto al mar,
y traerla a casa para ti
un bonito regalo de mí.

Pero mientras sostuve a la estrella,
su piel se comenzó a secar.
Sin su hogar especial en el mar,
mi regalo moriría.

Encontré una pequeña estrella de mar
en una poza cerca del mar
espero que quien la encuentre después
la deje ahí en su hogar.

¿Y mi regalo para ti?
el mejor que puedo dar:
encontré una pequeña estrella de mar,
y por ti la dejé vivir.

Dayle Ann Dodds

9

ASUNTOS DIFÍCILES

*No podemos saber qué nos pasará en esta
extraña travesía que es la vida. Pero
podemos decidir qué pasará en nuestro
interior –cómo tomarlo, qué hacer
con ello –, y al final eso es lo que realmente
cuenta. La verdadera prueba de la vida
es cómo tomar lo malo que hay y
convertirlo en algo hermoso y que valga
la pena.*

Joseph Fort Newton

¡Consigue ayuda!

Si puedo evitar romper un corazón,
no viviré en vano.
Si puedo evitar que alguien sufra
o sienta dolor,
o ayudar a que un pájaro regrese a su nido,
no viviré en vano.

Emily Dickinson

—Ahora es tu oportunidad de arruinar mi vida —dijo mi padre. ¿Cómo es que yo, una niña de doce años, había acabado en una situación así? ¿Cómo fue que mi pequeña vida feliz había llegado hasta este punto? De lo que puedo recordar, todo empezó a cambiar cuando tenía seis años.

Era la más chica y la única niña en mi familia. Una noche me dieron permiso de desvelarme y dormirme en la sala —lo que era extraño— y ver el teletón de Jerry Lewis con mi hermano de ocho años. Mi hermano más grande había ido a pescar y mi mamá, que entonces trabajaba de noche, estaba en el trabajo.

Lo que recuerdo de esa noche es que me quedé dormida y al despertar estaba en el cuarto de mis padres. Simulé estar dormida mientras mi padre me hacía cosas que no entendía y me tocaba en lugares que me hacían sentir incómoda. Ojalá me hubiera quedado dormida para no recordar esto, pero no fue así. No sabía si aquello era normal o no, sólo tenía seis años.

Al día siguiente él se portó normal y dejó de hacerlo por un tiempo. Creo que tal vez *él* estaba asustado. Después, el abuso comenzó de nuevo y continuó así durante seis horribles años. Yo me encerraba en mi cuarto para que no entrara, pero él siempre inventaba excusas.

Decía: "Deja tu puerta abierta por si hay un incendio". A veces me castigaba si la dejaba cerrada. Y como mi mamá no sabía lo que estaba pasando, lo apoyaba.

No le dije nada a nadie porque me sentía asustada de lo que me pasaría. Mi papá me amenazó con matar a la familia, a él mismo y a mí si se lo decía a alguien. Pero mi mayor temor en todo esto era lo qué haría mi mamá si se enteraba de esto. ¿Me creería? ¿De veras mataría mi papá a toda la familia? ¿Qué pasaría?

Cuando tenía doce años, en nuestro pueblo hubo un concierto cristiano. Esa noche fui al concierto y acepté a Dios en mi vida. Era el cumpleaños de un amigo, así que me fui temprano para ir a su casa y darle su regalo de cumpleaños. Acabé en la cafetería, un lugar al que mi papá me había prohibido ir. Después de estar ahí por diez minutos, mi papá llegó por mí y me gritó: "¡Vámonos!"

Estaba muy apenada y asustada de lo que me haría después. Entramos en el coche, y todo el camino me estuvo gritando. Lloré mucho.

Al llegar a casa, mi papá, mi mamá y yo nos sentamos en la mesa de la cocina. Estaban planeando mi castigo por ir a la cafetería sin avisarles y por estar ahí con niños más grandes. Mi mamá se paró de la mesa y fue a su cuarto a hacer algo, dejándonos solos a mi papá y a mí.

Estaba gritándome y diciéndome que yo no iba a poder hacer nada hasta que tuviera dieciséis años.

—Voy a arruinar tu vida —me dijo enojado.

—Si vas a arruinar mi vida, yo voy a arruinar la tuya, —le contesté.

—¡No me amenaces! —me dijo. Como estaba dándole la espalda a la cocina, no vio que mi mamá entró justo cuando dijo eso.

—¿Amenazarte con qué? —le gritaba mi mamá.

—Ahora es tu oportunidad para arruinarme la vida —me dijo mi papá.

—¿Te ha estado tocando? —preguntó mamá. Empecé a llorar. Mi mamá le pegó a mi papá en la cabeza y le gritaba groserías.

—¡Lárgate de aquí, lárgate! —le decía. Corrí al baño, y mi mamá entró, me abrazó y me pidió perdón por no darse cuenta de lo que estaba pasando. Me dijo que fuera a mi habitación. Entré en mi cuarto y me puse a llorar.

—Ya se va, Tia. Ya se fue —dijo mamá.

—¡Mamá, no podemos quedarnos aquí, tenemos que irnos! —le rogué—. Papá dijo que si lo contaba, me mataría a mí, a la familia y a él —. Estaba muy asustada. Mi papá podía cumplir su amenaza porque nuestra casa estaba llena de ventanas. No quería morir ni que mi familia muriera.

—Empaca —dijo mamá—. Nos vamos.

Rápidamente hice una maleta. Mamá ayudó a mi hermano de catorce años a empacar. Estaba en otra parte de la casa y no tenía idea de lo que estaba ocurriendo.

Nos subimos al coche y mamá manejó y manejó, y lloró y lloró. Ya que había un gran concierto en el pueblo, todos los hoteles estaban llenos. Nos tuvimos que ir muy lejos, hasta encontrar un motel donde pudiéramos quedarnos y sentirnos seguros. Después tuvimos que buscar una casa nueva en otro pueblo.

Eso fue hace dos años. A mi papá lo sentenciaron por lo menos a seis años en prisión. No he hablado con él desde esa noche en que dejamos la casa.

Estoy muy feliz de que mi mamá me apoyó al cien por ciento. Dejó a mi papá y lo entregó a la policía sin pensarlo dos veces. Tramitó el divorcio y ahora está más feliz que nunca. Se volvió a casar con el "hombre perfecto".

Si alguien te está molestando o abusa de ti con amenazas, es muy probable que éstas sean mentiras. No permitas que estas horribles amenazas te controlen. Nadie debe salir inmune de eso. *Acúsalos. No esperes a que eso empeore.* ¡Yo sufrí durante seis años!

No importa si eres niña o niño, si alguien te toca y te hace sentir mal, está mal. Es un pecado. *Por favor, escúchame.* Díselo a algún adulto: un padre, el padre de algún amigo, un maestro, un sacerdote o a la policía. Dilo hasta que alguien te ayude. ¡Pero consigue ayuda ahora!

Tia Thompson, 14 años

El Gran Director

*Pon a Dios ante todo lo que hagas, y él te dirigi-
rá y coronará con éxito tus esfuerzos.*

Proverbios 3:6

—¿Te gustaría ayudarnos a vengarnos de los chicos que
golpearon a nuestros amigos? —me preguntó un chico durante el recreo—. Nos veremos al salir de la escuela.

Nunca había estado en una reunión de pandilla. Pero los
chicos de la escuela hacían ver que si no me presentaba no le
estaría siendo fiel a mis amigos que fueron golpeados por
una pandilla de otro vecindario. Así que decidí asistir.

Al llegar todos se tomaron de las manos y comenzaron a
hablar como si estuvieran rezando. Luego nombraron a los
miembros que admiraban de otras pandillas. Después el líder dijo:

—Esta es su familia. Yo soy su padre, su madre, su hermano —estaba repitiendo lo que había visto que hacían los
chicos más grandes en sus reuniones de pandillas.

Yo cursaba el séptimo grado en una academia cristiana
cuando me pidieron ser parte de esa pandilla. Para los
chicos que no recibían mucha atención en sus hogares, la
pandilla les daba un lugar al cual pertenecer. Para ellos
era más que un club, para algunos era su única familia.

Durante la reunión observé a los otros chicos. Pensé:
"No, esto no está bien. No necesito que esta pandilla sea todo

para mí. Tengo una buena familia, y sé quién es el 'grande'. Es Dios, y no este chico. Mis padres siempre me decían que el Señor era mi amigo, y que si lo ponía primero ante cualquier cosa que hiciera, su bendición me acompañaría.

Ese día me alejé de la pandilla, pero aun así me tomó tiempo darme cuenta de que mis padres querían que siguiera en el buen camino al hablarme de Dios.

Aunque les hice caso a mis padres, todavía no estaba cerca de ser un niño perfecto. Había momentos en que yo era realmente malo. Hay veces que la gente me dice: "¿Cómo puedes saber por lo que estoy pasando?, tú nunca has tenido problemas". Pero sí los he tenido, y sé por lo que se pasa. Antes me metía en muchos problemas.

En el vecindario donde crecí, mis amigos y yo no teníamos dónde jugar, así que lo hacíamos cerca de las vías del tren y en una fábrica vieja que estaba atrás de mi casa. Hacíamos cosas que no debíamos, como gritar insultos a los miembros de pandillas que, enojados, nos disparaban para callarnos. Literalmente teníamos que correr por nuestras vidas.

En aquel lugar era importante correr rápido. Parecía que siempre huíamos de algún tipo de peligro o de la policía que nos buscaba por traspasar los campos del tren, donde "expresábamos nuestro talento" al pintar las paredes con pintura en aerosol o por romper las ventanas de la fábrica.

Muchos de los amigos de mi escuela se unieron a pandillas. Con los años he perdido a muchos. Algunos terminaron en prisión o murieron por asuntos de pandillas.

Tenía un amigo que vivía en el vecindario del otro lado de las vías del tren, cerca de nuestra iglesia. Nos hicimos amigos debido al grupo de niños exploradores que se reunía ahí. Un día algunos chicos de mi vecindario fueron allá y con bates golpearon a unos muchachos. Más tarde yo me encontraba con algunos amigos de mi vecindario cuando pasó una camioneta que desaceleró al pasar junto a nosotros.

Mi amigo del otro vecindario estaba en la camioneta con algunos de los chicos que habían sido atacados. Justo antes de que comenzaran a dispararle a nuestro grupo, mi amigo me reconoció e impidió que sus amigos nos dispararan. Si no me hubiera reconocido al ver mi rostro, nos habrían matado. Después de que salvó mi vida nos hicimos muy buenos amigos. En la escuela yo daba muchos problemas y pasaba mucho tiempo castigado. Hacía bromas, como ponerle pegamento a la silla de mi amigo. Tuvieron que llamar al conserje para que despegara a mi amigo de la silla, dejando su pantalón adherido de pedazos de madera.

Un maestro decidió que por cada reporte que algún niño recibiera por mal comportamiento, le daría un golpe en el trasero con un palo. Cuando llegaba el tiempo de recibir los golpes, los otros chicos recibían seis, y yo como veinte. Un día, cuando me tocaba recibir mi castigo, me puse todos los pantalones cortos que encontré en mi casa antes de ponerme los largos. Y justo antes del castigo fui al baño y me metí papel de baño debajo de los pantalones.

—Agáchate, Mitchell —dijo el maestro, sonriendo con satisfacción. Ya venía el palo con la fuerza suficiente para que me doliera mucho, pero al golpear se escuchó un gran "pof".

—Mitchell, ¿te metiste algo? ¿Eh? ¿Te metiste algo? —gritó. Su rostro estaba colorado de humillación. Los chicos se acercaron para ver qué pasaba. El maestro me llevó al baño e hizo que me quitara todos los pantalones cortos, hasta quedarme con el primer par que me había puesto en la mañana, ¡los color de rosa de montar bicicleta de mi hermana!

Las cosas empeoraron hasta que mamá encontró una manera de ayudarme para dejar de portarme mal en la escuela. Como lo cuenta, el Señor le mandó un mensaje en un sueño. Le dijo que me llevara al teatro local para inscribirme en una clase de actuación en el verano. Me subí al escenario y actué como lo hacía en la escuela, sólo que esta vez, había gustado a los maestros. Encontré el talento que Dios me dio. Desde ese momento pasé la mayor parte de mi tiempo, después de la escuela y los fines de semana, aprendiendo actuación y trabajando en televisión, cine y teatro.

Después me mudé a Los Ángeles para seguir con mi carrera de actuación. Un día recibí noticias acerca del amigo que me había salvado la vida y que logró que yo me alejara de las pandillas. Lo habían matado cuando unos pandilleros lo arrinconaron en un callejón y le dispararon. Así habría terminado yo de no haber tenido al Señor que dirigía mi vida. Me di cuenta de que Dios es "El Gran Director" de todo, y que me ha bendecido y ha hecho de mi vida algo mejor de lo que yo jamás hubiera podido imaginar.

Algún día, cuando tenga hijos planeo inculcarles mi fe en Él. Les voy a contar sobre las bendiciones que me ha dado, y los problemas de los que me ha ayudado a salir. Espero que ellos mantengan su fe en él, por si el vecindario donde lleguen a vivir es oscuro y peligroso o por si llegara a parecer que la civilización ha perdido la cabeza, ellos tengan un amigo en quién apoyarse. Pueden pedirle a "El Gran Director" que les ayude a encontrar su camino, así como Él lo hizo conmigo.

Kel Mitchell

Mensaje personal de Kel Mitchell

Sé por experiencia que los niños suelen meterse en pandillas, en problemas de drogas o en otras situaciones destructivas porque están aburridos, solos o se sienten rechazados y enojados. No saben a dónde ir, ni cómo desarrollar los talentos que Dios les dio. Y tampoco saben que existen otras opciones.

Sí hay otras alternativas. Pueden meterse en un grupo juvenil de la iglesia local, fomentar en la escuela el desarrollo de un programa de actividades al terminar las clases o encontrar un club de niños y niñas al que puedan unirse. Involucrarse en deportes o en una obra de teatro. Todos somos buenos en algo, es sólo cuestión de encontrar qué es y perseguirlo.

Si tienes problemas o si ves que tus amigos van por mal camino, pídele ayuda a alguien. Si no sabes a quién acudir o te asusta compartir la situación con una persona que conoces, siempre habrá alguien dispuesto a ayudar. En las primeras hojas del directorio telefónico hay números a los cuales puedes llamar para pedir consejos o ayuda. A veces podrás encontrar una lista de temas y problemas que posiblemente incluyan lo que estés pasando.

También puedes rezar y pedirle al Señor que te guíe, como lo he hecho yo. Puedes hablar con Él a cualquier hora del día o de la noche. Yo rezo por cosas pequeñas o grandes, y realmente creo que Dios hará que sucedan. Aunque no parezcan llegar cuando creo que las necesito, o exactamente como espero que sucedan, siempre será lo mejor para mí. Él ha cambiado mi vida, y con esto es más que suficiente para probarme que existe.

La quiero más que nunca

A mi corta edad he aprendido mucho sobre las drogas y lo que le pueden hacer a una familia.

Cuando era más chica, vivía con mi mamá, mi hermano Christopher y su padre Michael. Entonces no lo sabía, pero se usaban mucho las drogas. Michael se drogaba, y creo que era traficante. A veces golpeaba a mi madre.

Cuando yo estaba creciendo lo único que recuerdo de mi verdadero padre fue un día cuando mamá y yo vivíamos en un departamento y llegó él. Empezó a tomar cerveza y a tirar las botellas por todo el lugar. Mamá me ordenó que me quedara afuera. Finalmente salió corriendo por mí y nos alejamos en el auto. Lo vi el año pasado antes de que se mudara a Colorado. Creo que se está volviendo a drogar. A veces dice mentiras y a veces no. Uno nunca sabe.

Cuando estaba en primero y segundo grados, mi mamá no siempre me mandaba a la escuela. No tenía trabajo y se quedaba en la casa todo el día. Perdí muchos días de clases. A veces ella me decía que me quedara en casa. Estaba muy ocupada drogándose. A mí no me importaba quedarme en casa, porque no me caía bien la gente de esa escuela. No era una buena escuela porque ahí había muchas pandillas. Perdí tantos días de clase que me atrasé. Ahora estaría en sexto grado, pero voy en quinto.

Durante esos años no viví con mi mamá todo el tiempo. A veces vivía con una señora llamada Deann y con su familia porque mamá se pasaba todo el tiempo en fiestas.

Cuando no podía quedarme con Deann me quedaba con mis abuelos.

Una de las veces que mejor recuerdo fue cuando tenía como siete años. Estaba en el auto con mamá y mi abuela. Fuimos a un edificio donde dejaríamos a mamá. Yo iba a vivir con mi abuela otra vez porque ella creía que mamá se estaba drogando, entonces quería cuidarme. Yo estaba muy enojada con mi abuela porque no creía lo que decía de mi madre.

Tiempo después, un día que fui a visitar a mamá, entré en el departamento después de estar jugando afuera y la vi drogándose con sus amigas, fue cuando finalmente creí lo que mi abuela me había dicho y salí de ahí corriendo y llorando. Temí que mi madre se estuviera dañando con las drogas.

Durante mucho tiempo viví a veces con mi abuela, con Deann o con mamá. Un día, mientras vivía con mi mamá, llegué de la escuela para encontrar la casa hecha un desastre. La policía la había registrado porque estaban buscando drogas. Yo no sabía lo que era un allanamiento. Mi mamá me lo explicó. Unos meses después descubrí por mí misma lo que significaba.

En ese entonces yo dormía en la sala, pero esa noche me levanté y fui al cuarto donde mamá dormía. Me encontraba acostada con mamá, cuando de repente abrieron la puerta y entró la policía apuntando con sus pistolas. Les dijeron a todos que levantaran las manos. Yo estaba asustada. Mamá tenía una jeringa en su bolsa y la arrestaron. Ella me dijo que era de su amiga, pero en realidad era suya. Me mentía mucho.

Una noche, mientras mamá se drogaba, llamé a mi abuela. Ya no quería verla drogándose. Mi abuela vino a recogerme y viví con ella durante mucho tiempo. Sentía que mi abuela era la única persona con la que contaba. Me cuidaba y me daba todas las cosas que necesitaba. Si necesitaba zapatos, me los conseguía. Hacía cualquier cosa por mí. Aun así, todas las noches lloraba hasta dormirme porque extrañaba mucho a mi mamá y temía por ella. Me acostaba en la sala con mi abuela, y ella se quedaba ahí sentada junto a mí.

Después de un tiempo mi mamá se mudó con nosotras a casa de mi abuela. Consiguió trabajo en un restaurante, pero se seguía drogando. Una noche se llevó el auto de la abuela para ir a trabajar. Regresó el auto y dejó una nota diciendo que llegaría más tarde. Eso fue a la una de la mañana. No regresó cuando dijo que lo haría. Estaba preocupada por ella, así que le llamamos a Deann para preguntarle si la había visto, pero ella tampoco sabía dónde estaba. Nadie podía encontrarla.

Durante seis meses no supimos nada de mamá. Entonces no lo sabíamos, pero la habían admitido en un centro de recuperación y se estaba alejando de las drogas.

Un día mamá llamó. Se le oía diferente; contenta. Ya no usaba drogas. Me dijo que había sentido que Dios le iba a quitar la vida después de todas las cosas malas que había hecho, y se había asustado mucho. Decidió desintoxicarse y llevar una mejor vida.

En mi cumpleaños mamá llegó de sorpresa. Dijo que en un par de meses podría volver a vivir con ella. Continuó su recuperación y después nos mudamos cerca de la playa, donde mamá siempre dijo que quería vivir.

Ir a la playa es lo que más nos gusta hacer juntas. Ahora vamos a patinar con frecuencia. Salimos a cenar o al cine. Mi hermano vive con sus abuelos pero a veces nos viene a visitar. Cuando viene vamos a muchos lados y le compramos juguetes.

Mamá tiene un nuevo trabajo con una compañía que hace programas de computación. Vamos a la iglesia y a veces leemos la Biblia juntas. Todas las noches rezamos por mi abuela porque tiene cáncer y acaba de ser tratada con quimioterapia.

Mamá y yo llevamos una buena relación ahora que ya está sobria y limpia. Pasamos más tiempo juntas y nos divertimos más. Pero, ante todo estamos más felices.

Ahora nos decimos la verdad. Ya no hay más mentiras. Lo compartimos todo sin importar lo que sea. Mamá es mi mejor amiga, más que nadie. Estoy orgullosa de ella y la quiero más que nunca.

Amber Foy, 11 años

Querida mamá

¿Quién me ayudó cuando caí,
me contó una bonita historia,
y me besó para que no me doliera?
Mi madre.

Anne Taylor

Querida mamá:

Te extraño. Extraño todas las cosas que solíamos hacer. Extraño cómo reías y me metías en la cama. Extraño tus besos y tus abrazos. Extraño la forma en que decías que amabas a tus hijos y a tu familia. Decías que si fueras Dios, nunca nos dejarías.

Todas las noches creo que te veo y escucho tu voz, pero supongo que en realidad no es así. Mami, sé que ves y escuchas todo lo que hago. A veces quiero llorar, pero trato de aguantarme. Mami, te quiero con todo mi corazón. Tu amor está clavado en mi corazón. Desearía poder verte una vez más. Desearía que no te hubieras muerto. Siempre te querré.

Con amor,
tu hijo

Mi mamá murió cuando yo tenía nueve años y estaba en tercer grado. Le escribí porque la extrañaba.

Darnell Hill, 13 años

Mi padre

Cuando papá se fue, comencé a llorar.
Estaba muy triste porque pensé que moriría.
Mi mamá me dijo que no me preocupara, que rezara.
Pienso en él todos los días.

Recuerdo lo divertido que era estar juntos.
Jugábamos todo el tiempo.
Juntos íbamos al parque a caminar.
Luego, almorzábamos y comenzábamos a hablar.

Siempre me ayudaba con mi tarea.
Es por eso que soy tan bueno en la escuela.
En la mañana arreglaba mi cabello.
No me importaba si estaba mal peinado.

Ahora que se ha ido, espero que esté bien.

Lloro tanto cada día y cada noche.
Ahora que se ha ido, espero que me extrañe también.
Si mi papá está leyendo esto, sólo quiero decirle:
¡Que te quiero mucho!

Aljon B. Farin, 7 años

Fumar no es bueno

Existe el bien y el mal. Puedes hacer lo uno o lo otro. Haces lo uno y estarás vivo. Haces lo otro y podrás caminar por ahí, pero estarás tan muerto como un sombrero de fieltro.

John Wayne

El verano pasado fui a Los Ángeles a visitar a mi prima Victoria. Mi papá se encontraba afuera fumando un cigarro cuando mi tía lo llamó a la casa. Dejó su cigarro en los escalones del pórtico para poder seguir fumando cuando saliera de nuevo.

Mi prima tenía curiosidad por saber qué se sentía fumar, así que levantó el cigarro para probarlo. Me preguntó si había fumado alguna vez.

—No —le dije. No pude creer lo que hizo después. Victoria puso el cigarro en su boca y succionó el humo. Inmediatamente después empezó a toser como nunca. Parecía que estaba a punto de vomitar, pero aun así me ofreció el cigarro—. Vamos, pruébalo —dijo—. No te hará daño.

Se lo quité. Después lo tiré al piso y lo pisé con el tacón de mi zapato. Lo hice tan rápidamente que no pensé en cómo reaccionaría papá cuando regresara. Entonces, papá salió y miró el lugar donde había dejado su cigarro.

—¿Dónde quedó mi cigarro? —preguntó. Yo me quedé

ahí sin querer admitir lo que habíamos hecho mi prima y yo antes de eso. Pero supe que ese era el momento de la verdad. Respiré profundo y comencé a explicar.

Le dije a mi papá que no podía creer que le gustara fumar. Estaba segura de que él sabía lo malo que era, así que ¿por qué lo hacía? Dijo que había empezado desde hacía mucho tiempo y que cuando era un adolescente no se sabía lo malo que era. Ahora era tan adicto que no podía dejarlo. Era muy difícil hacerlo.

Aquí teníamos a un hombre, mi padre, admitiendo que había algo que no podía controlar y que quizá lo estaba matando lentamente. Me quedé atónita. Siempre había pensado que mi papá era el hombre más fuerte que conocía. Entonces recordé un comercial que había visto en la televisión. Era una mujer tan adicta al cigarro que se había enfermado mucho. Pero aun así no podía dejar de fumar. Habían hecho un hoyo en su garganta para que pudiera respirar. ¡Y fumaba por el hoyo! Era la cosa más desagradable que había visto. Comencé a llorar frente a mi padre. ¿Y si esto le pasara a él?

Desde ese día creo que mi padre fuma menos. Le sigo diciendo cuánto lo amo y que no quiero perderlo por el cigarro. Una cosa sí sé: quiero vivir mucho tiempo. Y no quiero estar enferma o perder el control de mi vida como esa señora. Nunca voy a fumar. Quiero aire puro, gracias.

Valeria Soto, 12 años

El rap del atrevido

FUMAR
no es BROMEAR

Fumar hace a tus pulmones OSCURECER
y te hace TOSER

Si no te importa y vas a FUMAR
en vez de hablar vas a RONCAR

Si mariguana vas a INGERIR
tu cerebro se va a PUDRIR

Cuando bebes CERVEZA
no puedes pensar con la CABEZA

Cuando alcohol vas a BEBER
tu cerebro va a PERDER

Si te vas a DROGAR
te vas a ATARANTAR

Cuando te drogues te ELEVARÁS
sentirás que VOLARÁS
pero en verdad MORIRÁS

Si a una fiesta VAS
mejor lo PENSARÁS

Escucha esta CANCIÓN
haz una buena ELECCIÓN

Evita beber y MANEJAR
para que vivo puedas ESTAR

Shelly Merkes, 12 años

No soy Dana

Yo soy la fuerza, puedo superar cualquier obstáculo ante mí o puedo perderme en el laberinto. Mi elección; mi responsabilidad; ganar o perder, sólo yo tengo la llave de mi destino.

Elaine Maxwell

Mi mamá nos educó bien a nosotros tres, y eso es un hecho. Pero por alguna razón dos de nosotros salimos bien y mi hermana mayor, Dana, no.

Cuando iba a la misma escuela a la que voy ahora, ella estaba bien. Comenzó a tener problemas después de entrar a séptimo grado. Dana dejó a sus viejos amigos y empezó a llevarse con gente nueva que nuestra familia no conocía. No importaba lo que papá y mamá le dijeran, siempre hacía lo que quería. Todos en la familia se sentían mal, especialmente yo. Siempre había admirado a mi hermana y quería ser como ella. Ahora no podía descifrar qué estaba pasando. Dana se comportaba como si ya no nos quisiera, y ya nunca me hablaba.

Las cosas sólo empeoraron. Cuando entró a la secundaria había comenzado a beber alcohol y llegaba muy tarde a la casa. Sólo venía a bañarse y a hacer desorden para luego irse. No podía creer que esta persona era Dana. Mi hermana, que había asistido a los cursos de grupos de ayuda y que iba a la iglesia con nosotros, ahora era una perfecta extraña.

Un día cuando estaba en sexto grado, llegué de la escuela y escuché gritos. Corrí a la cocina, allí estaba mi papá, mi mamá, mi abuela y Dana. Tenían a Dana amarrada en el piso y mamá y la abuela la estaban sosteniendo. Dana tenía lágrimas en las mejillas y su cara estaba roja de tanto gritar. Mi papá estaba sentado en el piso junto a ella y lloraba. La única otra vez que había visto llorar a mi papá, fue cuando murió su padre. No podía seguir viendo lo que estaba pasando, así que corrí a mi cuarto y tiré la puerta.

Unas personas vinieron y se llevaron a Dana. Mamá y papá la mandaron a Utah, a un hogar para chicos con problemas. Todos la extrañamos mucho. Vino a casa en el verano a hacernos una visita corta, pero todavía no puede regresar a vivir aquí. A veces mi mamá llora cuando hablamos de ella.

Después de que Dana se fue, encontré esta nota en su cuarto:

Para Sabrina:
Cuando la muerte toque, escóndete en el rincón, mientras yo corro y la recibo.
Dana

Creo que se sentía tan mal consigo misma, que quería morir. Creo que sentía que no tenía control sobre el mal que se había hecho. No puedo imaginar qué le pudo pasar para que deseara hacer todo aquello. Pero una cosa sí sé. No voy a beber y no voy a herirme. No quiero arruinar mi futuro o arrepentirme de mi pasado. Espero que no sea demasiado tarde para Dana. Es mi hermana y todavía la quiero. Tal vez algún día vuelva a encontrar a la persona que está dentro de ella. Yo sé que aún está allí.

Sabrina Anne Tyler, 11 años

Sin hogar

Estados Unidos es como una gran torta con merengue en medio de millones de personas muertas de hambre.

Gloria Steinem

Mamá perdió su trabajo. No tiene dinero, así que tenemos que salirnos de la casa. No tenemos dónde vivir porque mamá no tiene dinero. Mientras buscamos un lugar en dónde dormir, yo cuido de mi hermanita. Le digo que no llore y seco sus lágrimas con mi guante de invierno. Encontramos el sótano de una iglesia en donde podemos dormir. Es tarde y todos los colchones están ocupados. El sótano está frío y el piso de cemento lastima mi cabeza. Me pregunto qué pasará si mamá nunca encuentra un trabajo. Tal vez tengamos que vivir para siempre en el sótano.

Durante el día vigilo a mi hermana en las esquinas de la calle, mientras mamá busca un trabajo. Mamá habla con mucha gente. Nos paramos en muchas esquinas de las calles. Todo el día la gente pasa enfrente de nosotros. Me pregunto por qué tiene prisa. Tal vez van a sus trabajos, o quizá a sus casas. Supongo que sólo la gente sin hogar se queda parada en las esquinas de las calles.

Mamá termina de hablar con la gente por el día de hoy. Decido que es mejor no preguntarle si consiguió trabajo. Su rostro, tenso de preocupación, me dice la respuesta. Mientras caminamos pienso en la escuela. Mamá dice que no puedo ir a la escuela por un tiempo. Me pregunto si cuando regrese me gustará. Tal vez el trabajo va a ser muy difícil para mí. Tal vez los niños me molestarán porque perdimos nuestra casa. ¿Qué pasará con mi hermana si regreso a la escuela antes de que mamá encuentre un trabajo? Mamá me dice que no me asuste y seca mis lágrimas con su guante. Me dice que pronto encontrará un trabajo.

En la noche comemos en la cocina donde dan sopa. Una mujer con guantes de plástico y una gorra pone comida en mi bandeja. Tengo mucha hambre, pero busco en mi estofado las cosas que no me gustan. Veo muchos guisantes. Quito cada uno y los escondo bajo el plato. Mamá está leyendo avisos en el periódico y no se da cuenta, pero un hombre con cabello sucio, sentado frente a mí, sí se fija. Cuando sonríe, veo que ha perdido los dos dientes de enfrente. Susurra cuando me dice que se llama Joe. Mientras como mi estofado, me pregunto si se me habrá escapado algún guisante. Mastico lentamente para asegurarme. Después de la cena mamá lleva mi bandeja al basurero, ve los guisantes pero no me dice nada. Cuando teníamos casa, me los hacía comer. Ahora las cosas han cambiado.

Más tarde encontramos tres colchones en dónde dormir. Cada uno tiene una almohada, una sábana y una pequeña toalla. Agarro mi toalla y acompaño a mamá al baño. Me enseña a tomar un baño en el lavabo. Uso un jabón granuloso que raspa mi piel. Me pregunto si entrará alguien mientras me estoy bañando. Me enjuago rápidamente. Tengo frío. Aun cuando ya me he puesto la ropa, sigo teniendo frío. Mamá dice que mi pelo tendrá que esperar. Pienso en el pelo de Joe. El vivir tanto tiempo en el sótano de una iglesia le ha de haber puesto el pelo así. Pienso en mi pelo. Tal vez algún día lo lave en el lavabo.

El pelo de Joe es un desastre, pero él tiene dinero. Puedo ver las brillantes monedas en el estuche de su guitarra. De noche toca la guitarra. Me concentro en escuchar la música y así no me da tanto frío. Cuando se detiene la música veo que mi hermana tiembla. Mamá pone su abrigo sobre nosotras. Me pregunto si ella duerme.

Mi mamá perdió su trabajo y toma tiempo encontrar otro. No estoy asustada porque sé que mamá es lista. Me mantiene caliente en las noches. Seca mis lágrimas con su guante. Sé que encontrará un trabajo. Sé que mamá nos regresará a casa.

Elizabeth A. Gilbert-Bono

10

SABIDURÍA ECLÉCTICA

Yo soy yo.
  Nunca habrá nadie como yo.
  Soy especial porque soy única.
  Yo soy sueños y encanto.
  Yo soy luz.
  Soy amor y esperanza.
  Soy abrazos y a veces lágrimas.
  Soy las palabras "te quiero".
  Soy una combinación de azul, verde, rojo,
    amarillo, morado, naranja y otros
    colores que nadie puede nombrar.
  Soy el cielo, el mar, la tierra.
  Confío, aunque temo.
  Me escondo, pero no me guardo nada.
  Soy libre.
  Soy una niña convirtiéndose en adulta.
  Yo soy yo, y yo estoy bien.

Beth Schaffer, 15 años

Oreja de Bebé

¿Cuántas veces un hombre se ha rendido cuando un poco más de esfuerzo y un poco más de tiempo hubieran realizado su meta?

Elbert Hubbard

Mamá se sirvió jugo de naranja.

—Me preocupa la abuela —dijo. Yo le ponía miel a mi tostada a la francesa, caliente y dulce, justo como me gustaba.

—¿Por qué? —le pregunté, mientras lamía la miel de mi tenedor.

—Bueno, ¿recuerdas que antes de mudarse a Florida, se levantaba muy temprano?

—Antes del amanecer —le contesté—, para hacer *hot cakes* y tocino.

Mamá asintió.

—Pero ahora la abuela duerme la mayor parte del tiempo o ve televisión. No puedo hacer que salga de la casa, y no quiere tratar de hacer amigas —mamá frunció el ceño y bajó la voz—. Hasta ha hablado de regresar a Nueva York.

—¿Regresar a Nueva York? Pero dijiste que no le gustaba vivir sola. Es por eso que vino a vivir aquí —. Me gusta Florida. Claro que tengo muchas amigas con quien jugar en mi clase de sexto grado.

—Si la abuela regresara a Nueva York, tendría que vivir en un asilo —me dijo mamá—. Es un lugar donde vive la gente mayor y las enfermeras la cuidan.

—Eso me suena a hospital —dije. Pensé por un minuto—. Encontraré una manera de hacer que a la abuela le guste Florida.

Mamá sonrió y dijo:

—Ojalá pudieras.

Después de la escuela vi a la abuela viendo televisión y pensé que no se había movido en todo el día. En mi cuarto me senté en la cama y saqué mi colección de conchas. Había encontrado conchas rayadas, caracoles morados y hasta un caracol grande. Puedes poner el caracol grande en tu oído y escuchar el sonido de las olas. Mi concha favorita se llama Oreja de Bebé. Es una hermosa concha blanca que tiene la forma de una oreja de bebé, muy delicada.

Ver mis conchas me dio una idea. Entré en la sala y me senté en el sillón.

—¿Alguna vez fuiste de chica a la playa, abuela? —le pregunté.

—Una vez mi mamá me llevó, pero no me gustó —me dijo, frunciendo el ceño.

—¿De veras? —tomé una galleta del plato en la mesa—. ¿Por qué?

—Le temo al mar y no puedo nadar —la abuela apretó los labios como si hubiera probado un limón. Esperaba que a la abuela le gustara la playa tanto como a mí. Me encantaba ver a los pelícanos volando sobre el agua, y una vez vi una enorme iguana verde.

—Bueno, me preguntaba si podrías llevarme a la playa, abuela. Necesito algunas conchas para mi colección.

La abuela no dejó de mirar el televisor.

—Estoy viendo mi programa, Val. ¿No puedes ir tú sola?

—No. No me dejan ir sola a la playa. ¡Por favor! —le rogué, imaginándome a la abuela en un asilo.

—Está bien —suspiró la abuela. Tomó mi mano y salimos de casa, caminando hacia la playa. El sol se sentía tan fuerte como para derretir un metal. Le di a la abuela una bolsa de plástico—. Ten, es para las conchas que encuentres.

—Eso te lo dejo a ti —me dijo. Una suave brisa sopló y sus grises cabellos le taparon los ojos.

Me negué:

—No, abuela. Necesito toda la ayuda que pueda tener.

—Está bien —me dijo. Caminamos juntas por la playa, con nuestra mirada hacia abajo, buscando las conchas más hermosas.

—No parece haber mucho de dónde escoger —me dijo la abuela, tapando sus ojos del sol—. Tal vez deberíamos regresar a casa.

—¡Todavía no, abuela! Me voy a adelantar para ver si encuentro algo bueno —volteé a verla mientras comenzaba a caminar. La abuela se quedó mirando las olas del mar y las gaviotas que volaban sobre el agua buscando peces. Se quitó los zapatos y los cargó.

Me adelanté y de mi bolsillo saqué una concha tritón rosa de mi colección, dejándola caer en la arena. Más adelante hice lo mismo con mi estrella de mar azul y mi concha de estrella verde. Finalmente dejé mi concha favorita, la Oreja de Bebé.

Entonces escuché que mi abuela gritó:

—¡Val! ¡Mira lo que encontré! —la abuela estaba parada en la arena y en sus manos tenía la concha tritón rosa.

—¡Es hermosa, abuela! —le dije—. Se verá genial en mi colección.

La abuela asintió con la cabeza y sonrió.

—¡Hay que seguir buscando! —me dijo emocionada. Fingí no ver la estrella de mar azul, pero la abuela se agachó y la recogió—. ¡Val! Mira esta estrella de mar. ¡Es azul!

—¡Eres muy buena en esto, abuela!

Mi abuela cargaba la bolsa de plástico con orgullo. Al fin se topó con mi concha favorita.

—Val, mira esta cosa extraña —me dio la concha Oreja de Bebé.

Sostuve la concha en mis manos.

—Se llama Oreja de Bebé porque eso parece.

—Tú también eres buena en esto, Val —me dijo la abuela, abrazándome. De regreso a casa caminamos dentro del agua. Parecía que la abuela había olvidado su temor al agua. Vimos a mamá en la puerta.

—Fuimos a la playa —le dijo la abuela—. Y ¿sabes qué?, creo que voy a empezar a coleccionar conchas yo también. Tú puedes ayudarme, Val.

—Está bien, abuela —le dije.

Mamá y yo nos sonreímos en secreto.

Valerie Allen

La amabilidad es contagiosa

Para mejorar el mundo debemos comenzar en nuestro corazón, nuestra cabeza y nuestras manos...

Robert M. Pirsig

Al terminar mi cita con el doctor bajé a la recepción. Mi mamá iba a recogerme, pero siempre llegaba tarde, así que sabía que tenía algo de tiempo. Tomé asiento en la recepción y sonreí a las tres personas de edad sentadas cerca de mí. Había dos mujeres y un hombre. Después busqué en mi mochila el libro que saqué de la biblioteca.

Al empezar a leer, una de las señoras comenzó una ruidosa conversación con quien quisiera escucharla. Contó las aventuras que enfrentó al comprar sus anteojos nuevos. Sonreí y escuché su historia; tenía mucho que contar. Cuando llegó su esposo, dejó su historia sin terminar y se fue.

Casi de inmediato vinieron a recoger al señor. Su hija llegó en una camioneta llena de niños. Entró por la puerta diciendo: "¿Papá, estás listo?" Eso me dejaba sola en la recepción con la hermosa señora de pelo gris.

La miré directamente. Parecía digna, seria y estricta. Pensé que tal vez fue maestra de inglés porque me pareció que era una persona con muchos conocimientos y confianza. Evitó mi mirada intencionalmente, pero al levantar mi libro para empezar a leer, pude sentir que me observaba.

Era imposible concentrarme en la lectura. Mis pensamientos iban desde la hermosa mujer de cabello gris hasta cosas de la escuela.

Todos hablaban de la graduación. Los otros niños hablaban de qué se regalarían unos a otros. Mi rostro se sonrojó al pensar eso. Nunca se me había ocurrido que los niños se compraran regalos de graduación. En nuestra casa los familiares compraban regalos de graduación, no los amigos. No tenía dinero. Y no podía pedirle dinero a mis padres. Ellos tampoco tenían. Aun así ansiaba compartir con mis amigas algo que recordara nuestra amistad, aunque fuera pequeño.

Recé: *Dios, ayúdame. ¿Qué voy a hacer?*

Mi mente seguía pensando cuando de repente escuché una conmoción en las puertas de entrada a la recepción. Había una señora en silla de ruedas y otra dama mayor tratando de empujarla. Tenían problemas con la pesada puerta de vidrio. Una multitud demasiado ocupada para ayudar las esquivó para pasar, dejando que ellas se las arreglaran solas.

Corrí a ayudarles. Fue entonces cuando noté que la señora que empujaba la silla de ruedas apenas podía caminar. Las ayudé a entrar y a subir al elevador. Me agradecieron, pero me di cuenta de que todavía iban a necesitar ayuda. Aún tenían que subir y bajar del elevador y llegar con seguridad al consultorio del doctor.

Decidí ir con ellas en el elevador. Les pregunté que a qué piso iban, y me aseguré de que encontraran la oficina correcta. Me dieron las gracias de nuevo. Les dije que era un placer, y realmente lo pensaba. Me había dado gusto ayudarlas.

Estaba bajando en el elevador cuando recordé que había dejado mi mochila en la silla de la recepción. Mi mochila no tenía nada de valor, sólo una cartera con 59 centavos en monedas, un espejo pequeño, un peine y algunos pañuelos desechables. Pero también recordé que mi preciado libro de la biblioteca estaba en la silla.

El elevador no iba tan rápido como yo quería. Al abrirse las puertas sostuve mi respiración, esperando que mi mochila y mi libro siguieran ahí. Corrí a la recepción. Ambas cosas seguían en la silla, como yo las había dejado.

Mientras me sentaba pude ver los ojos sonrientes de la mujer de cabello gris que me observaban. Parecía estar orgullosa por alguna razón. Después llegó su taxi y se fue sin decir una palabra.

Decidí contar mis centavos para ver si me alcanzaba para comprar maní en la farmacia de al lado. Abrí la mochila. Para mi sorpresa, dentro de la cartera encontré un billete de cincuenta dólares.

Recordé a la hermosa mujer con la mirada de orgullo. Yo había sido amable con un extraño y, a su vez, un extraño había sido amable conmigo. Sabía que Dios había respondido a mi rezo.

Kristin Seuntjens

¿Tienes tu billetera?

La experiencia que obtenemos de los libros, aunque de valor, es la esencia del aprendizaje; mientras la experiencia que obtenemos de la vida es la esencia de la sabiduría.

Samuel Smiles

Esta es una historia acerca de una experiencia que tuvo un gran impacto en mi vida. La maestra del relato no gritaba, no daba tareas, ni exámenes ni me calificaba en mi trabajo. Fui educado por uno de los mejores métodos que hay, uno que únicamente las personas con mucho amor pueden llevar a cabo.

—¡Mi billetera! ¿Dónde está? —fueron mis primeras palabras al notar que no estaba mi billetera. Busqué en mi memoria por unos segundos; luego recordé que había dejado mi preciada billetera en la biblioteca. No sólo la había dejado en la biblioteca, ¡la había dejado en los baños públicos de la biblioteca! Recuerdo haberla visto en la repisa mientras entraba al baño.

Ahora la biblioteca estaba cerrada, así que tuve que esperar hasta la mañana siguiente para buscar. Al llegar ahí al día siguiente, lo único que encontré fue un baño perfectamente limpio, sus repisas y pisos eran de un color blanco brillante. Esta era la primera vez que odiaba ver un baño limpio. Al salir me reflejé en el espejo y vi al tonto olvidadizo de mí.

Ahora todo lo que podía desear era que la persona que limpiaba los baños hubiera encontrado mi billetera. Así que me acerqué a la viejita que leía su libro detrás del escritorio de la recepción. Le pregunté si habían encontrado una billetera en el baño el día anterior. No me contestó hasta que encontró un buen momento para dejar su libro. Después me observó detrás de esos anteojos sobre su nariz. Suspiró profundamente y se movió de la posición tan cómoda en la que estaba. Entró por una puerta y desapareció por un momento. Luego regresó al escritorio.

—No.

Y eso fue todo. Le di las gracias y me alejé.

Me pregunté que haría *yo* si me hubiera encontrado una billetera con sesenta dólares, una tarjeta de teléfono y otras cosas irremplazables. Finalmente acepté el hecho de que mi billetera se había perdido.

Una semana después, ya que había cancelado mi tarjeta de crédito y reportado mi licencia como perdida, recibí un misterioso paquete en el correo. ¡Era mi billetera! Y lo más sorprendente, ¡no faltaba nada! Pero tenía algo diferente. En uno de los compartimientos había un papel amarillo que antes no estaba ahí. Desdoblé el papel. Cayó en mi mano una pequeña medalla de Cristo. La carta decía algo así:

Siempre mantén esta medalla contigo, sin importar cuál sea tu religión, para que el ángel que te cuidaba la semana pasada esté siempre cerca.

Esta persona no dejó su dirección, así que quien haya sido, no pude agradecerle. Sentí que este era un acto de pura amabilidad no muy común.

Desde ese día me prometí que siempre que me encontrara en una situación donde pudiera ayudar a otros de la manera en que esta persona me ayudó, seguiría su ejemplo y los haría tan felices como lo fui yo al abrir el paquete.

Laksman Frank, 16 años

Pequeña charla

Hablaré con la juventud que puede lograr todo, precisamente porque no acepta el pasado, no obedece el presente y no le teme al futuro.

Rudyard Kipling

Soldados de café

Mi mamá es maestra de primer grado. Casi era Navidad y todos los niños estaban hiperactivos. Un pequeño niño entró en su salón y sobre su escritorio puso una cafetera llena de soldados de juguete. Ella le preguntó que para qué era, y él contestó: "La mejor manera de despertarse es tomar una taza de soldados".

Vanessa Breeden, 12 años

Cumpleaños tardío

Un día, después del trabajo, había recogido a mis dos hijos de la escuela cuando Christopher preguntó si podíamos parar en una tienda para comprar un regalo de cumpleaños que quería llevar al día siguiente a la escuela. Le dije: "Claro, pero ¿por qué?" Me dijo que al día siguiente sería el cumpleaños de George Washington, y quería llevarle un regalo.

Richard, su hermano mayor, lo miró y le dijo: "¡Él está muerto, tonto!"

La respuesta de Cristopher fue: "¡Sabía que teníamos que haberlo comprado antes!"

Lois Wooster Gopin

Día de pavo

Como maestra, sé que el kindergarten es un lugar para aprender lecciones importantes. Así que un día al visitar la escuela donde mi esposo era director, fui a descubrir el lugar de las maravillas: el kinder.

Ahí noté a una pequeña niña que pintaba con una brocha. Para mí, su creación no era más que una gran mancha roja. "Cuéntame de tu pintura", le dije.

La pequeña artista dejó de pintar. Se alejó de su pintura y la miró con cuidado. Después dio un gran suspiro y dijo: "¡Es un pavo!"

Además, meditó por largo tiempo y dijo: "Y mañana le voy a poner la piel".

Meg Conner

Ser alto

Me gustaría ser alto. Más alto que los jugadores de baloncesto para poder meter canastas. Mis amigos me dicen que ya no voy a crecer, pero no es verdad. No les creo. *Yo* voy a ser más alto. Sólo tengo que esperar.

Bader Alshammeri, 14 años

¡Sí, señor!

A mi hermano de tres años le habían dicho varias veces que se fuera a dormir. La última vez que mi mamá se lo dijo fue muy insistente. Su respuesta fue: "¡Sí señor!" No nos esperábamos que respondiera eso, ya que estaba hablándole a mi mamá (y ella es mujer).

—Debes decirle "sí, señor" a un hombre. Yo soy una mujer y a una mujer le dices "sí, señora" —dijo mamá. Para ver si había aprendido su lección ella le preguntó—: ¿Cómo le dirías a papá?

—¡Si, señor! —contestó.

—¿Entonces cómo le dirías a mamá?

—¡Si, señora! —contestó orgullosamente.

—¡Buen chico! Y ¿cómo le dirías a la abuela?

Se emocionó y dijo:

—¿Me regalas una galleta?

Elizabeth Cornish, 12 años

Un pequeño mal entendido

En mi clase, cuando es el cumpleaños de alguien, en lugar de regalarle algo, esa persona trae un libro para la biblioteca de nuestro salón. En mi cumpleaños escogí mi libro favorito: *Hay un niño en el baño de las niñas.*

Fui a la librería y le pregunté a la señorita de la recepción: "¿Tienen *Hay un niño en el baño de las niñas*?" En lugar de buscarlo en la computadora como pensé que lo haría, me dijo: "Espera un minuto", y desapareció. Mi mamá y yo esperamos y esperamos.

Finalmente regresó y me dijo: "No hay nadie allí ahora, se ha de haber ido a casa con su mamá".

Empecé a reírme y mi mamá también. A la señorita le dio pena, creo que no me escuchó decir la palabra "tiene..." Se había tardado buscando todo ese tiempo a un niño en el baño de las niñas.

Melanie Hansen, 10 años

Acento francés

El verano pasado mi familia y yo fuimos a acampar a la playa. Al llegar al campamento, estaban todos mis tíos, tías, primos y hasta mis abuelos. Después de que pusimos la tienda de campaña, los adultos comenzaron a hacer la cena. Todos los niños se fueron al río.

Cuando llegamos, había otros niños más grandes que lanzaban piedras al río, así que decidimos alejarnos un poco.

Al darnos la vuelta para irnos, mi primo pequeño de diez años ya era parte de la fiesta de los otros niños. Gritaba y lanzaba piedras al río. Mi primo tiene problemas al hablar, así que hablaba de forma chistosa.

Mientras nos alejábamos, los niños mayores comenzaron a reírse de mi primo. Se reían y burlaban de cómo hablaba. Al principio comenzó a estar verdaderamente molesto, pero después se volteó y les preguntó por qué se reían. Le dijeron que hablaba de forma muy tonta. Después él les preguntó: "¿Qué, nunca habían escuchado un acento francés?"

Sólo se quedaron parados como tontos un minuto y finalmente se alejaron.

Erin Althauser, 13 años

La merienda de ciencias

En mi clase estábamos haciendo un experimento sobre el moho y cómo crece. Estudiábamos los efectos que la luz y la oscuridad tienen sobre él. Para la conclusión de nuestro proyecto de ciencias colocamos pedazos de pan húmedo en varios lugares del salón. Algunos los pusimos en la esquina, donde estaba más oscuro, y otros en la parte de enfrente. También pusimos algunos pedazos al sol. Varias horas después revisamos nuestros especímenes para ver cómo iban. Los que habíamos dejado al sol ya no estaban. Buscamos por todos lados, pero los pedazos de pan habían desaparecido.

Después descubrimos que los pequeños del kindergarten, en su recreo, habían visto "este banquete" ante sus ojos. Decidieron que era una merienda hecha para ellos, así que se comieron nuestro experimento de ciencias: el pan mojado con moho y todo.

Dra. Sherry L. Meinberg

Párpados

Cuando tenía cinco años, mi papá me dijo que podía ver toda la noche una película llamada *Párpados*. Me emocioné cuando llegó la hora de dormir. "¿Puedo ver *Párpados* ahora?", le pregunté. Pero papá dijo: "Es hora de irte a dormir, hijo". Le recordé que me había dicho que podía ver la película *Párpados*. Él dijo: "Tienes que irte a dormir con los ojos cerrados para poder ver tus párpados". Desde entonces *pienso* antes de preguntar cosas así. No quiero que me vuelvan a hacer trampa.

Joshua Cantrell, 12 años

La Gran Calabaza

Para cuando entré a segundo de secundaria ya medía 1.88 m de altura. Por lo menos era 25 cm más alto que los demás niños de mi escuela, y estaba tan consciente de esto que no quería hablar con nadie. Caminaba medio agachado para disimular mi altura.

Todos los niños en la escuela escuchaban a un locutor en la WLS llamado la Gran Calabaza. Tenía un programa muy popular donde contestaba al aire cartas de los niños que le escribían. Pensé que si alguien podía resolver mi problema era Gran Calabaza. Así que escribí:

> *Querido Gran Calabaza:*
>
> *Me llamo Mark Victor Hansen, y voy en segundo de secundaria en la escuela Jack Benny. Mido 1.88m y soy el más alto de toda la escuela. ¿Qué puedo hacer?*
>
> *Sinceramente,*
> *Mark Victor Hansen*

Una semana después de enviar mi carta a Gran Clabaza me estaba preparando para ir a la escuela mientras escuchaba su programa. Entonces escuché: "Para Mark Victor Hansen de la secundaria Jack Benny: Córtate la cabeza y llévala a tu escuela en una bolsa de papel".

Durante toda la semana los de mi escuela me preguntaban: "¿Oye, Markie, dónde está tu bolsa de papel?"

Sólo porque alguien es popular, como Gran Calabaza, no significa que sabe todas las respuestas.

Mark Victor Hansen

El día que descubrí que nadie es perfecto

Había una niña en mi clase a quien yo consideraba hermosa e inteligente. Creía que era perfecta. El día de mi cumpleaños la invité a mi fiesta. Y ella vino.
Unos meses después fue su cumpleaños. Le compré un collar especial. Me emocioné mucho al pensar lo contenta que se pondría al recibir mi regalo.
Le pregunté que cuándo iba a ser su fiesta de cumpleaños. Ella me contestó: "¿Por qué quieres saber? No estás invitada. ¡Eres sólo una tonta con lentes!"
Me sentí muy mal cuando dijo eso. Me quedé parada mirándola. Todos los que estaban junto a ella se pararon junto a mí. Nos fuimos y la dejamos sola.
Ese día me di cuenta de que aun cuando alguien parece ser perfecto, hay una gran posibilidad de que no lo sea. Cuando se trata de ser perfecto, es más importante cómo te trata alguien, a cómo se ve.

Ellie Logan, 9 años

La pequeña nota

La honestidad es la mejor política.

Benjamin Franklin

Una vez en sexto grado me dieron un reporte de "Su hijo se ha portado mal". Lo que quería decir "Su hijo ha estado faltando a clase", que más bien se conocía como reporte amarillo. Lo llevé a casa, pero yo era muy malo lidiando con este tipo de cosas. Mi solución siempre era hacer que me firmaran los reportes en la mañana antes de entrar a la escuela, cuando estaba a punto de bajarme del auto. Diría: "Papá, hay una cosa más. Me dieron esta pequeña nota y tienes que firmarla para que pueda entrar a clase". De esa forma evitaba un castigo. ¡Era muy listo!

Pero esta mañana en particular no me atreví y sólo salí del auto. Mi papá también salió para decirme algo. Caminé hacia donde estaba y le enseñé la pequeña nota. Estaba a la mitad de la calle y el auto seguía prendido.

Le dije: "Fírmala rápido". Después comencé a bromear con él diciéndole: "De hecho no es una *verdadera* nota de disciplina; es falsa. Es una prueba. ¿Ves?, te estás enojando. ¡Estás pasando la prueba! Se *supone* que te debes de enojar; es una prueba para los padres. Se supone que tengo que decirle a mi maestra tu reacción para ver si tenemos problemas en la familia y cosas así...".

No le causaban gracia mis bromas. Firmó la pequeña nota pero me dijo que esta vez no me iba a zafar tan fácilmente y que al llegar a casa hablaría conmigo.

Ese fue el día más largo de mi vida. Parecía no terminar. Sólo podía pensar en las maneras en las que mi papá podría castigarme, como prohibirme salir con mis amigos, o peor aún, no ver la tele por un mes. *Eso* sí me hubiera *matado* porque ¡soy un fanático de la tele!

Cuando mi papá me fue a recoger traté de portarme como un ángel, esperando que hubiera olvidado el castigo. Llegamos a casa y todo estaba bien ¿no? Pero luego me dijo: "Sube a tu cuarto y espérame". Pensé: *¡Oh no!*

Bueno, no me castigaron sin ver televisión, pero me dieron unas nalgadas que nunca olvidaré. Esta vez sí me entró el mensaje y aprendí mi lección. ¡No les ocultes nada a tus padres! Simplemente diles la verdad, porque ésta te *¡hará libre!*

Kenan Thompson

Adolescentes

Usan su ropa muy ajustada.
Usan su ropa demasiado ancha.
Tienen el cabello raro,
creo que necesitan peluca.

Los dejan salir de noche.
Los dejan darse besos.
Les dejan usar ropa
aunque sea muy fachosa.

Les permiten tener novios.
Les permiten tener novias.
Se meten en lo que no les importa.
Están de lleno en de la moda.

Son sangrones y creídos.
Creen que son todo eso,
pero me hacen vomitar.
El año que entra...
¿seré así?

Melissa Mercedes, 12 años

Mi ángel guardián

Todos damos por hecho el gran regalo que es la vida. No te das cuenta de lo especial que es hasta que la muerte te mira a los ojos.

Cuando tenía dos años tuve una experiencia casi mortal.

No la recuerdo muy bien excepto por lo que mi mamá me ha contado.

Era un día caliente de verano y todos habían salido a disfrutar del clima. Mi hermana y su amiga se metieron en la piscina para refrescarse. Yo todavía no sabía nadar. Mamá siempre nos vigilaba de cerca, pero durante un minuto fue al otro lado del jardín a hablar con papá. Le dijo a mi hermana que cuidara de mí pero ella estaba muy ocupada riéndose y divirtiéndose con su amiga. Antes que nadie lo supiera, me caí a la piscina. Nadie me escuchó porque era demasiado pequeña; apenas salpiqué agua.

Lo que sucedió después fue sorprendente. Mi mamá dice que sintió como si alguien le tocara el hombro, pero cuando volteó no había nadie allí. Fue entonces cuando notó que yo no estaba. Corrió hacia la piscina a buscarme. Me vio en la piscina pataleando y moviendo los brazos tratando de mantener la cabeza sobre el agua. Se metió y me sacó del agua. Por suerte yo estaba bien. Me sostuvo en sus brazos, le dio gracias a Dios de que yo me encontrara bien.

Todo esto pasó en menos de un minuto. Nos muestra lo preciada que es la vida y cómo puede perderse en un parpadeo.

Nadie sabe por qué mi mamá volteó. Hasta hoy, ella piensa que fue mi ángel guardián quien le tocó el hombro.

Travis Ebel, 14 años

Las abejas del abuelo

Lo sabía desde hace mucho pero ahora lo viví. Ahora no sólo lo conozco con mi intelecto, sino con mis ojos, mi corazón y mi estómago.

Hermann Hesse

Mucho tiempo antes de que yo naciera, mis abuelos se mudaron a la casa de la avenida Beechwood. Tenían una joven familia de cuatro niñas. Las pequeñas niñas dormían en el ático en una gran cama de plumas. Hacía mucho frío en las noches de invierno. La abuela puso ladrillos calientes bajo las cobijas al pie de la cama para mantener calientes a las niñas.

Durante la gran depresión era duro encontrar trabajo, así que el abuelo trabajaba en lo que fuera. En la semana cavaba hoyos y en los fines de semana él y la abuela cultivaban un jardín para obtener su propia comida.

La casa de la avenida Beechwood tenía un gran jardín frontal con árboles de sombra y árboles frutales. A la mitad del jardín había un pozo de agua en donde las cuatro niñas sacaban agua para cocinar, limpiar y regar el jardín. A un lado del jardín los abuelos plantaron tomates, frijoles, col, pepinos, pimientos y fresas para alimentar a su familia. Plantaron rosas, geranios, lilas y lirios del otro lado del jardín, alrededor de la estatua de la Sagrada Madre.

Todos trabajaban para mantener el jardín. Durante el verano la familia comía los alimentos del jardín y disfrutaba de las hermosas flores. La abuela hacía conservas de tomates, frijoles, pimientos, fresas y melocotones. Estarían bien para comerse durante el largo invierno.

La familia creció, y antes de que pasaran muchos años, había nietos que venían de visita. La abuela y el abuelo todavía plantaban su jardín cada primavera. Todos disfrutaban aún de la buena comida del jardín y se llevaban algo a casa. Los nietos crecieron y los abuelos también. Se hizo más difícil para la abuela y el abuelo mantener el jardín, así que lo hicieron más pequeño. Aún había mucho de donde comer y muchas flores que disfrutar.

Un verano, el abuelo ya tenía 89 años y todo lo que podía hacer era observar crecer los vegetales y florecer las rosas. El verano pasó y el abuelo murió antes de que fuera tiempo para recoger la cosecha.

Fue un invierno solitario para la abuela. Se sentaba cerca de la ventana, mirando el jardín y preguntándose si debería volver a plantar el jardín en primavera. Sería difícil que ella misma lo cuidara. Cuando llegó la primavera sólo plantó una pequeña área del jardín.

Un día soleado, a principios de verano, la abuela escuchó bastante ruido en su jardín y se asustó al asomarse por la ventana. Había una enorme cantidad de abejas que llenaban el espacio entre dos árboles. Había miles de abejas en el aire, tantas, que llegaban hasta la copa de los árboles. El sonido que hacían era tremendo.

La abuela miró cómo las abejas se metieron a un hoyo en uno de los árboles. En cuestión de segundos todas las abejas habían desaparecido.

La abuela se preguntó qué debía hacer: ¿debería contratar a alguien para deshacerse de las abejas? Eso le costaría más de lo que podía pagar. Decidió esperar y pensarlo.

Durante los días siguientes las abejas estaban ocupadas en sus propios trabajos. La abuela siempre veía unas cuantas entrando y saliendo del hoyo en el árbol. Pronto decidió que no molestaban a nadie, así que siguió con sus cosas y no volvió a pensar en ellas.

Ese verano el pequeño jardín de la abuela creció y

creció. Los vecinos se detenían a admirar la gran cantidad de vegetales y se extrañaban al pensar por qué sus
jardines no estaban tan bien. No importaba porque la
abuela siempre tenía suficiente para regalar. Todos los que
venían de visita regresaban con una buena cantidad de
comida del jardín.

Un día vino Frank, el hermano de la abuela, a visitarla
desde Arizona. Mientras la abuela le preparaba un delicioso
almuerzo de puré de manzana y pasteles de col hechos en
casa, le contó la historia de las abejas.

Frank dijo:

—En Arizona los granjeros contratan a los cazadores
de abejas para que pongan panales cerca de sus campos.
Las abejas polinizan las siembras y las ayudan a crecer —fue
entonces cuando la abuela se dio cuenta que las abejas
habían ayudado a su jardín todo el verano.

—¡Es por eso que mi pequeño jardín ha dado tan buena
cosecha! —exclamó.

Desde entonces la abuela siempre creyó que ya que el
abuelo no podía estar allí para ayudarla ese verano, había mandado abejas para que tomaran su lugar y hacer
que el pequeño jardín creciera y creciera.

Barbara Allman

El pez volador

*Tu gran oportunidad puede estar donde estás aho-
ra.*

Napoleon Hill

En el verano mi familia y yo fuimos a Sunriver, Oregon.
Rentamos una cabaña y un pequeño bote con motor en el
lago Big Lava y estábamos listos para pasar una intensa
semana de pesca. La primera mañana empacamos una
gran canasta con almuerzo, cañas de pescar y la cámara
de mamá. Le encanta tomar una foto de la orgullosa persona con su pesca, algo raro en nuestra familia de pescadores
sin suerte. Fuimos al lago con grandes esperanzas de pescar "al grande". Poco sabíamos *qué tan* grande sería nuestra
pesca ese día.

Era una mañana realmente brillante y soleada. El cielo
era azul claro y estaba lleno de grandes y esponjosas nubes blancas. El lago azul-verde, estaba a la mitad de las
montañas que lo rodeaban como una cucharada de salsa
en medio de un puré de papas. Toda el área, incluyendo
la orilla del lago, estaba cubierta de enormes pinos de un
verde muy oscuro que llenaban el aire con su delicioso
aroma. Se podían ver sus enormes reflejos en la superficie del lago.

Nos alejamos lo más que pudimos de los otros botes que
había en el lago. Después de anclar el bote, colocamos
nuestras cañas de pescar en cinco direcciones diferentes.

Después abrimos nuestro almuerzo, repartimos emparedados y nos relajamos.

—No hay nada como un día de paz en el lago —dijo papá,
disfrutando su emparedado de crema de maní y jalea—.
Su tío Pat decía: "La familia que pesca junta, se mantiene
junta". Qué hermoso día.

Después de un rato nos dimos cuenta de que la razón
por la cual estaba vacía esa área, era porque no había peces.

—Oye, ¿por qué siempre acabamos del lado del lago
donde nunca pescamos nada? —pregunto mi hermano
Ethan.

—Ten paciencia. Van a atrapar algo. Siempre lo hacen
—dijo mamá, tratando de alentarnos.

—Sería bueno atrapar algo lo suficientemente grande
como para una familia de cinco personas —sonrió mi hermano Colin.

—Creo que me voy a relajar mientras espero que esos
grandes peces muerdan mi anzuelo...

Lo interrumpió el fuerte zumbido de un pequeño avión
que volaba sobre nosotros. Mamá gritó por encima del
sonido del motor.

—Vean todos. Esto va a ser muy emocionante. ¡Es un
avión que aterrizará en el agua!

—No, Trish, no es así. ¡Ese piloto está en problemas! —gritó papá.

Papá tenía razón. El avión que mamá pensó aterrizaría
en el agua, más bien necesitaba hacer un aterrizaje de
emergencia, y el piloto había escogido nuestro lago para
hacerlo. En cuestión de segundos el avión se estrelló y
cayó como si fuera una enorme bomba. ¡*Splash!* Enormes
olas recorrieron el lago. La nariz del avión apuntaba hacia abajo y comenzó a hundirse rápidamente.

Papá, quien desde un principio supo que el piloto tenía
problemas, trató de inmediato de arrancar el motor del
bote. El bote aceleró, arrojando al lago pedazos de emparedados y enredando las cañas de pescar. ¡Por todos lados volaban comida y anzuelos. Nos movíamos a toda

prisa mientras nuestros padres nos daban órdenes y la familia tomaba acción. Primero fue como una película de comedia, pero mis padres eran geniales, mantuvieron la calma.

—¡Cálmense todos! ¡No se levanten! ¡Recojan sus cañas! ¡Ustedes siéntense! ¡Agarren ese salvavidas extra! ¡Vamos! ¡Apurémonos! ¡Esta es una emergencia!

Papá aceleró lo más que pudo y el bote fue tan rápido como podía. Sólo teníamos que recorrer unos cuantos metros, pero parecían años. Podíamos ver al piloto, un hombre de cabello gris con camisa de cuadros, pantalones de mezclilla y botas de vaquero. Se había montado en el ala del avión mientras se hundía la parte de enfrente y la cola apuntaba hacia arriba. Estaba parado en el ala, sosteniendo una vieja maleta café, esperando a que lo rescatáramos. Se veía tan tranquilo, de pie ahí, como si estuviera en una parada de autobuses.

Cuando al fin llegamos cerca del piloto, mamá agarró el chaleco salvavidas y se lo arrojó. Para entonces el avión ya se había hundido. El piloto se aferraba a su maleta, la cual usaba como salvavidas. Parecía tener problemas al nadar y no podía llegar al chaleco salvavidas que se encontraba a unos centímetros de distancia. Después de varios intentos, mamá y papá agarraron al piloto por las trabas del cinturón y lo subieron al bote. Ahora estaba a salvo.

—Oh Dios... gracias, gracias —el rostro del piloto estaba congelado de temor—. Dios mío, gracias... me llamo Wave, Wave Young... He volado desde hace cuarenta años... —tartamudeó. Parecía no tener aire y estaba muy agitado.

—Hola, soy Mike, esta es mi esposa Trish; nuestros hijos, Megan, Ethan y Colin —dijo papá, tratando de calmar al piloto.

—Sabía que tenía problemas en el motor y me di cuenta de que estaba cayendo, así que traté de aterrizar en el lago. Hace un par de años otro piloto aterrizó en aquellos hermosos pinos y provocó un gran incendio en el bosque. ¡Yo no quería hacer lo mismo! —la voz de Wave temblaba.

—Bueno, gracias a Dios que ustedes estaban aquí. No hubiera sabido qué hacer sin ustedes. ¡Me sentía tan asustado que no podía ni nadar! Gracias a Dios pudieron rescatarme.

Ya que estaba instalado en el bote, llevamos al piloto a tierra para que los paramédicos que esperaban y los otros equipos de emergencia lo cuidaran. Aunque todavía nos quedaba tiempo de renta en el bote, lo entregamos antes, porque como dijo papá: "Creo que hemos pescado suficiente por hoy". Nos despedimos mientras se formaba una multitud, decidimos pasar inadvertidos, entrar en el auto y regresar a la cabaña.

—Estoy muy orgulloso de ustedes. Estuvieron geniales. Manejaron muy bien esa emergencia —nos dijo papá con un rostro lleno de orgullo.

—¿Qué creen que aprendieron después de hoy? —preguntó mamá mientras nos volteaba a ver en el auto.

—De nuevo estuvimos del lado equivocado del lago para pescar, pero esta vez resultó mejor —contestó Ethan con pena.

—Aprendimos lo importante que es estar listo para las emergencias —agregó Colin.

—Y nunca sabes cuándo Dios te va a utilizar para ayudar a alguien —le dije a mi familia—. Estábamos allí por una razón. Éramos los únicos en ese lado del lago. El piloto estaba tan asustado que no podía nadar. Si hubiéramos ido del otro lado del lago, no habríamos llegado a tiempo para salvarlo.

Esa noche vimos en las noticias el reportaje de la caída del avión de Wave. Sorprendentemente mamá había tomado una foto impresionante de Wave parado sobre el ala de su avión, justo antes de que lo rescatáramos. Le dio la foto al periódico local que la imprimió la mañana siguiente en la primera plana.

Aún tenemos que enmarcar la foto de "el grande". Podríamos colgarla en algún lugar de nuestra casa para acordarnos de ese día.

Y tal vez no teníamos la foto de un pescado, pero teníamos la foto de un piloto que pescamos: seguramente el "pez volador" más grande que alguien haya visto jamás.

Megan Niedermeyer, 12 años
con Killeen Anderson

Mamá dice...

A través de los siglos, las madres le han dado a sus hijos muchos consejos y citas notables. He aquí hay algunos ejemplos:

LA MADRE DE PAUL REVERE: "No me importa si piensas que tienes que ir, niño. ¡Tu hora de llegada es antes de medianoche!"

LA MADRE DE MARY, MARY, SIEMPRE EN CONTRA: "Mary, no me importa que tengas un jardín, pero ¿tiene que crecer bajo tu cama?"

LA MADRE DE LA MONA LISA: "Después de todo el dinero que tu padre y yo nos gastamos en tus frenillos, ¿es esa la mejor sonrisa que pudiste dar?"

LA MADRE DE HUMPTY DUMPTY: "Humpty, te lo dije una vez, y te lo dije mil veces que no te sentaras en esa pared. ¿Pero me hiciste caso? ¡Nooo!"

LA MADRE DE CRISTÓBAL COLÓN: "No me importa lo que hayas descubierto, Cristóbal. ¡Pudiste haber escrito!"

LA MADRE DE BABE RUTH: "Babe, cuántas veces tengo que decírtelo, ¡no juegues beisbol en la casa! Es la tercera vez que has roto la ventana esta semana".

LA MADRE DE MIGUEL ÁNGEL: "Miguel, ¿no puedes pintar en las paredes como los otros niños?, ¿tienes idea de lo difícil que es quitar eso del techo?"

LA MADRE DE NAPOLEÓN: "Está bien, Napoleón. Si no estás escondiendo tus calificaciones dentro de tu chamarra, entonces saca tu mano de ahí y pruébalo".

LA MADRE DE CUSTER: "George, recuerda lo que te he dicho: ¡no muerdas más de lo que puedas masticar!"

LA MADRE DE ABRAHAM LINCOLN: "¿Otra vez con ese sombrero de chistera, Abe? ¿No puedes usar una gorra como los otros niños?"

LA MADRE DE BARNEY: "Ya sé que las ciruelas son tus favoritas, Barney, pero estás comenzando a verte un poco morado".

LA MADRE DE MARY: "No me importa que tu oveja te haya seguido a la escuela, Mary, pero me gustaría saber cómo sacó mejores calificaciones que tú".

LA MADRE DE BATMAN: "Es un auto bonito, Bruce, pero, ¿tienes idea de lo caro que va a salir el seguro?"

LA MADRE DE RICITOS DE ORO: "Me llegó la cuenta por una silla rota de la familia Oso. ¿Sabes algo de esto, Ricitos?"

LA MADRE DE LA PEQUEÑA MISS MUFFET: "Bueno, todo lo que tengo que decir es que si no te paras de tu *tuffet* y limpias tu cuarto, van a seguir saliendo arañas".

LA MADRE DE ALBERT EINSTEIN: "Pero, Albert, es tu foto de graduación. ¿No pudiste hacer algo con tu pelo? Ponerte ¿gel, espuma, algo...?"

LA MADRE DE GEORGE WASHINGTON: "George, la próxima vez que te vea lanzando dinero sobre el río Potomac, puedes olvidarte de tu mesada".

LA MADRE DE JONÁS: "Es una bonita historia, Jonás, pero ahora dime dónde estuviste realmente los últimos tres días".

LA MADRE DE SUPERMÁN: "Clark, tu padre y yo lo hemos discutido y hemos decidido que puedes tener tu propia línea de teléfono. Ahora, ¿podrías pasar menos tiempo en todas esas casetas telefónicas?"

Y finalmente... LA MADRE DE THOMAS EDISON: "Claro que estoy orgullosa de que inventaste el foco, Thomas. ¡Ahora apaga esa luz y vete a dormir!"

Martha Bolton

Lo que he aprendido hasta ahora

Cuando estás confundido, siéntate y piénsalo.
Ignora a la gente que te desanima.
Nunca jamás te des por vencido.

Andrea Gwyn, 12 años

Si no hay nada en el refrigerador, no comas comida de perro.
No hagas trampa porque no vale la pena.

Samantha Jean Frits, 9 años

Cuando tu papá o mamá tiren la puerta al llegar del trabajo, es mejor estar fuera de su camino.
Si no te importan tus calificaciones y vas mal en la escuela, las palabras más usadas en tu vocabulario serán, "¿quiere papas fritas con su carne?"

Michelle Nicole Rodgers, 10 años

Nunca le pidas a tu papá que te ayude con un problema de matemáticas.
Se convertirá en una lección de tres horas.
Si tienes un problema o un secreto, compártelo con tu mamá.

Katie Adnoff, 13 años

Revisa si hay papel de baño *antes* de sentarte.

No des una mala impresión a tus vecinos cuando te acabas de mudar.

Ríete de los chistes de tus padres.

Natalie Citro, 12 años

Cuando mis padres estén hablando, no debo interrumpirlos, sino esperar. A menos que alguien esté sangrando o algo así.

Alle Vitrano, 8 años

Lee el libro antes de que tengas que pararte frente a la clase a dar un reporte de él.

Nunca dejes a tu hermana pequeña sola con tus cosas.

Amanda Smith, 12 años

Si usas talla extragrande en ropa de niño, una talla pequeña de adulto es demasiado grande.

Si alguien muere, piensa en lo bueno y no en lo malo. Lo malo te hará sentir peor.

No juzgues a las personas por su apariencia. Alguien podría ser la persona más fea del mundo y aún ser linda.

Ashlee Gray, 9 años

Cuando tu mamá esté enojada, esconde las cosas que no quieres que tire a la basura.

Katie Fata, 10 años

Cuando dices una mentira, tienes que seguir diciendo mentiras.

Cuando tus padres se divorcian tienes que seguir adelante.

Ronnie Evans, 10 años

Cuando te quitas la sudadera, tu camiseta se levanta.

Ben Hall, 10 años

Sólo tienes una vida. Ten cuidado. Cuando tus amigos hagan algo tonto, no tienes que seguirlos. Si crees que algo sabe mal, sabrá mal. Si crees que algo sabe bien, es posible que sepa bien.

María McLane, 9 años

Si escribes mal el nombre de alguien, los haces sentir mal.

Benjamin Mitchell, 10 años

Una promesa es una promesa.
Pregunta antes de tocar algo que no es tuyo.
Si haces llorar a alguien, pídele perdón.
Nunca eres demasiado grande para pedir ayuda.
Pórtate bien, te puede llevar muy lejos.
La gente que te lastima no es tu amiga.
Los gatos no son resistentes al agua.
No andes en bicicleta sobre el hielo.
Nunca les digas las cosas que algún amigo te dijo a otros amigos.
Nunca jamás digas "te odio".
Toma tu turno para usar las cosas.
Nunca pongas primero el freno delantero de tu bicicleta.
Si te tranquilizas y te tomas tu tiempo, el trabajo saldrá mejor.
No le contestes de mala manera al maestro.
Si no empujas, llegarás a donde vas igual de rápido y nadie estará enojado contigo.
No molestes a una niña que usa botas.
Usa zapatos cómodos en días de campo.
No molestes a Chad.

La clase de cuarto grado de la
maestra Pat Wheeler

Que no te golpeen en el estómago después de comer.
Nunca desenchufes la computadora.
Ten un sueño...
Nunca corras con las agujetas desamarradas.
Cuando juegues a pasar el huevo, no lo lances por arriba.

La clase de cuarto grado de la
maestra Tracey Alvey

Nunca te quedes dormido con un chicle en la boca.

Ashley Parole, 12 años

No entres en el patio de alguien que no conoces, especialmente si hay un letrero de: "Cuidado con el perro".

Nedim Pajevic, 13 años

No tienes que ganar una carrera para sentirte bien contigo mismo; sólo tienes que terminar. Nunca te rindas.

Becky Rymer, 12 años

No tosas ni estornudes en la cara de otras personas, especialmente si no las conoces.

Karen Perdue, 12 años

El dolor no es bueno.
Las niñas son más importantes de lo que crees.

Philip Maupin, 13 años

No molestes a tu mamá cuando está embarazada.

Elvis Hernandez, 12 años

La vida es como un libro en el que puedes escoger el final, puedes tomar las aventuras que quieras.

Erika Towles, 12 años

Mantén sucio tu cuarto para que tu mamá no quiera entrar, así no tomará tus cosas.

Geoff Rill, 12 años

No comas chocolate frente a tu mamá cuando está a dieta.

Corey Schiller, 12 años

No te metas con un niño mayor que tú.

David Neira, 12 años

Cuando mi maestra se enoja, realmente se enoja. Mientras más chistoso eres, mejor es la vida.

Lauren Aitch, 10 años

Mudarme fue la cosa más difícil que he hecho en mi vida.
No puedo esconder los guisantes en la taza de leche de mi hermana.

Evan de Armond, 12 años

Los estados de ánimo son contagiosos.
No te burles de alguien que hace su mejor esfuerzo.

Mikie Montmorency, 12 años

No le digas a una maestra que tu perro se comió tu tarea, especialmente si no tienes perro.

Raelyn Ritchie, 12 años

Epílogo

Esperamos que estas historias te hayan dado esperanza, felicidad, valor e inspiración, y que permanezcan contigo. Ahora tú contarás los cuentos. Espero que sigan conmoviéndote y te den fortaleza.

Leer cuentos: un acto de cocreación

Un cuento es un instrumento
mágico y misterioso
que se cuenta
con palabras, no dibujos.
Un cuento escrito
le permite al lector o al que escucha,
en colaboración creativa con el autor,
ser cocreador del relato
y así, de manera única,
vivir
los ritmos, lecciones, y significados
del cuento.

James Elwood Conner

¿Más Sopa de pollo?

Muchos de los relatos y poemas que leíste en este libro fueron escritos por lectores como tú, que leyeron otros libros de *Sopa de pollo para el alma.* Ya entrados en el nuevo siglo, planeamos publicar de seis a ocho libros nuevos de *Sopa de pollo para el alma* por año. Los invitamos a contribuir con un relato para nuestros volúmenes futuros.

Las historias pueden tener hasta 1,200 palabras en inglés y deben inspirar, animar, confortar o entusiasmar a los lectores. Puedes entregar un relato original, tu cita favorita, o algo que hayas cortado de un periódico, revista, folleto de la iglesia o el boletín de alguna compañía.

Además de nuestros futuros volúmenes de *Sopa de pollo para el alma,* hemos planeado otros libros como *Una segunda ración de Sopa de Pollo para el alma de los niños, el alma de los cristianos y el alma de los amantes de mascotas,* así como los siguientes libros nuevos: *Sopa de pollo para... el alma de los padres, el alma de los maestros, el alma soltera, el alma alegre, el alma en pena, el alma divorciada, el alma amante del golf, el alma de la madre que espera* y *el alma de los amantes de los deportes.*

Envía una copia de tus relatos y otros materiales, indicando para qué edición son, a las siguientes direcciones:

Sopa de pollo para el alma de *(especificar edición)*
P.O. Box 30880 • Santa Barbara, CA 93130
Teléfono: 805-563-2935 • fax: 805-563-2945
Para mandarnos un e-mail o visitar
nuestra página en el Internet:
www.chickensoup.com.

Nos aseguraremos de que tú y el autor obtengan crédito por su envío.

Para información sobre compromisos de conferencias, otros libros, cintas de audio, talleres y programas de entrenamiento, contactar directamente a cualquiera de los autores.

Apoyo para los niños

Las celebridades que contribuyeron a este libro, inspirados para apoyar a los niños, escogieron las siguientes organizaciones sin fines de lucro para que reciban una parte de las ganancias sobre las ventas de este libro:

Escogida por Shannon Miller

Children's Miracle Network(CMN) es una organización internacional sin fines de lucro que se dedica a recolectar fondos para hospitales infantiles. Los hospitales asociados con CMN cuidan de todos los niños con problemas sin importar si la familia puede pagar o no.

Children's Miracle Network
4525 South 2300 East, Ste. 202
Salt Lake City, UT 84117
801-278-9800
www.cmn.org

837 Princess St., Ste. 302
Kingston, Ontario, Canadá K7L 1G8
613-542-7240
HYPERLINK *http://www.cmn.org*

Escogida por Chuck Norris

KICK DRUGS OUT OF AMERICA FOUNDATION es una organización cuyo propósito es acabar con las drogas y la violencia entre jóvenes en Estados Unidos por medio de las disciplinas y filosofías de las artes marciales. A través

de este programa escolar los niños tienen una oportunidad de ganarse un lugar en el equipo de artes marciales de
Chuck Norris.

KICK DRUGS OUT OF AMERICA FOUNDATION
427 West 20th St., Ste. 620
Houston, TX 77008
713-868-6003

Escogida por Shaquille O'Neal

Little Miss African American, Incorporated, es un programa sin fines de lucro, de educación positiva y de becas
para las niñas afroamericanas de los seis a los diez años.
El programa enseña y refuerza las habilidades para tomar
decisiones, resolver problemas y mejorar en el aspecto lin-
güístico a través de la literatura y las computadoras. El
programa dura un año y concluye con un festival en el cual
participa cada niña.

Little Miss African American, Incorporated
15030 Ventura Blvd., Ste. 578
Sherman Oaks, CA 91403
213-969-1730

Escogido por Kathy Ireland

**The Homeless Education/Liason Project of Santa Barbara
County** (HE/LP) ayuda a los niños que no tienen casa, aten-
diendo áreas como son la educación, el cuidado de la salud,
útiles para la escuela, servicio social, vestido, programas
fuera de la escuela y otras áreas de necesidad. HE/LP ayuda
a los padres involucrándolos en servicios comunitarios.

Para más información ponerse en contacto con:

**The Homeless Education/Liason Project
of Santa Barbara County**
Centro para Educación de la Comunidad
1235-B-Veronica Springs Rd.
Santa Barbara, CA 93105
805-569-3873

Escogida por Kenan Thompson

Kids Konnected ofrece amistad, apoyo, educación y comprensión a niños que tienen algún ser amado con cáncer o alguna otra enfermedad mortal, o que han perdido algún ser amado debido a alguna enfermedad. Kids Konnected está encabezado por niños bajo la dirección de adultos voluntarios que proporcionan una línea telefónica durante las 24 horas, comunicación por Internet, un programa "osito de felpa" de ayuda para niños pequeños, reuniones en grupo según la edad, y campamentos de verano y actividades sociales.

Kids Konnected
P.O. Box 603
Trabuco Canyon, CA 92678
800-899-2866
www.kidskonnected.org

Escogida por Kel Mitchell

Boys & Girls Clubs of America ha ofrecido un lugar a donde ir, durante los últimos 138 años, a niños de Estados Unidos dentro de su comunidad, así como ayuda de un equipo profesional comprometido y dedicado. Cada club tiene una amplia variedad de programas de educación y recreación con la meta común de ayudar a los jóvenes a tener una identidad personal positiva y el propósito de alcanzar metas.

Boys & Girls Clubs of America
1230 West Peachtree St.
Atlanta, GA 30309-3447
800-854-CLUB
www.bgca.org

Escogida por Danielle Fishell

Childhelp USA es una organización nacional sin fines de lucro y una de las agencias más grandes de la nación dedicadas al tratamiento, prevención e investigación de abusos a menores y rechazo. Los servicios incluyen: villas residenciales para tratar a los niños víctimas de abuso, a los rechazados, a los molestados y a los abandonados; centros de apoyo jurídico para los niños víctimas de abuso sexual; agencias de familias adoptivas; programas de seguridad para los niños en las escuelas primarias; y la línea de ayuda Childhelp National Child Abuse las 24 horas, 1-800-4-A-CHILD.

Childhelp USA®
15757 N.78th St.
Scottsdale, AZ 85260
800-4-A-CHILD

Escogida por Rider Strong

Campaign for Tobacco Free Kids es una organización que trabaja para proteger a los niños del tabaco. Una de sus metas es cambiar la política pública para limitar la publicidad y la venta de tabaco a los menores, cambiar el ambiente en donde se toman decisiones sobre el uso del tabaco, y oponerse activamente a la industria del tabaco y sus intereses especiales.

Campaign for Tobacco-Free Kids
1707 L St. NW, Ste. 800
Washington D.C. 20036
202-296-5469
www.tobaccofreekids.org

¿Quién es Jack Canfield?

Jack Canfield es de los escritores que más venden y uno de los líderes de Estados Unidos en el desarrollo del potencial humano. Es un orador dinámico y divertido y un instructor muy solicitado.

Jack pasó su niñez en Martins Ferry, Ohio, y en Wheeling, Virginia Occidental. Jack admite que fue muy tímido y no tenía confianza en sí mismo cuando era niño, pero a base de mucho trabajo logró obtener reconocimientos en tres deportes y graduarse con el tercer lugar en calificaciones en su generación de secundaria.

Después de graduarse de la universidad, Jack enseñó en escuelas de Chicago y Iowa, pero la mayor parte de su carrera profesional la ha pasado enseñando a los maestros para hacer que los niños crean en sí mismos y hagan realidad sus sueños.

Es el autor y narrador de varios programas de cintas de audio y video más vendidas, incluyendo *Self-Esteem and Peak Performance, How to Build High Self-Esteem* y *The GOALS Program*. Es un experto al que se le consulta regularmente en programas de radio y televisión, y ha publicado 14 libros, todos *bestsellers* en sus categorías.

Jack da conferencias a más de 100 grupos por año. Sus clientes han sido escuelas y distritos escolares; más de 100 asociaciones educativas y clientes de corporaciones como AT&T, Campbell Soup, Clairol, Domino's Pizza, GE, Re/Max, Sunkist, Supercuts y Virgin Records.

Jack imparte un programa de siete días al año llamado Entrenando Capacitadores, en el cual se cubren las áreas de la autoestima y el logro del máximo desempeño, atrae a educadores, consejeros, capacitadores de padres, instructores de empresas, oradores profesionales y ministros.

Para obtener más información sobre los libros, casetes y programas de capacitación de Jack, o para contratarlo para alguna presentación, favor de ponerse en contacto con:

The Canfield Training Group
P.O. Box 30880 • Santa Barbara, CA 93130
Tel: 805-563-2935 • fax: 805-563-2945
Para visitar o mandar un e-mail a nuestra página Web:
www.chickensoup.com

¿Quién es Mark Victor Hansen?

Mark Victor Hansen es hijo de inmigrantes daneses, Una y Paul Hansen, y nació en Waukegan, Illinois. Comenzó a trabajar a los nueve años repartiendo periódicos y a los 16 años era supervisor asistente de ese periódico.

Cuando Mark iba en primer año de secundaria, vio en televisión un programa especial de los Beatles, llamó a su mejor amigo, Gary Youngberg, y le dijo: "¡Hay que formar un grupo de rock!" A las dos semanas tenían un grupo de cinco miembros llamado The Messengers. Gracias a la banda, Mark hizo el dinero suficiente para pagar su carrera universitaria.

Mark se convirtió en orador profesional y en los últimos 24 años ha dado más de 4,000 conferencias a más de dos millones de personas. Sus presentaciones tratan sobre la excelencia y estrategia de ventas, y el poder personal.

Su meta de tener una influencia profunda y positiva en la vida de la gente es aún su principal objetivo. Durante su carrera Mark ha inspirado a cientos de miles de personas para crear un futuro más poderoso y con más propósitos personales.

Mark es un escritor prolífico y autor de *Future Diary, How to Achieve Total Prosperity* y *The Miracle of Tithing.* Es coautor de las series de *Sopa de pollo para el alma, Atrévete a ganar* y *El factor Aladino* (todos con Jack Canfield) y *The Master Motivator* (con Joe Batten).

Mark también ha producido una biblioteca entera de programas de audio y videocintas sobre el poder personal que ha permitido a los que lo escuchan, reconocer y usar sus habilidades innatas en sus vidas personales y profesionales. Ha aparecido en ABC, NBC, CBS, HBO, PBS, y CNN.

Mark vive en Costa Mesa, California con su esposa Patty, sus hijas Elizabeth y Melanie, y con sus animales.

Para obtener información sobre Mark, contacte a:

Mark Victor Hansen y Asociados
P. O. Box 7665
Newport Beach, CA 92658
Teléfono: 949-759-9304 ó 800-433-2314
Fax: 949-722-6912
Pág. Web: *www.chickensoup.com*

¿Quién es Patty Hansen?

Patty Hansen ha contribuido con muchos de los cuentos más encantadores de las series *Sopa de pollo para el alma*. Ella es coautora y editora de *Sopa de pollo condensada para el alma,* y coautora (con Mark Victor Hansen y Barbara Nichols) de *Out of the Blue: Delight Comes into Our Lives.* Patty se comprometió a hacer *Sopa de pollo para el alma de los niños* con los temas importantes que enfrentan los niños de hoy, y a asegurarse de que fuera un libro para niños de entre 9 y 13 años de edad, a quienes no sólo les gustara leerlo sino también utilizarlo como guía en la vida cotidiana.

De una tercera generación nativa de California, Patty se educó en Pleasant Hill, donde todavía vive su madre, Shirley. Su hermana Jackie vive en Oregon.

Antes de dedicarse a escribir, Patty trabajó como aeromoza para United Airlines durante 13 años. En ese tiempo recibió dos reconocimientos por valentía. Recibió el primero cuando, al ser la única aeromoza en vuelo, preparó a 44 pasajeros para un aterrizaje de emergencia. El segundo fue por extinguir el fuego a la mitad de un vuelo sobre el Pacífico, salvando la situación y a cientos de vidas.

Después de "colgar las alas" Patty se casó con Mark Victor Hansen y se convirtió en gerente financiero y quien resolvía los problemas para M.V.H. & Associates, Inc., en Newport Beach, California. Ha permanecido como compañera de negocios de su esposo durante los 18 años que llevan casados.

En 1998, Mom's House, Inc., una organización sin fines de lucro que cuida de niños hijos de madres jóvenes, nombró a Patty como la Madre Célebre del Año.

Patty vive con Mark y sus dos hijas, Elisabeth de 13 años y Melanie de 10. Con la ayuda de su ama de llaves, Eva, comparten sus vidas con un conejo, un pato, dos caballos, tres perros, cuatro gatos, cuatro pájaros, cinco peces y 21 pollos.

Si quieren ponerse en contacto con Patty:

Patty Hansen
Chicken Soup for the Kid's Soul
P.O. Box 10879 • Costa Mesa, CA 92627
Tel: 949-645-5240 • fax: 949-645-3203
Para enviarnos un e-mail o visitar nuestra página Web:
www.chickensoup.com

¿Quién es Irene Dunlap?

Irene Dunlap comenzó su carrera de escritora en primaria cuando descubrió su pasión por la creación de poesía, una pasión que cree haber heredado de su abuela materna. Expresó su amor por las palabras a través de cuentos cortos y letras de canciones, participando en competencias de oratoria y convirtiéndose en vocalista.

Durante sus años en la universidad, Irene viajó por el mundo como estudiante del programa Semestre a la Mar, a bordo de un barco que servía como salón de clases y como hogar para más de 500 estudiantes universitarios. Después de obtener la licenciatura de arte en comunicaciones, se convirtió en la directora de medios de comunicación de Irvine Meadows Amphitheatre en Irvine, California. Fue copropietaria de una agencia de relaciones públicas y de publicidad que se especializaba en clientes del mundo del entretenimiento y del cuidado de la salud.

Mientras trabajaba en el libro, Irene pudo involucrarse en las actividades deportivas y extracurriculares de sus hijos al convertirse en la ocupada presidenta de la Organización de Padres y Profesores de la Escuela Primaria Kaiser, además pudo seguir con su carrera de cantante de jazz y como miembro activo del grupo musical de su iglesia.

Irene vive en Newport Beach, California, con su esposo, Kent, su hija Marleigh, su hijo Weston y su perra Pastor Australiano, Gracie. Su madre, Angela, quien ha sido la fuente de apoyo y amor incondicional para Irene, vive cerca de Irvine. Las hermanas de Irene, Kathi, Pattie, y Pam, quienes también son sus tres mejores amigas, viven en California con sus familias.

En su tiempo libre a Irene le gusta cantar, montar a caballo, pintar, dedicarse al jardín y cocinar. Si te estás preguntando cómo puede hacer todo esto, ella te recomienda leer su pasaje favorito de la Biblia: Efesios 3:20.

Si quieres ponerte en contacto con Irene, escríbele a:

Irene Dunlap
Chicken Soup for the Kid's Soul
P.O. Box 10879 • Costa Mesa, CA 92627
Tel: 949-645-5240 • fax: 949-645-3203
Para enviarle un email o visitar nuestra página Web.
www.chickensoup.com

Colaboradores

Algunas de los cuentos de este libro se tomaron de fuentes previamente publicadas en revistas y periódicos. Esas fuentes están reconocidas en la sección de permisos. La mayor parte de los cuentos de este libro fueron enviados por niños y adultos que han leído nuestros libros anteriores de *Sopa de pollo para el alma* y que respondieron a nuestra solicitud para recibir relatos. A continuación incluimos información sobre estos autores y colaboradores.

Valerie Allen es editora en una compañía de crucigramas y es la autora de la edición *El ladrón de la noche* un libro de imágenes para niños. A Valerie se le puede localizar en 930 SW 86th Ave., Pembroke Pines, FL 33025.

Barbara Allman es escritora para niños y ex-editora de la Revista *Schooldays* (Días de escuela). Barbara disfruta de dar conferencias a los grupos escolares y anima a los niños a escribir. Para visitas a escuelas se pueden comunicar a la casa editorial Carolrhoda Books, Inc., teléfono 800-328-4929

Bader Alshammeri tiene catorce años y es estudiante de octavo grado de la Secundaria Rio Bravo en el Paso Texas. Juega todos los deportes, especialmente baloncesto. Actualmente mide 1.85 m y todavía le quedan cuatro años más para crecer. Su meta es llegar a medir 2.13 m y jugar baloncesto de forma profesional.

Erin Althauser es una joven de quince años de edad que cursa el primer año de secundaria en Timberline High School. Ella quiere parecerse a su padre y convertirse en una profesional de las computadoras. Disfruta conversar, salir con amigos, escuchar música, y escribir cuentos cortos y poemas.

Killeen Anderson es una importante socióloga que disfruta de su trabajo como voluntaria con estudiantes discapacitados en el campus de su universidad, y también le gustan los idiomas, la música, filmar y los días buenos para practicar el *surfing*. Vive en California con su esposo Ralph y su perro Labrador, Digby.

Nate Barker es un joven de trece años de Columbus, Ohio. Le gusta dibujar, escribir y participar en natación, atletismo, baloncesto y esquiar en nieve.

Kendra Batch tiene once años, estudia el octavo grado y es de Indiana. Cuando no escribe, le gusta andar en bicicleta y *go-cart*.

Anne (A. F.) Bauman es maestra de inglés, especializada en escribir y en la literatura para niños. Ha publicado su trabajo en libros, antologías y revistas. Ahora trabaja en un libro de misterio para niños.

Martha Bolton ha pertenecido al personal de escritores de Bob Hope durante quince años. Es autora de 24 libros y se han publicado en *Reader's Digest, The Christian Herald* y *la Revista Breakaway*. Ha recibido la nominación del Emmy por su trabajo sobresaliente en música y letras y ha ganado dos premios Angel Internacional.

Vanessa Breeden es una niña de trece años que vive en Texas. Le gusta escribir, tocar el piano, patinar, correr, montar en canoa y coleccionar fotos de Leonardo Di Caprio.

Marcia Byalick es escritora independiente, columnista ganadora de premios, instructora de escritura en la universidad y autora de tres novelas para adultos jóvenes y tres libros de auto-ayuda. Una de sus novelas, *Es un asunto de confianza*, fue premiada por la Asociación de Lectura Internacional para Jóvenes Adultos en el año de 1997. A Marta se le puede encontrar a través de la Agencia Literaria de la Casa del Escritor.

Joseph Cantrell es un joven de trece años de Greenville, Carolina del Sur. Le gusta navegar por Internet, el beisbol, pescar y andar en bicicleta. Tiene dos hermanas y un hermano, y viene otro en camino.

Vanessa Clayton es una joven de catorce años que vive en Salt Lake City, Utah, donde está dedicada al estudio y a ser una lectora ávida. Le gusta ser voluntaria en el trabajo con niños y en el manejo de alimentos, así como jugar baloncesto, tenis, esquiar y tocar el piano.

Donna L. Clovis es narradora graduada de la Columbia University en Nueva York, autora y productora adjunta. También es maestra de ESL de las escuelas Princeton en Nueva Jersey. *Storybook of Native American Wisdom (Libro de cuentos de sabiduría autóctona norteamericana)* es su quinto libro publicado. Póngase en contacto con Donna en P.O. Box 741, Princeton Jct., NJ 08550.

James Elwood Conner, Ed.D. ha hecho varias carreras entre las que podemos mencionar: maestro, director, profesor de la universidad, presidente de la universidad, especialista en currículum, ejecutivo adjunto para educación en la Cámara de Comercio de EE.UU., y escritor de conferencias del gobernador. Actualmente trabaja por su cuenta y escribe sobre fantasmas.

Meg W. Conner reside en el Norte de Carolina con su esposo que tiene cincuenta años. Meg es autora del popular libro de consulta *Consejería de carreras para trabajar.* Meg recibió el premio de Derechos Humanos de las Naciones Unidas y ha sido citada en *Quién es quién en el mundo de las mujeres.*

Elizabeth Cornish tiene doce años, ha sido reconocida recientemente como la estudiante de mejor promedio en su escuela, y ha ganado premios de escritura en su distrito. Le gustan el ballet y el piano.

Barbara McCutcheon Crawford, autora y profesora, comparte su experiencia en su actual libro, *El sentido común, salón de clase para párbulos.* Es dueña de la escuela Jugtown Mountain donde es directora y maestra. Para más información sobre sus libros y presentaciones, la pueden localizar en 454 Mine, Rd., Asbury, NJ, o llamando o enviando un fax al 908-537-4444.

Jennifer Rhea Cross, de diecisiete años, planea estudiar periodismo en la Universidad de Southwestern Louisiana en Lafayette. Le gusta pasar el tiempo con su familia, su novio, sus amigos y su perro. Para poder ayudar a educar a otros, está involucrada en organizaciones de ayuda para la hemofilia y el SIDA.

Jason Damazo es un niño de trece años que vive en California. Le gusta tocar el chelo, leer, escribir y tocar la batería. Jason ama a los perros y le gustaría ver un lobo algún día.

Jesse Damazo es un niño de catorce años que vive en Paradise, California. Le gusta mucho leer y escribe una columna editorial mensual en el periódico local, *The Paradise Post.* A Jesse le gusta la música y toca el violín, el piano y la guitarra.

Harmony Davis es una niña de catorce años que vive en California. Desde los 3 años se ha involucrado en actividades creativas tales como el baile, producir teatro, y escribir obras y cuentos cortos.

Jennifer Genereux Davis publicó su primer poema en 1996 y recibió el premio de Editor Elegido de la Biblioteca Nacional de Poesía. Desde entonces ha publicado cuatro poemas y espera seguir con cuentos para niños y cuentos cortos.

Robert Diehl tiene doce años, va en segundo de secundaria y sus pasatiempos son: jugar al *lacrosse,* futbol y baloncesto. Le gusta tocar los tambores en la banda de su escuela, es miembro del grupo juvenil de su iglesia y es un gran fanático de los Gigantes de Nueva York.

Dayle Ann Dodds ha publicado once libros, artículos de periódico, poemas e historias en revistas para niños. Su primer libro animado, *Wheel Away!* fue el número uno en la lista de *bestsellers* del *San Francisco Chronicle.* Dayle acaba de terminar otra novela y su primer cortometraje.

Jereme Durkin es un estudiante de diecinueve años en la Universidad de Orange Coast en Costa Mesa California. Juega baloncesto, practica el *surf* y le gusta hacer reír a la gente. A Jereme le encanta escribir poesía y está agradecido por el apoyo que recibe de su familia y amigos.

Travis Ebel tiene catorce años, es de Battle Creek, Minnesota, mantiene un alto promedio en la escuela St. Philip y en el Área de Matemáticas del Centro de Ciencias de Battle Creek. A Travis le gustan los deportes y quiere ser doctor o arquitecto.

Adam Edelman tiene trece años, va a la escuela secundaria de Bayside en Wisconsin. Le gusta leer y las ciencias sociales; juega futbol y baloncesto. Le gustaría ser crítico de cine o de música.

Aljon B. Farin tiene siete años y va a la escuela en San Diego, California. Su materia favorita es ciencias. Tiene dos hermanas,

Jasmine Marie de un año y Vanessa de 13. Después de hacer su tarea, Aljon juega con videojuegos y ve deportes.

Robert J. Fern vive en las afueras de Phoenix, Arizona, con su esposa Suzanne y su hija, Jill. Enseña psicología en la universidad local y administra un programa de consejos para niños. A Robert lo pueden localizar en 311 West Straford Dr., Chandler, AZ 85224.

Danielle Fishel descubrió su pasión por el teatro al actuar en obras de la comunidad y ha sido actriz profesional desde los diez años. Su primera oportunidad en la carrera de actuación le llegó cuando le dieron un papel en la serie de televisión *Full House*. Danielle se unió al elenco de *Boy Meets World* en 1993 en el papel de Topanga. Le emociona ser parte del equipo de Celebrity Sightings, un club de fans en la Internet que muestra fotos exclusivas, conversaciones, regalos, premios, juegos y una tienda del club de fans. El sitio se puede encontrar en: HYPERLINK http:*www.celebritysightings.com*.

Laksman Frank es estudiante honorario de dieciséis años de edad en una escuela privada en Sebastian, Florida. Le encantan los deportes, especialmente patinar, el *hockey* y el *surf*. Laksman es voluntario de la comunidad para tomar conciencia del SIDA.

Amber Foy tiene doce años, aprendió a escribir gracias a su maestra de cuarto grado, la señorita Maxner. Desde entonces ha estado escribiendo y le gustaría agradecer a la señorita Maxner por todo su apoyo.

Judy Fuerst es una autora novata que normalmente trabaja con pintura en lugar de palabras. Sus producciones anteriores incluyen arte en periódicos, murales, carteles, ilustraciones de libros y dos niños muy bien diseñados.

Judy M. Garty actualmente escribe para el periódico local, *The West Bend Daily News*. Su historia en *Sopa de pollo para el alma de los niños* es un tributo a su hermano menor que murió mientras dormía. A Judy se le puede localizar en, 210 Oak St., Slinger, WI 53086-9366.

Elizabeth A. Gilbert-Bono obtuvo su maestría en Harvard en administración de empresas y educación. Ahora disfruta de la vida con su esposo Mark y sus tres hijos, Alexandra, Bryson y Blake.

Candace Goldapper obtuvo su licenciatura y maestría en arte de la Universidad Queen en Flushing, New Jersey. Fue maestra de ciencias sociales y ahora escribe cuentos de ficción para revistas.

Lois E. Wooster Goping es contable de libros, madre de tres hijos adultos y abuela de seis pequeños nietos. Le encanta pintar y escribir libros para niños. También le gusta navegar en velero con su esposo.

Louise R. Hamm fue administradora legal y comenzó a escribir después de retirarse. Casada por 51 años, Louise tiene tres hijos y dos nietos. Pueden localizar a Lou en, 1003 E. Houston St., Garrett, IN 46738-1622.

Cynthia M. Hamond (Cindy) vive en Monticello, Minnesota. Es voluntaria en la iglesia de St. Henry como maestra, ministro de comunión, lectora y visitadora de casa-hogar. Se le puede localizar en: 1021 W. River St., Monticello, MN 55362, o llamando al 612-295-5049, o por fax al 612-295-3117, o por e-mail al *candbh@aol.com.*

Candice Hanes es una estudiante de diez años de Costa Mesa, California, que disfruta del ballet, del futbol y le gusta pasar el tiempo con sus amigas. A Candice le gusta escribir historias y a veces las compone en su computadora.

Melanie Hansen tiene diez años, es estudiante de cuarto grado en Costa Mesa, California. Le encanta escribir historias, poesía y cantar. Le gusta montar su caballo Shawnee Dancer y patinar con su padre Mark.

Jessica Harper disfruta de trabajar, editar videos e ir a la iglesia. Tiene diecisiete años y vive en un pequeño pueblo de Illinois con su mamá, su papá y sus tres hermanos.

Patricia (Patty) Hathaway-Breed vive en la costa norte de California donde enseña arte en su estudio y en la Universidad de Redwoods en Fort Bragg. Sus pasatiempos son acampar, tocar música y escuchar el mar con su esposo. Se le puede localizar en: 32760 Simpson Ln., Fort Bragg, CA 95437

Debbie Herman es maestra de educación especial y autora de libros para niños. Le gusta sentarse en el balcón de su departamento en el quinto piso, donde se inspira para escribir. Se le

COLABORADORES

puede localizar vía e-mail al: *dhermnm@netvision.net.il*

Lillian Belinfante Herzberg desarrolló su interés por la escritura en la Universidad de Grossmont en La Mesa, California, donde publicó en la revista literaria. Ha recibido premios en concursos locales por sus cuentos cortos. Lillian y su esposo disfrutan de su retiro manteniéndose ocupados, van al cine y al teatro.

Darnell Hill tiene trece años y le gustaría ser actor cuando crezca. Sus deportes favoritos son el futbol y el baloncesto. Viene de una familia de siete hijos: tres hombres y cuatro mujeres.

Jillian K. Hunt tiene veintidós años y sueña con escribir algún día una novela y enseñar en segundo año. Por ahora se está adelantando como maestra de preescolar. Escribir es la fuente de relajación para Jillian y es una forma de terapia.

Charles Inglehart va en tercero de secundaria en la escuela Reynolds en Troutdale, Oregon, donde participa en clases de oratoria. También disfruta de la música y de actividades externas como estar con sus amigos.

Kathy Ireland ha aparecido en infinidad de portadas de revistas como: *Glamour, Cosmopolitan, Mademoiselle, Seventeen y Shape*. Su relación con *Sport Illustrated* es legendaria: trece años, tres portadas de revista, los desfiles de aniversario decimotercero y vigésimo de la revista, su edición de traje de baño de 1992 y la Clase del 95 de *Sports Illustrated*. Kathy siempre ha estado involucrada con las causas humanitarias. Sus dos más recientes son: Informe de Proyecto en San Francisco, que proporciona información sobre el tratamiento del VIH/SIDA a todo el mundo, y Athletes and Entertainers for Kids en Los Ángeles, una organización nacional de servicio a la juventud sin fines de lucro que provee una exposición de opciones alternas de vida para jóvenes en desventaja. Kathy vive en el Sur de California con su esposo Greg, médico cirujano, y su joven hijo Erik. Kathy y Greg disfrutan de una variedad de deportes como esquiar en la nieve, montar a caballo, el ciclismo de montaña y especialmente el buceo. Para visitar a Kathy en Internet: *www.kathyireland.com*.

Diana L. James es escritora y oradora profesional y su trabajo ha aparecido en varias revistas nacionales. Antes de empezar a ser oradora/escritora de tiempo completo, Diana produjo y dirigió sus propios programas de entrevistas en radio y televisión.

Lou Kassem nació en las montañas del este de Tennessee y heredó un talento natural como narradora de cuentos. En 1984 puso su talento en un documento, al publicar la primera de 11 novelas. Con cuatro hijas extraordinarias, Lou disfruta escribir para la gente joven. Ahora trabaja en su undécima novela.

Christine Lavin ha pasado veinte años trabajando como reportera y editora para periódicos como: *The Burlington Free Press* en Vermont y *The San Francisco Chronicle.* Se le puede encontrar en: 701 Cleveland, Oakland, CA 94610, o llamando al 510-536-4529, o por medio de e-mail: *brooklyn@lanminds.com.*

Stephanie Lee es una niña de doce años cuya meta en la vida es ser doctora. Disfruta de escribir poemas y cuentos cortos, y se inspira en la playa y a través de sus amigos y familia. Su talento musical incluye tocar la flauta y el piano.

David Levitt tiene dieciséis años, es estudiante de décimo grado en la Secundaria Osceola en Seminole, Florida. Tiene interés por el drama, la música y los juegos de computadora. Es el voluntario más joven de Tampa Bay Harvest (TBH), y entrega donaciones de alimentos y habla a grupos sobre el programa.

Damien Liermann tiene quince años, le gusta escribir, especialmente cuando ocurre un hecho especial, porque le da la oportunidad de expresar sus sentimientos de forma no física. A Damien le gusta coleccionar llaveros, piedras e insectos muertos. Su pasatiempo favorito es coleccionar música.

Ellie Logan tiene diez años de edad y participa en baloncesto, futbol, natación, tenis y montar a caballo. Ellie tiene dos perros, dos gatos y un pájaro. Le gustaría agradecer a su maestra de tercer año, la señora Arnold, por animarla a escribir un cuento para *Sopa de pollo para el alma de los niños.*

Karen Beth Luckett es escritora independiente de cuentos para niños y principalmente escribe para revistas. Actualmente trabaja en libros de dibujo y colecciona cuentos.

Dandi Dailey Mackall ha estado escribiendo en forma profesional desde 1978. Ha publicado más de 150 libros para niños y

27 libros para adultos como *La princesa y el guisante, Imagíname Ricitos de Oro, y Ratón de pueblo y ciudad,* así como cuentos de los *Flintstones, Scooby Doo, Yogi Bear* y los *Jetsons.* Su nueva serie de 11 libros, *Puzzle Club Mysteries,* estará animada por Hanna Barbera y se televisará nacionalmente. Dandi escribe desde el Ohio rural, donde vive con su esposo, Joe, y sus tres hijos, Jenny, Katy y Danny, junto con dos caballos, un perro, un gato y un conejo.

James Malinchak es un narrador de Beverly Hills, California, y un dinámico orador público. Autor que contribuyó en *Sopa de pollo para el alma de los jóvenes.* Pueden ponerse en contacto con James en: P.O. Box 3944, Beverly Hills, CA 90212-0944, o llamando al 888-793-1196, o por Internet en HYPERLINK, enviar a: *jamesmal@aol.com.*

Tyler Vaughn Marsden tiene once años, va en séptimo grado y es del Sur de California. Creció cerca de la playa donde le gusta remontar las olas con su tabla, andar en bicicleta y esquiar. Cuando está en casa le gusta cocinar.

Taylor Martini tiene nueve años, su maestra de tercer año, la señora Thompson, lo animó a escribir para *Sopa de pollo para el alma de los niños.* Le gustan los deportes y es muy activo en futbol. A Taylor le gusta mucho el ajedrez y participa en torneos. Le gustaría ser maestro de ajedrez y obtener la categoría de gran maestro algún día.

Page McBrier es autora de más de treinta libros para jóvenes lectores. Creció en Indianapolis, Indiana, y St. Louis, Missouri, y le da el crédito a su entrañable familia por proporcionarle mucha de la inspiración de sus cuentos. Actualmente vive en Connecticut con su esposo y dos hijos. A Page se le puede encontrar a través de la Casa del Escritor de la Ciudad de Nueva York.

Jessica McCain tiene catorce años y siempre le ha gustado leer y escribir. Es muy activa en baloncesto, *softbol* y tenis. Le gusta pasar el tiempo con sus amigas y familia y disfruta de ayudar a otros.

Marie P. McDougal actualmente es maestra retirada de inglés y psicología, anteriormente fue escritora de periódicos y columnista de historias locales. Ahora se dedica a escribir por su cuenta, es miembro de la Sociedad de Escritores e Ilustradores de Libros para

Niños, del Detroit WomenWriters, del Romance Writers of America y del The Bay Area Writers' Guild. A Marie se le puede localizar en 41556 Gloca Mora, Harrison Twp., MI 48045.

Dra. Sherry L. Meinberg se retiró después de 34 años como maestra y bibliotecaria y ahora es profesora en la universidad. Da charlas sobre diversos temas y seminarios y talleres de desarrollo personal. Entre sus libros se pueden encontrar: *Into the Hornet's Nest: An Incredible Look at Life in an Inner City School* y *Be the Boss of Your Brain!* Se le puede localizar en 5417 Harco St., Long Beach, CA 90808.

Melissa Mercedes tiene trece años, le gusta escribir poesía, escuchar la música de R&B, esquiar y molestar a su hermano menor, Leonard. También le gusta ir al cine con sus amigas.

Shelly Merkes tiene once años, va en sexto grado y es de Oshkosh, Wisconsin. Le gusta andar en bicicleta, esquiar y nadar. Tiene talento musical para tocar el piano y canta en un coro.

Shannon Miller es gimnasta norteamericana y ha ganado más medallas de campeonato mundial y olímpicas que cualquier gimnasta varón o mujer en la historia de Estados Unidos. Ganó siete medallas olímpicas y nueve medallas de campeonato mundial en los últimos cuatro años. Durante su carrera, Shannon ganó 58 medallas de competencia internacional y 54 de competencia nacional; entre las cuales, más de la mitad han sido de oro, culminando con dos más de oro en los Juegos Olímpicos de 1996 que se llevaron a cabo en Atlanta. Como miembro de "los siete magníficos" en los juegos de 1996, ganó el oro por equipo y — por primera vez para una gimnasta norteamericana— la medalla de oro en la barra de equilibrio.

Kel Mitchell tiene diecinueve años, es de Chicago, recibió su capacitación en drama, danza y voz de la Fundación de Artes Creativas ETA. Kel obtuvo mucha experiencia como actor en producciones teatrales locales e hizo su debut en televisión como miembro del reparto de las series para todos los niños de Nickelodeon, *All that*. Kel recientemente hizo su principal debut de caracterización en *Good Burger*.

Lori Moore es escritora y editora independiente, especialista en el mercado de libros para niños y jóvenes. Actualmente escribe guiones para el programa televisivo infantil *Hall Pass*, y ha formado su propia compañía consultora para la juventud YouthScope. A Lori se le puede localizar en 1827 W. 246th St., Lomita, CA 90717.

Korina L. Moss creció en Wappinger Falls, New York, es graduada de la Universidad Texas Tech, actualmente reside en Nueva Inglaterra. Le gusta viajar con su esposo, David, y consentir a sus dos gatos, Ophelia y Franklin. Su mayor pasión es escribir. Recientemente terminó una novela de misterio para adultos jóvenes.

Tim Myers es escritor, narrador de cuentos profesional y compositor de canciones, vive en Plattsburgh, Nueva York. Ha publicado dos cuentos en *Cricket Magazine* y pronto publicará un libro llamado *Vamos a llamarlo ¡Lauwiliwililihumuhumunukunukunukunukukuapua'aoioi!* "La chaqueta del conductor de trineos" es una historia verdadera que le sucedió a su amigo, Jack Mulholland, quien era un conductor olímpico de trineo de carreras.

Tara M. Nickerson siempre ha narrado y escrito cuentos desde que era niña. Ahora vive en Cape Cod, es licenciada en literatura inglesa. Tara recientemente terminó los manuscritos de cuatro novelas para adultos jóvenes. Se le puede encontrar en P.O. Box 131, Cotuit, MA 02635.

Megan Niedermeyer tiene doce años, es estudiante de séptimo grado y vive en Lafayette, California. Tiene dos hermanos gemelos de 10 años, Ethan y Colin. Sus principales actividades son leer y escribir cuentos cortos y poesía, jugar baloncesto y jugar con su perro, Swoops.

Carla O'Brien es esposa, madre y autora de libros para niños. También es compositora y canta para el grupo contemporáneo Cristiano, *Heartsong*. Ha creado un periódico para enseñar valores a los niños. A Carla se le puede localizar en: 8109 Greenshire Dr., Tampa, FL 33634.

Christa Holder Ocker es una abuela feliz y autora de cuatro libros ilustrados. Cuando no escribe le gusta navegar en velero, esquiar en montaña y jugar con su nieta, Tiana. A Christa se le puede localizar en: 55 Royal Park Terr., Hillsdale, NJ, 07642.

Mary Beth Olson se dedicaba a trabajar para servicios

humanos y ahora se ha convertido en escritora.

Shaquille O'Neal fue el número uno de la NBA en 1992 y es uno de los mejores centros en baloncesto. Conocido mundialmente como Shaq-Ataca, sus reconocimientos atléticos incluyen: el novato del año, medallista olímpico de oro y el jugador más valioso. Shaq también es cantante de rap, ha sacado dos discos y ha actuado en varias películas, incluyendo *Kazaam.* Shaquille encuentra tiempo para dar de sí mismo y compartir sus ingresos.

Glenda Palmer su decimosexto libro, *Dios debe haber sonreído cuando hizo a los animales,* se está publicando actualmente. Vive en San Diego con su esposo Richard. Tienen dos grandes gatos y una gran iguana, pero todavía no tienen nietos. A Glenda se le puede encontrar en 1687 Via Elisa Dr., El Cajon, CA 92021

Diana Parker tiene trece años, vive en Birminghan, Michigan, con sus padres y su hermano, Nate. Tiene un perro llamado Abby y una cacatúa llamada Lori. Le gusta leer, dibujar, montar a caballo, tocar la flauta e involucrarse en debates políticos. Espera algún día llegar a ser científica y ayudar al mundo.

Lucas Parker tiene once años, va en séptimo grado y le gusta el beisbol, esquiar en la nieve, practicar *surf* y montar a caballo. Va bien en la escuela y ha ganado un lugar en el cuadro de honor del director. Le gustaría asistir a la UCLA, y quizá trabajar como vulcanólogo.

Judie Paxton nació y se educó en Virginia Occidental, ha vivido en el área de Atlanta Georgia durante los últimos 26 años. Esposa, madre y propietaria orgullosa de un terrier Jack Russell, entre sus intereses se encuentran caminar en la playa y disfrutar de las puestas de sol. Pueden ponerse en contacto con Judy en 2320 Melrose Trace, Cumming, GA 30041.

Jan Peck disfruta de escribir libros para niños y colaborar con revistas infantiles como *Highlights for Children* y *Boy's Life.* Dial Books publicó su libro de ilustraciones más reciente, *La zanahoria gigante,* en marzo de 1998 para lectores jóvenes. A Jan se le puede localizar en 6217 Loydhill, Fort Worth, TX 76135 o por e-mail a: HYPERLINK enviar a: *janpeck@startext.net.*

Joanne Peterson vive en la Península Olímpica en el noroeste del Pacífico. Ha hecho escritos explicativos para negocios y organizaciones civiles y es autora de cuentos para niños y adultos. Su poesía ha aparecido en varias publicaciones y ha recibido premios en la Conferencia de Escritores del Noroeste.

Berniece Rabe es autora de dieciséis libros para niños; sus primeras cinco novelas fueron nominadas para el premio Newbery, y dos libros para niños ganaron el premio Golden Kite de la Sociedad de Escritores de Libros para Niños. Es una oradora que tiene mucha demanda en escuelas y entre educadores. Se le puede localizar en 724 Smokerise, Denton, TX 76205

Deborah J. Rasmussen es escritora/editora que trabaja por su cuenta con un interés especial en literatura para niños, asimismo ganó el premio Highlights del Concurso de Ciencia Ficción para Niños en 1995. Deborah reside en Florida con su esposo y su hijo de 11 años. Se le puede localizar en 9149 Arundel Way, Jacksonville, FL 32257-5080.

Lacy Richardson tiene trece años y vive en una cabaña en Blue Ridge, Virginia. Es la mayor de cuatro hijos, dos hermanas y un hermano. Sus pasatiempos favoritos son leer y tocar la flauta. Lacy nada en un equipo de natación local y planea continuar en la universidad.

Belladonna Richuitti tiene trece años, le encanta cantar, escribir poesía y leer libros de misterio. Sus deportes favoritos son el baloncesto y el voleibol. Le gustaría agradecer a su maestra de inglés, la señorita Moronta, por toda la ayuda y apoyo.

Ann McCoole Rigby ama a la gente, la naturaleza, componer ideas y las palabras. Combina estos amores con su papel de esposa, madre, maestra, astróloga y escritora. Ann es autora de *Por qué la luna gira alrededor* y otros temas de astrología para niños. Se le puede localizar en 5313 E. McDonald Dr., Paradise Valley, AZ 85253 o llamando al 602-952-0127.

Linda Rosenberg es escritora independiente, maestra de inglés en secundaria y escritora para Disney de los programas Escuela en Video. Desde 1991, ha trabajado con Disney como guionista en las versiones escolares de *Aladino, Blanca Nieves* y *Pinocho.* Sus pasatiempos son leer, escribir y enseñar a sus estudiantes a hacer lo mismo. Sus editores más importantes son sus dos niños, Daniella y Mark. Se le puede localizar en 3353 Caminito Gandara, La Jolla, CA 92037.

David Roth es músico, compositor, artista de grabación, presentador de conferencias, cantor ocasional del himno nacional en la NBA, le encantan los animales y es promotor de talleres y dramaturgo. Su trabajo también se encuentra en otros libros de *Sopa de pollo para el alma*. Se le puede localizar en 18952 40th Place NE, Seattle, WA 98155-2810; teléfono: 1-800-484-2367 ext. 3283; e-mail: HYPERLINK enviar a: *RothDM@aol.com:* página Web: *http://songs.com.dr.*

Donna Russell es originaria de Nueva York y ha obtenido maestrías en educación y finanzas corporativas. Actualmente trabaja por su cuenta y pasa su tiempo libre escribiendo ciencia ficción. Está casada y tiene una hija y un nieto, le encanta jugar tenis.

Mary Ellyn Sandford felizmente casada, es madre de siete hijos. Sus escritos se han publicado en varias revistas, que incluyen *Venture, Counselor, Reader's Digest y Police Magazine*. Le gusta hacer pan en casa y sopa de pollo. A Mary Ellyn se le puede encontrar en 4507 Chelsea Ave., Lisle, IL. 60532, o por e-mail: *sand@enteract.com.*

Beth Schaffer tiene dieciséis años, le gusta leer y escribir poesía. Le gustaría dedicar su obra de *Sopa de pollo para el alma de los niños* a su mamá, a su papá y a la señora Jan quien la guió y le dio amor y apoyo.

Kristin Seuntjens hizo la carrera de educadora; lo que más disfruta es ser mamá de tiempo completo. Kristin se da tiempo para leer, dibujar, cantar y tocar el violín. Actualmente trabaja en su primer capítulo de un libro para niños. Se le puede localizar en 227 Isanti St., Duluth MN, 55803.

Matt Sharpe tiene doce años y vive en San Diego, California. Juega en los equipos de futbol y baloncesto de la escuela. Le gusta patinar, andar en bicicleta y jugar en la playa. A Matt le gustaría dedicar su cuento a la memoria de su padre, "el mejor papá", Steve Sharpe.

Katie Short, de once años, va en séptimo grado en la secundaria Read Mountain en Cloverdale, Virginia. Le gusta leer y escuchar música. Juega futbol y admira a los Bravos de Atlanta. Tiene dos hermanas mayores y un perro que se llama Peaches.

Alan D. Shultz vive en una granja en Indiana con su esposa, Deb, y sus tres hijos adolescentes. Es abogado, agente de bienes raíces y columnista de periódico premiado. A Alan se le puede localizar en 5852 W. 1000 North, Delphi, IN 46923.

Dr. Bernie Siegel vive en un suburbio de New Haven, Connecticut, con su esposa y su colaborador, Bobbie. El doctor Siegel (Bernie) se ha preocupado y ha aconsejado a las personas con alguna enfermedad terminal. En 1986 se publicó su primer libro, *Amor, medicina y milagros*. Después siguieron *Paz, amor y curación* y *Cómo vivir entre las visitas de oficina*. En la actualidad trabaja en otros libros con la meta de humanizar la educación y la atención médica.

Stacie Christina Smith tiene doce años, cursa el séptimo grado en Lincoln, Massachusetts, le gusta cantar en la iglesia, en obras y demostraciones de talento. Stacie pasa mucho tiempo con su familia y amigos. Entre sus pasatiempos se encuentran: el baloncesto, la natación y el *softbol*.

Valeria Soto es estudiante de doce años y asiste a la Escuela Ensign Intermediate en Newport Beach, California. Su materia favorita es la ciencia y le gusta escribir. Su familia es la parte más importante de su vida. Se le puede localizar en 219 Tower Rd. Lincoln, MA 01773.

Rider Strong tiene diecisiete años y es estrella del programa exitoso de ABC, *Boy Meets Word,* a la tierna edad de nueve años consiguió su primer trabajo de actuación profesional cuando realizó el controvertido papel del niño pobre Gavroche, en *Los miserables*. Desde entonces ha hecho muchas apariciones como artista invitado en muchos programas de televisión exitosos como *Home Improvement, Empty Nest, Evening Shade, Time Trax,* y su papel más reciente en televisión FOX es en *Party of Five*. Rider, escritor prodigioso, actualmente está terminando su libro de poesía titulado *On the Impulse*, el cual promueve en los clubes locales en el área de Los Ángeles. También asiste a la universidad en el área de Los Ángeles.

Jessica Stroup cursa el tercero de secundaria y sueña cantar en el escenario frente a millones de admiradores. Por ahora le gusta ser adolescente, ir de compras, pasar el tiempo con sus amigos y escribir poemas. Vive con su madre, su padrastro y dos hermanos menores.

Audilee Boyd Taylor es autora/editora del libro de cuentos para niños *¿De dónde salió la pluma de mi almohada?* Los otros libros para niños que está escribiendo son: *Los otros 99 borregos, La conexión Mulberry,* y *Los piratas del río Savannah.* A Audilee se le puede escribir a P.O. Box 60728, Savannah, GA 31420-0728.

Kenan Thompson comenzó su carrera de actuación a la edad de cinco años, representando a un hombre de jengibre en una obra de la escuela. Del salón de jardín de niños a la pantalla de plata, la carrera de actuación de Thompson ha alcanzado las nubes con papeles en películas importantes: *D-2 The Mighty Ducks, Heavy Weights* con Ben Stiller, y la representación de Nickelodeon *Good Burger.* Kenan es originario de Atlanta, Georgia. Otros créditos de televisión de Thompson incluyen reportajes para *Noticias verdaderas para niños* de CNN, y ser invitado y colaborador del especial ABC *Night Crawlers* y *T-Rex,* programa que ganó el premio Emmy.

Tia Thompson tiene quince años y le gusta escribir cuentos e historias, cartas y poemas. Le encanta escuchar música y divertirse con sus amigos. Se considera una persona extrovertida y platicadora.

Heather Thomsen tiene trece años, es de Shoreline, Washington donde le gusta jugar futbol y practicar atletismo de pista y de campo traviesa. Toca el cuerno francés y canta en el coro de concierto de la escuela. A Heather le gusta leer y escribir cuentos acerca de su agencia de detectives llamada Los Cuatro Investigadores.

John Troxler tiene quince años y vive en Summerfield, Carolina del Norte, con sus padres y dos hermanos. Sus pasatiempos son: jugar futbol, los videojuegos, leer y los trabajos manuales.

Sabrina Anne Tyler tiene doce años y es de Costa Mesa, California. Cuando crezca quiere llegar a ser abogada o bióloga marina y estudiar en Harvard. Le gusta andar en bicicleta, hacer teatro y escribir cuentos.

M. A. Urquhart es escritora que trabaja por su cuenta y autora de una docena de libros. Vive en Maine con su esposo y sus tres hijos, todos ellos han influido mucho en sus escritos.

Julie J. Vaughn, es la mamá de Tyler, y una estudiante que obtuvo su diploma en asesoría sobre el alcohol y drogas. Le gusta andar en bicicleta y está aprendiendo a jugar golf.

Adrian Wagner es escritor de deportes de veintiséis años de *The St. Cloud Times,* un periódico cotidiano del centro de Minnesota. Él dice estar más preocupado por el alma del equipo que por la calificación del juego. Adrian aspira a ser editor de deportes en un diario importante. Se le puede localizar en 3200 N. 15th St., Apt. # 315, St. Cloud, MN 56303.

Jody Suzanne Waitzman tiene trece años, le encanta leer, escuchar música y escribir sobre derechos humanos y racismo. Ha tenido la fortuna de viajar, y dice que esto le ha abierto la mente hacia otras culturas y costumbres.

Joel Walker tiene once años, asiste al sexto grado y es de Costa Mesa, California. Ha jugado futbol y beisbol desde que tenía cinco años. Es miembro de "THE UNDERGROUND" de la Iglesia Calvary en Newport Mesa y agradece a Dios las bendiciones que recibe diariamente.

Kerri Warren tiene treinta años, escribió su cuento para el libro *Sopa de pollo para el alma de los niños* cuando iba en secundaria. Kerry obtuvo un doctorado en biología celular y actualmente se dedica a la investigación en la Escuela de Medicina de Harvard; estudia formación y generación rítmica del corazón.

Sandra Warren es escritora, consejera educacional y editora. Ha sido autora de libros de poesía, de teatro para lectores, de video, de guiones de audio, entre otros: *Arlie el cocodrilo,* un libro de canciones y cuentos para niños. Para ponerse en contacto con Sandra escriba a P.O. Box 360933, Strongsville, OH, 44136, o por e-mail a *arlieentwarren@juno.com.*

También nos gustaría agradecer a los siguientes colaboradores: De Costa Mesa, California: **Lauren Aitch, Mike Curtis, Evan de Armond, Tania Garcia, Elisabeth Hansen, Elvis Hernandez, Stephanie Lane, David Neira, Nedim Pajevic, Ashley Parole, Karen Perdue, Jennifer Scharfe, Amanda Smith, Hayley Valvano** y **Roman Zaccuri.** De Newport Beach, California: **Katie Adnoff,**

Natalie Citro, Marleigh Dunlap, Philip Maupin, Brittany
Miller, Mikie Montmorency, Geoffrey Rill, Raelyn Ritchie,
Corey Schiller y Erika Towles. También a Danielle Uselton
de Cleveland, TN; Martina Miller de Reidville, SC; Sarah
Bennett de St. Petersburg, FL; Meghan Gilstrap y MeShelle
Locke de Lacey, WA; Molly Oliver de Cincinatti, OH; Jessica
Ann Farley de Hartly DE; Jorge Prieto de El Paso,TX; Leah
Hatcher de Cloverdale, VA; Megan Preizer de Rushville, IN;
Angie Porter de Stendal, IN; Renny Usbay de Sunnyside, NY; Eun
Joo Shin de Woodside, NY; Gina Pozielli de Gibbstown, NJ; Ronnie
Evans, Katie Fata, Samantha Jean Fritz, Ashlee Gray, Ben Hall,
Michelle Nicole Rodgers, Maria McLane y Benjamin Mitchell
de Lansing, MI; Andrea Gwyn de Midlothian, VA; Becky
Rymer de Greensboro, NC; a la clase de cuarto grado de Pat
Wheeler de Paducah, KY y a la clase de cuarto grado de Tracey
Alvey de Paducah, KY; y a Alle Vitrano de Windsor, CA.

Permisos

Deseamos agradecer a los editores y personas que amablemente nos permitieron reimprimir el material que citaremos a continuación. (Nota: las historias anónimas, las que son del dominio público y las que escribieron Jack Canfield, Mark Victor Hansen, Patty Hansen o Irene Dunlap no se incluyeron en esta lista.)

Libro (Book), reimpreso con permiso de Jessica McCain y Nancy McCain. ©1998 Jessica McCain y Nancy McCain.

¿Es así cuando sabes? (Is That When You Know?), reimpreso con permiso de Candice Hanes y Janine Ann Thomas. ©1998 Candice Hanes y Janine Ann Thomas.

Descubrimiento (Discovery), reimpreso con permiso de Jesse Damazo y Becky Damazo. ©1998 Jesse Damazo y Becky Damazo.

Amor (Love), reimpreso con permiso de Stephanie Lee y Hwa Sook Park. ©1998 Stephanie Lee y Hwa Sook Park.

Kelly, el ángel volador (Kelly, the Flying Angel), reimpreso con permiso de Louise R. Hamm. ©1998 Louise R. Hamm.

La torre (The Tower), reimpreso con permiso de Robert J. Fern. ©1998 Robert J. Fern.

El tío Charlie (Uncle Charlie), reimpreso con el permiso de Patty Hathaway-Breed. ©1998 Patty Hathaway-Breed.

El juego del amor (The Game of Love), reimpreso con el permiso de Lou Kassem. ©1998 Lou Kassem.

¿Entonces, ¿dónde está mi beso? ("Where's My Kiss, Then?"), permiso autorizado por Ann Landers y Creators Syndicate. Reimpreso con el permiso de M. A. Urquhart. ©1998 M. A. Urquhart.

Todo lo que alguna vez necesitaría (All I Would Ever Need), reimpreso con el permiso de Kerri Warren. ©1998 Kerri Warren.

Mi amigo Anthony (My Friend Anthony), reimpreso con el permiso de Katie Short y Bonnie Short. ©1998 Katie Short.

¿Sin papi? (No Dad?), reimpreso con el permiso de Jason Damazo y Becky Damazo. ©1998 Jason Damazo.

Terror en la ruta 83 (Terror on Route 83), reimpreso con el permiso de Mary Ellyn Sandford. ©1998 Mary Ellyn Sanford. También, reimpreso con el permiso de May 1944 Counselor.

En espera de un milagro (Watching for the Miracle), reimpreso con el permiso de Korina L. Moss. ©1998 Korina L. Moss.

La niña de papi... finalmente (Daddy's Girl... at Long Last), reimpreso con el permiso de Candace Goldapper. ©1987 Candace Goldapper.

Del corazón (From the Heart), reimpreso con el permiso de Marcia Byalick. ©1998 Marcia Byalick.

Amor de hermano (A Brother's Love), reimpreso con el permiso de Diana L. James. ©1998 Diana L. James.

Secretos que hicieron especial a Paul (Secrets That Made Paul Special), reimpreso con el permiso de Judy M. Garty. ©1998 Judy M. Garty.

El regalo de mi abuelo (My Grandfather's Gift), reimpreso con el permiso de Rider Strong. ©1998 Rider Strong.

Noche de silencio, noche de cristal (Silent Night, Crystal Night), reimpreso con el permiso de Lillian Belinfante Herzberg. ©1998 Lillian Belinfante Herzberg.

Se va, se va, se fue (Going, Going, Gone), sacado de *If the Pasta Wiggles, Don't Eat It* (Si la pasta se mueve, no te la comas) por Martha Bolton, publicado por Vine Books. Reimpreso con el permiso de Martha Bolton. ©1995 Martha Bolton.

Tu nombre en oro (Your Name in Gold), reimpreso con el permiso de A. F. Bauman. ©1996 A. F. Bauman.

Día del padre (Father's Day), reimpreso con el permiso de Taylor Martini y Vicki Ann Martini. ©1998 Taylor Martini.

Calcetines para Kerry (Socks for Kerry), reimpreso con el permiso de Barbara McCutcheon Crawford. ©1998 Barbara McCutcheon Crawford.

Sólo pide (Just Ask), reimpreso con el permiso de David Levitt y Sandy Levitt. ©1998 David Levitt y Sandy Levitt.

El abuelo aprende a leer (Grandfather Learns to Read), reimpreso con el permiso de Karen Beth Luckett. ©1998 Karen Beth Luckett.

Todo bajo control (In Control), reimpreso con el permiso de John D. Troxler y Elna L. Troxler. ©1998 John D. Troxler.

El arenero (The Sandbox), reimpreso con el permiso de Lucas Parker y Elizabeth Parker. ©1998 Lucas Parker.

¡Qué año! (What a Year), reimpreso con el permiso de Robert Diehl y Robert P. Diehl. ©1998 Robert Diehl.

Querido Dios, soy Charles (Dear God, This Is Charles), reimpreso con el permiso de Charles Inglehart y Nancy Inglehart. ©1998 Charles Inglehart.

Missy y yo (Missy and Me), reimpreso con el permiso de Glenda Palmer. ©1998 Glenda Palmer.

El milagro de la vida (The Miracle of Life), reimpreso con el permiso de Lacy Richardson y Mark Richardson. ©1998 Lacy Richardson.

La tienda Goodwill (Goodwill), reimpreso con el permiso de Cynthia M. Hamond. ©1998 Cynthia M. Hamond.

El mejor pie adelante (Putting My Best Foot Forward), reimpreso con el permiso de Kathy Ireland. ©1998 Kathy Ireland.

Entender (Understanding), reimpreso con el permiso de Jessica Stroup y Kerry Carroll. ©1998 Jessica Stroup.

Nueve medallas de oro (Nine Gold Medals), reimpreso con el permiso de David Roth. ©1998 David Roth.

Sin luz de noche (Without a Nightlight), reimpreso con el permiso de Jessica Harper y Deborah S. Harper. ©1998 Jessica Harper.

Nadie sabe la diferencia (Nobody Knows the Difference), reimpreso con el permiso de Deborah J. Rasmussen. ©1998 Deborah J. Rasmussen.

La casa nueva y la serpiente (The New House and the Snake), reimpreso con el permiso de Christine Lavin. ©1998 Christine Lavin.

Encontré una pequeña estrella de mar (I Found a Tiny Starfish), reimpreso con el permiso de Dayle Ann Dodds. ©1998 Dayle Ann Dodds.

¡Consigue ayuda! (Get Help Now!), reimpreso con el permiso de Tia Thompson y Tammy A. Ralston. ©1998 Tia Thompson.

El Gran Director (The Big Director), reimpreso con el permiso de Kel Mitchell. ©1998 Kel Mitchell.

La quiero más que nunca (I Love Her More Than Ever), reimpreso con el permiso de Amber Foy y Tammy Rupp. ©1998 Amber Foy.

Querida mamá (Dear Momma), reimpreso con el permiso de Darnell Hill y Gregory Tye. ©1998 Darnell Hill.

Mi padre (My Dad), reimpreso con el permiso de Aljon B. Farin y Jun F. Farin. ©1998 Aljon B. Farin.

Fumar no es bueno (Smoking Is Cool...Not!), reimpreso con el permiso de Valeria Soto y Celsa Soto. ©1998 Valeria Soto.

El rap del atrevido (D.A.R.E. Rap), reimpreso con el permiso de Shelly Merkes y Michael Merkes. ©1998 Shelly Merkers.

No soy Dana (I'm Not Dana), reimpreso con el permiso de Sabrina Anne Tyler y Sandra Koszynski. ©1998 Sabrina Tyler.

Sin hogar (No Home), reimpreso con el permiso de Elizabeth A. Gilbert-Bono. ©1998 Elisabeth A. Gilbert-Bono.

Oreja de Bebé (Baby's Ears), reimpreso con el permiso de Valerie Allen. ©1998 Valerie Allen.

La amabilidad es contagiosa (Kindness Is Contagious), reimpreso con el permiso de Kristin Seuntjens. ©1998 Kristin Seuntjens.

¿Tienes tu billetera? (Do You Have Your Wallet?), reimpreso con el permiso de Laksman Frank y Mitchell Frank. ©1998 Laksman Frank.

Pequeña charla (Small Talk), reimpreso con el permiso de los autores. ©1998 Vanessa Breeden y Stuart Breeden. ©1998 Lois

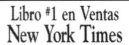

Libro #1 en Ventas
New York Times

Jack Canfield
Mark Victor Hansen
Kimberly Kirberger

Sopa de Pollo para el Alma™ del Adolescente

**relatos sobre la vida
el amor y el aprendizaje**

Code #732X• Paperback • $12.95